中国海洋大学一流大学建设专项经费资助

Innovation of Business Model of Cultural Enterprises Based on Big Data

未名社科·文化产业研究丛书

基于大数据的
文化企业
商业模式创新

张立波 著

图书在版编目（CIP）数据

基于大数据的文化企业商业模式创新/张立波著. —北京：北京大学出版社，2017.8
（未名社科·文化产业研究丛书）
ISBN 978-7-301-28631-9

Ⅰ.①基… Ⅱ.①张… Ⅲ.①文化产业—商业模式—研究 Ⅳ.①G114

中国版本图书馆 CIP 数据核字（2017）第 199392 号

书　　　名	基于大数据的文化企业商业模式创新 Jiyu Dashuju de Wenhua Qiye Shangye Moshi Chuangxin
著作责任者	张立波　著
责 任 编 辑	胡利国
标 准 书 号	ISBN 978-7-301-28631-9
出 版 发 行	北京大学出版社
地　　　址	北京市海淀区成府路 205 号　100871
网　　　址	http://www.pup.cn
新 浪 微 博	@北京大学出版社
电 子 信 箱	ss@pup.pku.edu.cn
电　　　话	邮购部 62752015　发行部 62750672　编辑部 62753121
印 　刷　者	三河市博文印刷有限公司
经 　销　者	新华书店
	730 毫米×980 毫米　16 开本　17.25 印张　226 千字 2017 年 8 月第 1 版　　2017 年 8 月第 1 次印刷
定　　　价	58.00 元

未经许可，不得以任何方式复制或抄袭本书之部分或全部内容。
版权所有，侵权必究
举报电话：010-62752024　电子信箱：fd@pup.pku.edu.cn
图书如有印装质量问题，请与出版部联系，电话：010-62756370

序

进入新世纪以来，我国文化产业已逐渐由政府主导走向企业自主发展阶段。文化企业作为文化产业的市场主体，其竞争优势的确立取决于创意能力、资源支撑、现金流、成长性、基础架构、合作与投资、品牌影响力等要素的有机结合，而其基础和核心依然是拥有合理可行的商业模式。在新的技术条件和发展环境下，文化企业商业模式的构建尤其需要重视"三个结合"：第一，与互联网结合。因为人们的关注度都集中在互联网上，文化企业如果不跟互联网结合，就缺乏基本的平台，所以企业必须在互联网上找合作伙伴，找竞争对手，找资源圈，找生存发展的机遇和空间。第二，与资本运作结合。在互联网时代，做企业不能再靠传统的原始积累来完成，而要靠知识产权+资本运作，而资本运作其本质就是善用别人的钱来赚钱——别人想赚钱，别人是投资人，而你有创意、知识产权，这就需要通过投融资的方式进行有效合作。第三，与轻资产结合。企业不管经营文化产业的哪个领域，都要尽可能把重资产放在一边，而把属于创意、知识产权、品牌等轻资产剥离出来，用轻资产跟互联网结合，跟资本运作结合。由此，以前是靠卖产品，现在是靠卖商业模式，即企业本身是很有价值的——要么是在资本市场上比市值，要么是在公司还没有上市的时候，市场估值很高。换言之，用轻资产的方式实现企业的整体价值最大化，是文化企业商业模式构建的基本指向。

随着互联网与文化产业日益融合发展,互联网文化产业领域的商业模式可谓层出不穷,要求文化企业须围绕着互联网进行业务创新、产品创新和业态创新。而实施一系列创新首先要关注顾客的变化。互联网的顾客跟传统媒体的顾客有一个重要区别,即传统媒体的顾客叫客户,互联网的顾客叫用户。可是,不懂互联网的人不可能知道什么叫用户,当然也不知道用户在哪里。现在很多人都谈用户体验,但是如果互联网还没有融入进来,用户在哪里还没有找到,怎么去关注用户体验呢?所以了解和把握顾客的变化要先思考和研究两个问题:一是互联网是什么,二是我的用户在哪里。也就是说,如果要进入互联网文化产业领域,一定自己要先懂互联网,然后再进去,找到用户,然后才能研究用户的体验,才能有效地开发市场,把企业做大,这是一个基本的顺序。以今日头条为例,截至2016年年底,它已经有接近6亿用户,日活跃用户超过6600万,实现上百亿的年度广告收入,正是由于今日头条在很大程度上把握了移动互联网用户的特点,通过"信息流+个性化推荐"实现了长足的发展。

对于互联网文化产业而言,好的商业模式能够保障内在持续积累,而不仅仅是一锤子买卖。按照文化产业的内在价值实现原理,企业的无形资产价值越来越大,就必须要持续地"轮转孵化"IP。换句话说,如果IP对于相应的主流消费者是持续有效的话,那么就可以实现IP的持续化增值和企业的有效积累。做IP不断的孵化和轮转消费,可以先在互联网上进行平台预热,进行消费观察,看看消费者是否喜欢,然后从消费者的预热一直到内容的改进,通过不断地改进内容,不断地编新的故事,不断地轮转。比如,先做网络文学,再改编成有声读物,再改版成动漫,这样一直在轮转,轮转到某一天把它做成大电影。其实,进行IP轮转本身就是一种商业模式创新。

在互联网文化产业的快速发展过程中,一个不可忽视的重要方面就是大数据与文化产业融合日益密切,且大数据对于文化企业商业模式的影响日益凸显。因此,在把握互联网本质要素和文化产业内在规律的基础上对大数据与文化产业商业模式的内在关联进行专题研究显得尤为必要。令人欣喜的是,结合若干年来文化产业管理专业研究的积累,立波君近些年沉心静气地专门围绕这个前沿领域进行锲而不舍地系统开掘和探讨,对于文化企业商业模式创新的路径和策略方法提出了一些有启发、有独到见解的观点或思路。特别是该项研究紧紧抓住利用大数据促进文化企业跨界融合和转型发展这个轴心,重点探讨基于娱乐无边界的生活方式的变化以及大数据与人们生活方式紧密结合的新业态、新模式、新方法,促进实现硬件、软件、品牌、内容与潮流、渠道等要素的有效打通,无疑具有较大的理论开拓空间和实际应用价值。相信该项研究成果将有力地推动互联网文化产业商业模式研究向更深入、更专业、更接地气的方向迈进,为活生生的、蓬勃发展的产业实践提供有效的智力支持。当然,作为一个新的研究领域,针对大数据与文化产业融合过程出现的一些新现象、新问题,学界还没有形成具有高度共识和充分解释力的概念以及范式,故书中提出关于内容大数据的个别观点或提法还有待于在不断关注日新月异的产业实践的基础上持续打磨并加以印证。

是为序。

陈少峰
丁酉年季春于燕园

目 录

导　言	001
第一章　大数据与文化企业经营变革	014
一、"互联网+"与大数据	014
二、大数据对文化企业经营的影响	026
第二章　大数据背景下的文化企业商业模式	040
一、文化产业大数据的基本形态	040
二、大数据背景下文化企业商业模式的基本类型	045
三、基于大数据的文化企业商业模式创新的要素	066
四、基于大数据商业模式创新的基本趋势	081
第三章　文化企业商业模式创新的路径选择	090
一、以体验价值为核心的商业模式	090
二、创造独特而丰富的体验价值	098
三、利用大数据优化业务模式	105
四、利用大数据延伸产品线	114
五、再造盈利模式	123

第四章　文化企业商业模式创新的基本方法 …… 131

　　一、回归到企业经营的原点 …… 131

　　二、把握商业模式创新的走向 …… 135

　　三、重新定位与重组资源 …… 147

　　四、产业链扩展与生态系统重构 …… 156

　　五、改变竞争规则 …… 165

第五章　基于大数据的传统文化企业转型策略 …… 171

　　一、影视企业的全产业链运营 …… 171

　　二、动漫企业的大数据营销 …… 182

　　三、出版企业的转型：以数字出版为中心 …… 189

　　四、硬件制造类文化企业的转型：以苹果公司为例 …… 198

第六章　基于大数据的文化产业项目运营案例 …… 209

　　一、微信摇电视：T20 的新标配 …… 209

　　二、《小时代 4》：大数据与电影的融合 …… 221

　　三、《十万个冷笑话》：大数据助推 IP 开发 …… 234

　　四、"娱乐宝"："文化+金融"的新模式 …… 246

　　五、观众网："粉丝"经济的新玩法 …… 255

结　语 …… 260

参考文献 …… 263

导　言

如今,我们正在跨越一个新的时代节点,由信息时代进入大数据时代。大数据改变着我们的思维方式、生活方式以及娱乐方式,同时也改变着社会的治理方式和企业的经营模式。作为文化产业的市场主体,文化企业如何适应大数据时代人们思维方式、生活方式以及娱乐方式的变化,将大数据作为企业业务转型和商业模式创新的重要契机和基本因子,这是亟待深入探索和研究的新课题。

（一）

在刚刚过去的五年中,随着新兴信息技术以及各种应用终端日新月异的发展或涌现,大数据在社会、经济、生活等各个领域不断渗透并推陈出新,使得全球数据总量呈现出前所未有的爆发式增长态势。美国国际数据公司(IDC)的研究报告显示,2011年全球被创建和被复制的数据总量超过1.8ZB,且增长趋势遵循新摩尔定律(全球数据量大约每两年翻一番),预计2020年将达到35ZB[①]。与此同时,数据的性质也在急剧变化,其多样性、多模态、低价值密度、实时性等复杂特征日

---

① Gantz J. & Reinsel D., "Extracting Value from Chaos State of the Universe: An Executive Summary," *IDC iView*, Issue June (2011), pp. 1-2.

益凸显。特别是在移动互联网、物联网、云计算、人工智能等一系列新兴技术的支持之下,社交媒体、协同创造、虚拟服务等新型应用模式持续拓展或改变着人类创造和利用信息的范围和形式,基于网络信息的生产和创新模式正在将人类社会全面带入大数据时代。

当然,大数据作为一个新兴领域,最先成为科技领域的关注焦点。2008年年末,卡内基梅隆大学的 R. E. Bryant、加利福尼亚大学伯克利分校的 R. H. Katz、华盛顿大学的 E. D. Lazowska 等科学家联合业界组织"计算社区联盟"发表了极具影响力的白皮书《大数据计算:商务、科学和社会领域的革命性突破》,使得研究者意识到大数据真正重要的是其在新领域的应用以及带来的新突破,而不仅仅是大数据本身。随后,《自然》与《科学》杂志分别出版专刊《大数据:在 PB 时代的科学》和《数据处理》,从互联网技术、互联网经济学、超级计算、环境科学、生物医药等多个方面讨论大数据处理和应用专题。

一个普遍的观点是,大数据作为海量数据,其在数据体量、数据复杂性和产生速度三个方面均大大超出了传统数据,也超出了现有技术手段的处理能力,并带来了巨大的产业创新的机遇。2011年美国国际数据公司分析了大数据的趋势及 4V 特点[1],认为大数据由海量交易数据、海量交互数据和海量数据处理三大技术趋势汇聚而成[2]。目前,大数据的开发与利用已经在物流、电信、医疗服务、零售业、金融业、制造业、文化产业等众多行业逐渐展开,并产生了巨大的经济效益和社会效益。数据挖掘与应用在市场营销、人力资源开发、电子商务等各个商业领域广泛开展,也取得了引人注目的成效。从这种意义上看,大数据面向产业领域的研究应用已步入了横向的快速推广和纵向的深化变革的新时期。

---

[1] 由此对于大数据的一般特征,业界一般归纳为 4V,即容量(Volume)、种类(Variety)、速度(Velocity)和价值(Value)。

[2] Gantz J. & Reinsel D., "Extracting Value from Chaos State of the Universe: An Executive Summary," *IDC iView*, Issue June (2011), p. 3.

随着科技领域理论研究和技术条件趋于相对成熟,大数据在产业界的应用逐渐形成星火燎原之势。包括易安信(EMC)、国际商业机器公司(IBM)、惠普、微软、苹果在内的全球知名企业纷纷通过收购与大数据相关的项目或企业来实现技术整合,实施其大数据战略;相关研究机构也相继发布与大数据相关的研究报告,积极跟进大数据领域的研发与应用。麦肯锡全球研究所首次把大数据正式引入企业经营领域,认为海量数据的运用将成为未来企业竞争和增长的基础。① 大数据正在改变我们的生活和工作,造成思维、商业和管理的大变革。② 国内一些学者从商务管理在大数据背景下所面临的时代挑战出发,给出了社会化的价值创造、网络化的企业运作、实时化的市场洞察三个视角,认为拥有、分析、挖掘和传输数据将成为企业核心能力。③

进而,世界各国政府开始高度重视大数据领域的发展,相继把大数据战略上升到国家战略,并从国家战略层面推出实施规划以应对大数据带来的挑战。从某种程度上看,大数据技术领域的竞争,事关一个国家的安全和未来;在大数据领域的落后,意味着失守产业战略制高点,意味着数字主权无险可守,也意味着国家安全将在数字空间出现漏洞。因此,美国、欧盟、中国等大型经济体相继出台了引导性、倾斜性或促进性的大数据相关产业政策。作为大数据技术从商业行为上升到国家科技战略的分水岭,2012年3月奥巴马政府就把数据定义为"未来的新石油",美国政府投资两亿美元启动"大数据研究和发展计划",致力于提高从大型复杂数据集中提取知识和观点的能力,并服务于能源、健康、金融和信息技术等领域的高科技企业。欧盟、英国等发达经济体相继跟进,出台相应促进政策。2012年4月,英国、美国、

---

① McKinsey Global Institute, "Big Data: The Next Frontier for Innovation, Competition, and Productivity," *McKinsey Report*, May 2011(3).
② 〔英〕维克托·迈尔-舍恩伯格、肯尼思·库克耶:《大数据时代》,盛杨燕、周涛译,杭州:浙江人民出版社2013年版,第17—19页。
③ 冯芷艳、郭迅华等:《大数据背景下商务管理研究若干前沿课题》,《管理科学学报》2013年第1期。

德国、芬兰和澳大利亚研究者联合举办"世界大数据周"活动,旨在促使政府制定战略性的大数据政策措施。2012年7月,日本提出"新ICT战略研究计划",其中重点关注大数据应用。2015年9月,中国政府亦从经济结构调整和产业转型升级的战略出发积极推进大数据应用,专门发布了《关于促进大数据发展行动纲要》,提出"推动大数据在工业研发设计、生产制造、经营管理、市场营销、售后服务等产品全生命周期、产业链全流程各环节的应用,分析感知顾客需求,提升产品附加价值,打造智能工厂。建立面向不同行业、不同环节的工业大数据资源聚合和分析应用平台。抓住互联网跨界融合机遇,促进大数据、物联网、云计算和3D打印技术、个性化定制等在制造业全产业链集成运用,推动制造模式变革和工业转型升级"。并且强调"推动大数据与移动互联网、物联网、云计算的深度融合,深化大数据在各行业的创新应用,积极探索创新协作共赢的应用模式和商业模式。加强大数据应用创新能力建设,建立政产学研用联动、大中小企业协调发展的大数据产业体系"①。2016年习近平主席在杭州G20工商峰会演讲时也强调,创新是从根本上打开经济增长之锁的钥匙,将推广发展理念、体制机制、商业模式等全方位、多层次、宽领域的大创新。在国家政策大力推动之下,大数据在我国各个领域呈现出如火如荼的发展态势。

当前,人工智能的快速发展正在推动大数据向新的结构化升级。不管是德国"工业4.0"还是"中国制造2025"②,都是利用互联网信息系统将生产中的供应、制造、销售信息数据化和智能化,达到快速、有效、个人化的产品供应;并且,二者的理念都包含了由集中式控制向分散式增强型控制的基本模式转变,并着眼于建立一个高度灵活的个性化和数字化的产品与服务的生产模式。德国"工业4.0"明确提出了三

---

① 参见《国务院关于印发促进大数据发展行动纲要》(国发〔2015〕50号)。
② "中国制造2025"与德国"工业4.0"都是在新一轮科技革命和产业变革背景下针对制造业发展提出的战略举措,其基于"互联网+"的基本框架是一致的,且前者在理念和思路上对于后者有较大借鉴。

大主题:一是"智能工厂",重点研究智能化生产系统和过程以及网络化分布式生产设施的实现;二是"智能生产",主要涉及整个企业的生产物流管理、人机互动以及 3D 技术在工业生产过程中的应用等;三是"智能物流",主要通过互联网、物联网、物流网,整合物流资源,充分发挥现有物流资源供应方的效率,而需求方则能够快速获得服务匹配,得到物流支持。而不论是德国"工业 4.0"还是"中国制造 2025",其所谓的智能制造与传统制造最大区别就是大数据,即把整个生产流程和商业运作流程建立在大数据的基础之上。比如,德国博世洪堡以大数据为支撑建立起来的"互联网+二手市场互联网+食品互联网+外贸互联网+家居互联网+家电互联网+超市互联网+百货互联网+新闻互联网+娱乐网络视频"体系。再如,"Nike+"作为耐克公司以大数据为支撑、发展运动数据化战略而推出的系列产品线,包括各类可穿戴设备、Nike+应用软件、Nike+运动社交平台等。我国经济发展优势长期以来靠的是人口红利,靠的是成本比别人低,而"中国制造 2025"则要求转向主要依靠大数据、物联网以及与之相应的系列创新,因此我们尤其需要"发掘数据资源支撑创新的潜力,带动技术研发体系创新、管理方式变革、商业模式创新和产业价值链体系重构,推动跨领域、跨行业的数据融合和协同创新"①。

(二)

随着互联网特别是移动互联网的普及,大数据应用正在逐渐拓展到企业的各个业务领域,日益影响到企业经营的方方面面。大数据推动生产要素的网络化共享、集约化整合、协作化开发和高效化利用,改变着传统的企业生产方式和运行机制,显著提升了企业运行水平及效率。尤其是,大数据持续激发商业模式创新,不断催生新业态,已成为众

---

① 参见《国务院关于印发促进大数据发展行动纲要》(国发〔2015〕50号)。

多新兴产业领域促进业务创新增值、提升企业核心价值的重要驱动力。

大数据作为企业的核心发展战略,推动各种新业态、新产品、新模式层出不穷。大数据包含PC互联网和移动互联网以及视频监控、移动智能设备、新兴IT设备等渠道产生的海量的结构化、半结构化和非结构化数据,并且在源源不断地渗入现代企业日常管理和运作的各个环节。比如,企业从不断生成的交易数据中获取万亿字节的有关消费者、供应商和运营管理方面的信息;社交媒体中数以亿计的网民群体的实时交流与内容分享也在大数据的指数级增长过程中起到重要作用;网民上传的每一秒高分辨率视频图像,都会产生超过单页文本存储内容2000倍的字节数据。大数据作为继云计算、物联网之后IT产业又一次颠覆性的变革,必将对现代企业的管理运作理念、组织业务流程、市场营销决策以及消费者行为模式等产生巨大影响,使得企业日常商务管理决策越来越依赖于数据分析而非经验甚至直觉。

从企业管理的角度看,大数据应用主要体现为通过新的模式使企业具有更强的洞察力、决策力和流程优化能力,具有高增长率和多样化的数据资产。较早预言大数据时代到来的麦肯锡公司曾经提到,"数据,已经渗透到当今每一个行业和业务职能领域,成为重要的生产因素。人们对于海量数据的挖掘和运用,预示着新一波生产率增长和消费者盈余浪潮的到来","对于企业来说,海量数据的运用将成为未来竞争和增长的基础。"[1]在过去的十余年互联网发展的过程中,人们开始逐渐远离PC,成功转向了移动端的软件和服务,而大数据时代的到来,将使企业进一步远离一般的软件和服务,更多地专注于因大数据应用分析而带来的全新业务增长点。"数据将成为一切行业当中决定胜负的根本因素,最终数据将成为人类至关重要的自然资源。"[2]在国内,以BAT为龙头,众多企业都将业务触角延伸到大数据领域,并

---

[1] McKinsey Global Institute, "Big Data: The Next Frontier for Innovation, Competition, and Productivity," *McKinsey Report*, May 2011(3).

[2] 参见《大数据时代的跨界与颠覆》卷首语,《中国科技投资》2015年第20期。

想方设法地创新商业模式使技术创新的价值得以实现。例如,百度已经致力于开发自己的大数据处理和存储系统;阿里借助自身开发的阿里云全面推动向大数据领域的转型;腾讯目前也到了数据化运营的黄金时期,如何整合这些数据成为其未来的核心业务。

(三)

当前大数据的重心正在从存储和传输转向挖掘和应用,大数据给人们的生活方式、企业的经营活动带来前所未有的变革,将深刻影响文化企业的商业模式格局。在新的背景下,大数据助推文化企业转型发展,必须落实为具体而可行的商业模式。文化企业管理者尤其需以大数据来审视各种产业要素的关联,对商业模式重新进行系统的思考,采用合适的创新途径来调整或重构自身的商业模式。

在大数据时代,作为一个可持续发展的文化企业,其商业模式至少应体现四大要素,即面向未来、线上为主、虚实结合、体验第一。面向未来是指企业不能只顾当下赚钱,而是要考虑未来是否有市场地位,经常思考其发展前景和未来的商业模式是什么;线上为主就是企业必须通过互联网平台而成为O2O的主体,是整合者而不是被整合者;虚实结合是打造平台和整合内容、产品交易一体化运作,重视虚拟性和内容为王的统一;体验第一是指不管是线上还是线下,都是以体验为主,而体验以娱乐为主、以其他艺术和文化内涵为辅。

毋庸置疑,当前我国文化产业正处于剧烈转型发展阶段。文化产业和其他产业之间的变动,以及文化产业内部行业之间相互替代的变动正在加速进行。作为文化产业转型的主流,"互联网+文化"的突出特点就是大数据与人们生活方式的互动互融。大数据给人们的生活方式以及娱乐方式带来前所未有的变革,将深刻影响文化企业的商业模式及经营方式,既可为企业带来直接盈利,也可通过正反馈为企业带来难以复制的竞争优势。处在该剧烈转型阶段的文化企业首先需要密切关注和准确把握产业前沿动态以及发展趋势。随着大数据在文化产业领域的全方位融入,文化企业的商业模式及经营方式正在发生重大变化,以下四个方面尤其值得关注。

首先,大数据使文化产品的生产和体验价值的创造日益走向社会化和大众化。当前大数据发展的重心正从存储和传输转向挖掘和应用,由网民群体(大众)创造的内容大数据(如文本、音频、视频等)成为超海量数据的重要来源。随着内容大数据的创生与传播方式的变化,企业与消费者间的关系逐渐趋向平等、互动和共生。大数据推动内容资源的网络化共享、集约化整合和高效化利用,改变了传统的文化产品生产方式和运行机制。企业必须通过与网民群体的密切沟通互动,主动引导其参与文化产品的创意、设计、生产以及顾客关系管理的关键环节,并根据网民群体的互动反馈进行文化产品优化与创新,从而最大限度地丰富和提升产品的体验价值。

其次,大数据使文化业态创新和业务模式创新日益走向常态化和多样化。大数据持续激发文化企业商业模式创新,不断催生各种文化新业态,成为"互联网+文化"领域促进业务增值、提升企业整体价值的核心驱动。作为大数据得以运转的互联网平台,其最大特点是无边界,这种无边界的平台为文化产业发展提供了各种新的可能性——并不局限于线上的内容展示体验和品牌推广,还可以通过线上平台整合线下资源,对接线下的营销传播平台、零售平台、金融平台等,实现线上线下两个平台的有效沟通与整合。同时,文化产业领域的O2O尤其需要超海量的内容,相应地也需要一种新的整合机制。IP扩展模式就是新的整合机制之一,它可以通过延长产业链带来二次、三次乃至n次授权的收入。比如,当今影视、游戏、视频、AR/VR、MR等大都源于网络文学IP;演唱会网络直播进一步扩展了音乐产业的收入等。

再次,大数据使企业对市场需求的理解洞察日益走向实时化和精准化。快速积累的海量数据既可以使文化企业及时利用丰富的信息来进行有效决策,同时也为企业营销带来前所未有的机遇。一方面,企业能够记录或搜集顾客社会化、移动化的媒体与渠道的行为数据，从而设计出高度精准、绩效可高度定量化的营销策略。另一方面，随着大数据的累积，消费者异质性在不断增大，这种异质性体现在消费者在创意、娱乐、阅读、社交等方方面面的兴趣偏好的不同，由此可以为个性化定制提供充足的养分和坚实的基础。企业根据交叉融合后的可流转性数据以及全息可见的行为数据，可以精准地根据每一位消费者不同的兴趣偏好，为他们提供个性化的文化产品或服务。

最后，大数据使文化企业整个运作日益走向协作化和生态化。在大数据推动下，文化企业的日常管理与商务决策日益依赖于社会媒体、网民群体、上下游合作方以及竞争对手构成的"生态系统"。企业建构"生态系统"既要重视互联网平台建设，也要想方设法形成各利益相关方的协同效应，特别为内容创造方、运营方建立持续的利益分享机制。比如，苹果公司推出的"iProduct+iTunes"就是建立在商业模式基础上的内容创新和技术创新的合璧，也是通过内容和平台整合进行"生态系统"建构的成功范例。文化企业欲实现可持续发展，需要从建构相互协作的"生态系统"出发来调整自己的发展战略，充分体现面向未来、共生共享、合作共赢等要素。

总之，创新的技术总是与创新的商业模式共同演进的，只有有效地创新商业模式才能最终使技术创新的价值真正得以实现。在大数据时代，文化企业必须把握大数据变革以及体验经济的发展机遇，重视把大数据落实为具体可行的商业模式，以大数据来审视各种产业要素的关联，采用合宜的创新路径来调整或重构经营方式，从而提升自身的核心竞争力。

（四）

略感遗憾的是，与蓬蓬勃勃的大数据发展和活生生的文化企业运作实践相比，当前相关理论研究与实践需求之间还有较大距离。通观国内外大数据在文化企业管理领域的研究现状,当前还基本上停留在宏观趋势的框架性思考层面,没有涉及企业的内在运营机制:一方面,零碎研究也主要围绕传统文化产业形态展开,基于互联网和社会媒体的企业大数据研究与应用亟须进一步向企业纵深方向进行拓展;另一方面,现有的大数据研究大多立足于信息科学,侧重于大数据的获取、存储、处理、挖掘和信息安全等方面,鲜有从商业模式的角度探讨大数据对于文化企业经营管理和商务运营决策等方面带来的变革与冲击的研究,特别是缺乏对云计算和Web3.0技术条件下新兴文化产业转型发展的系统深入探讨。在多数情况下,现有研究对大数据和文化企业商业模式的关注基本处于分立状态,缺乏从二者内在关联或融合的维度进行挖掘和探讨,从大数据的视角来研究文化企业商业模式创新更是几近空白。

因此,出于填补研究空白或缝隙的需要,我们从商业模式构成要素来探讨大数据时代文化企业商业模式创新路径,提出通过改变商业模式构成要素及其之间的关系,以实现企业的转型发展。可以说,新的商业模式就是隐藏在互联网文化产业活动下一般价值链上的变量,它由顾客体验价值、业务模式、产品模式、收入模式等要素组成,这些要素涵盖了企业经营的方方面面,企业商业模式创新可以围绕这些要素的创新来实现。

在对文化企业商业模式持续研究的过程中,我们重视关注大数据对文化产业经营特别是商业模式的影响,运用文化产业商业模式模型分析大数据与文化产业的内在关联以及对文化企业业务结构的影响。在前期研究中曾经提出如下一些观点及思想:其一,全产业链是最能体现新媒体时代文化产业内在规律的商业模式,它拥有一种同一内容资源在空间和时间维度上都循环延伸使用的结构,显示了更强的融贯性和扩展性。其二,文化企业商业模式创新的本质是跨界融合。跨界融合应以创造顾客的体验价值为核心,一方面实现跨媒体、跨行业、跨区域经营的扩展整合,另一方面实现"内容+平台+衍生服务"的全产业链整合,以及由创意和技术双驱动进而实现创意—内容—软件—硬件的一体化。其三,在大数据时代,电子商务与内容产业融合发展要实现由销量制胜到数据制胜、由规模化制造到个性化定制、由平台为王到内容与平台的综合化、由资产并购到数据整合、由PC端到移动端、由复制到扩展等多层面的转型升级,以创造持久的竞争优势。其四,文化企业核心竞争力是由定向要素、动力要素和支持要素所构成的统一体,从结构方面看,文化企业核心竞争力是在顾客体验价值指引下的持续创意能力、产业链扩展能力、战略整合能力(以及相应的人力资源和企业文化)所形成的合力,它可以在市场竞争中通过核心产品和最终产品转化为系统化的竞争优势。

在以上思考的基础上,在本书中我们进一步弥补现有研究把大数据与企业微观管理分离的缺陷或不足,从理清大数据与文化产业的内在关联入手,提炼大数据时代文化企业商业模式的核心要素,重点从核心能力、业务组合以及产品线、可盈利方法等方面探讨文化企业商业模式创新的基本路径,进而构建商业模式创新的基本理论框架和模型。同时,基于在线化和"App+Data"的有机融合机制,探讨如何通过文化科技有效融合不断丰富顾客体验,开拓文化产业的蓝海市场。

从发展趋势看,大数据是未来文化企业一切商业活动的基础。在大数据时代,文化企业只有抓住机遇把大数据做成商业模式,高度重视把大数据融入社会化的价值创造、网络化的企业运作以及实时化的市场洞察,才能不致于被市场所抛弃。基于这种现实观照,本书主要从大数据的视角探讨文化企业商业模式创新的路径和方法,依循"分析发展现状→揭示核心问题→形成理论框架→提出对策思路"的逻辑路线探讨并构建文化企业商业模式创新的基本框架和理论模型,主要内容包括如下层层递推的六大部分:第一,大数据对文化企业经营的影响变革。分析文化企业在云计算和大数据技术条件下商业模式选择以及企业管理所面临的困境和挑战。第二,大数据背景下文化企业商业模式的类型、要素及发展趋势。通过对国内外文化企业的相关案例和聚类分析,归纳文化企业商业模式的基本类型和要素;通过分析大数据对于人们生活方式(特别是娱乐方式)、文化内容、渠道、产业链扩展等的影响,系统研究大数据时代文化产业的变化规律及发展趋势,以及在4G或5G推动下视频互动引发的微市场(如微博、微信、微电影、微视等)的冲击。第三,基于大数据的文化企业商业模式创新的路径。在上述现状和问题研究的基础上,进一步理清大数据与文化产业的内在关联,提炼大数据时代文化企业商业模式的核心要素,重点从核心能力、业务组合以及产品线、可盈利方法等方面探讨文化企业商业模式创新的基本路径,进而构建商业模式创新的基本理论框架和模型。第四,基于大数据的文化企业商业模式创新的方法。在以上路径框架或模型基础上,进一步研究企业如何把产品上升到商业模式,即实现从创意到内容产品、功能产品、平台产品以及内容+平台产品再到商业模式的连接和转化,从而最终实现企业整体价值最大化。第五,主要行业企业商业模式创新的具体对策。作为应用和扩展,具体分析大数据时代影视企业、动漫企业、出版企业、硬件制造类文化企业等经营管理的特点、面临问题和转型发展路径及方法,提出商业模式创新的相应对策性思路。第六,基于大数据的商业模式项目运营案例分析及验证。通过典型运营项目来具象分析或验证大数据对文化企业商业模式创新的支撑作用。

最后需要稍作说明的是,本书在选取案例作为论据时,是以阐明问题为指向,注重开创性和启发性的结合,而不是简单以事件存续的长短做权衡。因为没有永远卓越的产业,也没有永远卓越的企业,可能有的是某些卓越的经营行为和方法,而这些行为和方法可以启示或引发对问题的思考。本书作为省部和学校两级课题"大数据时代文化企业商业模式创新路径和方法"的阶段性研究成果,课题团队参与人赵雅兰、刘园香、唐敏敏不同程度地协助进行了前期调研、数据收集及部分案例评析,并针对相关问题进行了数次研讨、论证和交流,为问题的结构化和系统化研究奠定了实证基础。由于大数据与文化产业融合其本质上还属于新兴的研究领域,许多问题的研究尚处于探索阶段,书中某些观点和思路或有不当之处,诚望各位方家及读者在阅读中提出建设性的批评,以期通过思考改进并使之进一步趋于完善。

第一章　大数据与文化企业经营变革

在"互联网+"全面渗透与蓬勃发展的大背景下,大数据已逐渐成为推动文化企业转型发展的新动力。以数据流为主导来引领内容流、信息流、资金流、人才流等资源要素,正在深刻影响社会分工协作的组织形式,促进文化企业生产组织方式在更高水平上的集约和创新。文化企业只有在掌握海量数据的基础上,善于进行市场分析、顾客分析、产品定位分析,并善于预测趋势与走向,不断开发或挖掘出更有体验价值的文化产品和服务,才能够在激烈的市场竞争中处于不败之地。

一、"互联网+"与大数据

进入新世纪以来,随着互联网对于企业经营的日益渗透和融入,有关"互联网+"和"+互联网"的争论一直持续不断。这既体现了对于互联网的不同理解层次,当然也决定了对于大数据的不同认知理念以及应用方式。

(一)"互联网+"的核心是大数据化

从推动企业变革的意义上看,"互联网+"是基于渠道或平台的颠覆性创新,是基于市场需求导向的供给侧变革,"+互联网"则是传统企业的技术性改进,具有效率改进意义。相比较而言,由市场推动创新相对于由技术改进创新具有更多变革意义,更能形成全新的组织形式和商业模式。

"互联网+"作为以互联网为基础或平台,它首先是一种思维方式,标志着互联网已经从简单的工具快速成为整个社会的基础设施以及发展的核心理念。其次,所谓"互联网+"是以互联网为主的一整套信息技术(包括移动互联以及智能互联、云计算、大数据等)在经济、社会生活各部门的扩散、应用,并不断释放出数据流动性的过程①。再次,"互联网+"之所以更能够颠覆传统行业,在于它以高端统摄低端,或者利用高效率来整合低效率,对传统产业核心要素进行再分配,它不仅是生产率的提高,也是生产关系的重构,并以此来提升整体系统的效率。互联网通过减少中间环节,减少所有渠道不必要的损耗,减少产品从生产到进入顾客手中所需要经历的环节来提高效率,降低成本。从最直观的广告产业领域看,2013年百度的广告收入首次超过中央电视台,中国最大的广告媒体不再是CCTV而是百度,一个成立15年的互联网公司一跃超过一家垄断性的国有传统媒体的广告收入。无独有偶,谷歌2013年全年的营业收入超过了600亿美元,已经超越所有的美国报纸或杂志的广告营收总和。广告产业领域仅是"互联网+"对传统产业进行效率整合的一个缩影而已。

因此可以说,"互联网+"与"+互联网"的根本区别在于,"互联网+"是以互联网为核心理念、基础设施和运作平台,而"+互联网"则主要是以互联网为手段或工具。进一步说,"互联网+"之所以具有高效率和全面的变革意义,是因为其本质在于它是以大数据为基本支撑和依托的,"互联网+"的核心或本质就是基于数据的整合和融合,即大数据化。由于数据本身具有天然的共享性和边际效率递增的特性,数据要素的投入和信息技术的应用,使得物质要素不断被节约,从而

---

① 阿里研究院:《互联网+:从IT到DT》,北京:机械工业出版社2015版,第2页。

大幅度提高生产效率。只要人的日常生活以及社交活动迁移到互联网上,就会形成大量活跃的数据,就会随时被应用和挖掘。以电子商务领域为例,电子商务与实体商务最本质的区别是在电子商务平台上每卖出一个商品,都会留存下一串详尽的网络痕迹,这些痕迹就是数据。就此而言,一家电子商务企业和一家实体商店最大的区别就在于是否拥有大量准确的数据记录。一般而言,电子商务在发展的初级阶段,大都强调销量、强调人气、强调商气,并借此想方设法实现销量的增长,以销量的规模或市场地位换取市场话语权和主导权。而到了高级阶段,聚集庞大的数据就成为主要方面,数据成为企业的核心资产和核心竞争力。企业通过多年对各种各样数据的积累和对顾客消费行为的分析,可以成为消费者、销售者和生产者的引领者,从而企业本身也成为业界的领头羊。例如,亚马逊之所以在强手如林的竞争对手(如沃尔玛、苹果、IBM 等超级公司)中能够在电子商务及云计算领域独占鳌头,且营业收入持续攀升、市值一度超过 2000 亿美元(2015 年 6 月 26 日),其根本原因在于亚马逊通过丰富的体验性产品开发积累了比其竞争对手更庞大的数据资源。

当然,无论是电子商务、互联网金融、在线教育、智慧城市,还是互联网文化产业,都是建立在以大数据为基本支撑和依托的具体表现形式。以前,数据作为一种无形的、依附于其他要素的非独立要素,通过优化劳动力、资本技术等要素的结构和配置来间接施加对生产力的影响。而今,数据成为独立的生产要素,促成了数据量和处理能力的爆炸式增长,海量数据的积累与交换、分析与运用,产生了前所未有的洞见与知识,极大地促进了生产效率的提高。

(二)无处不在的大数据

在互联网特别是移动互联网时代,数据是无处不在、无时不在的,它无须刻意搜集和提炼,而是自动留存于人们的日常交往行为或交易活动之中。比如顾客在使用 QQ 和微信聊天的过程中,实际上是把最为私隐的数据信息交给了腾讯;在畅享网络购物便利的时候,就将账号、地址和电话数据交给了亚马逊或者天猫;在不断刷微博获取信息或娱乐时,就将兴趣、爱好和私信交给了新浪;在使用搜索服务时,就将自己的网络行为轨迹交给了百度或谷歌。前面网上曾流传着一个关于大数据在人们日常生活中具体表现的段子,让我们开始思考从未留意过却开始每时每刻无不影响我们的生活方式或生活习惯的新问题。这个段子如下①:

某比萨店的电话铃响了,客服人员拿起电话。

客服:×××比萨店。您好,请问有什么需要我为您服务?

顾客:你好,我想要一份……

客服:先生,烦请先把您的会员卡号告诉我。

顾客:15695868×××。

客服:陈先生,您好!您是住在泉州路1号23楼2305室,您家电话是3846××××,您公司电话是6555××××,您的手机是1368666××××。请问您想用哪一个电话付费?

顾客:你怎么知道我所有的电话号码?

客服:陈先生,因为我们联机到CRM系统。

顾客:我想要一个海鲜比萨……

客服:陈先生,海鲜比萨不适合您。

顾客:为什么?

客服:根据您的医疗记录,你的血压和胆固醇都偏高。

顾客:那你们有什么可以推荐的?

客服:您可以试试我们的低脂健康比萨。

顾客:你怎么知道我会喜欢吃这种的?

客服:您上星期一在中央图书馆借了一本《低脂健康食谱》。

---

① 参见《有关大数据》,http://www.mediacircle.cn/? p=11249。

顾客：好。那我要一个家庭特大号比萨，要付多少钱？

客服：99元，这个足够您一家六口吃了。但您母亲应该少吃，她上个月刚刚做了心脏搭桥手术，还处在恢复期。

顾客：那可以刷卡吗？

客服：陈先生，对不起。请您付现款，因为您的信用卡已经刷爆了，您现在还欠银行4807元，而且还不包括房贷利息。

顾客：那我先去附近的提款机提款。

客服：陈先生，根据您的记录，您已经超过今日提款限额。

顾客：算了，你们直接把比萨送我家吧，家里有现金。你们多久会送到？

客服：大约30分钟。如果您不想等，可以自己骑车来。

顾客：为什么？

客服：根据我们CRM全球定位系统的车辆行驶自动跟踪系统记录，您登记有一辆车号为SB-748的摩托车，而目前您正在解放路东段华联商场右侧骑着这辆摩托车。

顾客当即晕倒。

通过这个小段子，我们可以非常具体地认知到大数据时代人们既兴奋又无奈的基本生活图景。各种数据的广泛应用，一方面给人们带来了诸多快捷、便利和丰富的人性化服务，另一方面也面临着个人信息的极度曝光，让人没有了隐私、没有基本的安全感，需要设立一个新的个人信息保护模式，这个模式应着重于数据使用者为其行为承担相应的责任。这当然超出了本书所讨论的范围，我们暂且搁置不论。

无论如何，大数据在社会各领域快速渗透、开疆辟土甚至无孔不入，已经成为一个不争的事实。特别是自移动互联网主导以来，数据量更呈几何倍数激增。人们产生数据的方式由原来单一的模拟数据（书本和报纸等产生的数据）延伸到了各种各样的数字数据，从前的小数据快速进化成为大数据。根据赛门铁克公司的调研报告,2013年全球企业的信息存储总量已达2.2ZB,年增67%。我国最大的网购平台淘宝每天有超过数千万笔交易,单日数据产生量超过50TB,存储量40PB;百度公司数据总量接近1200PB,存储网页数量接近1万亿页,每天大约要处理60亿次搜索请求[1]。海量数据的迅速膨胀催生了大数据产业。国际数据公司发布的《中国大数据技术与服务市场2012—2016年预测与分析》报告表明,该市场规模将会从2011年的7760万美元增长到2016年的6.17亿美元,未来大数据市场将以每年40%的速度增长[2]。2016年5月底,腾讯整个数据存储中心存储总量已超过1000个PB,超过15000个全世界最大图书馆(美国国会图书馆)的藏书量,而且每天以500TB的数据上升。此外,腾讯的文本、图片、音频、视频以及移动支付等数据在国内都是排前两位的。每天在微信朋友圈、QQ空间里面上传大量的照片,数量非常惊人,在整个社交网络视频播放量和专业视频网站的播放量也正在高速增长。更令人印象深刻的是移动支付的发展,由于数据竞争非常激烈,为了争夺数据入口和支付平台各大公司展开红包大战,单在2017年除夕24小时内微信红包数量超过142亿笔,同比增长75.7%。

面对大数据的蜂拥而至,我们不禁要问,大数据究竟为何物?目前国内外对于大数据的定义并未形成高度共识,但基于大数据对人类的影响,研究者却从不同层面总结了大数据的基本含义。一般认为,大数据是指所涉及的数据量规模巨大,无法通过人工在合理时间内达到截取、管理、处理、并整理成为人类所能解读的信息[3]。舍恩伯格等则认为,大数据是以一种前所未有的方式,通过对海量数据进行分析,

---

[1] 转引自邬贺铨:《大数据时代的机遇与挑战》,《求是》2013年第4期。
[2] 转引自《中国大数据技术市场》,《金卡工程》2012年第11期。
[3] McKinsey Global Institute, "Big Data The Next Frontier for Innovation, Competition, and Productivity," *McKinsey Report*, May 2011(3).

获得深刻的洞见以及具有巨大价值的产品和服务,大数据的核心是预测①。而在我看来,所谓大数据,一方面是由数量巨大、结构复杂、类型众多数据构成的数据集合,包含文本、视频、图片、位置信息、基因信息、浏览习惯、消费偏好等各种信息;另一方面,它又是一种在多样或大量数据中快速收集数据和分析应用数据的能力,其根本是为了洞悉顾客的需求变化。大数据与传统数据的主要不同之处就在于,它是基于云计算的数据处理与应用模式,通过数据的整合共享、交叉运用,所形成的新的智力资源和知识服务能力。

从数据的结构化程度的角度看,大数据可以分为结构化数据、半结构化数据和非结构化数据。结构化数据主要是指直接可以用计算机二进位来表达的数据,而类型繁多、规模庞大的半结构化数据和非结构化数据,则主要是视频、文档、网页、声音、图片、地理位置信息、基因信息等。从纵向动态利用开发的层次来看,数据(Data)是相对原始和零散的,当其经过滤和有效组织之后成为信息(Information),将相关联的信息整合和有效地呈现则成为知识(Knowledge),对知识的深层领悟而升华到理解事物的本质并达到举一反三、触类旁通则成为智慧(Wisdom)。因此,数据逐步成为信息、知识以及智慧的源头,是进行决策和价值创造的基石②。大数据时代亦是人工智能、机器学习和数据挖掘等技术迅速发展所驱动的一个历史进程,这个进程要求我们善于利用各种各样的数据,并将数据分析为信息,将信息提炼为知识,以知识促成智慧决策或行动。

关于大数据的特征,结合国际数据公司的研究报告《从混沌中提取价值》③对大数据"4V"识别的分析,我们从动态发展和实际运营的角度来考察,认为大数据区别于传统数据的特征主要体现在如下三个

---

① 〔英〕维克托·迈尔-舍恩伯格、肯尼思·库克耶:《大数据时代》,盛杨燕、周涛译,杭州:浙江人民出版社2013年版,第6页。
② 参见《互联网杂谈》,《互联网周刊》2012年第1期。
③ Gantz J. & Reinsel D., "Extracting Value from Chaos State of the Universe: An Executive Summary," *IDC iView*, Issue June (2011), p. 2.

方面：

第一，规模上"超海量"。既包括类型多样，如结构化数据、半结构化数据和非结构化数据，也包括体量巨大，从 TB 级别跃升到 PB 级别，不是以我们所熟知的多少 G 和多少 T 为单位来衡量，而是以 P（1000 个 T）、E（一百万个 T）或 Z（10 亿个 T）为计量单位。之所以产生如此规模巨大的数据量，一是由于各种网络设备的使用，使我们能够感知到更多的事物，这些事物的部分甚至全部数据就可以被存储；二是由于社交工具的使用，使人们能够全时段的联系，使得交流的数据量成倍增长；三是随着传感器种类的增多以及智能设备等的流行，数据类型也变得更加复杂。

第二，性质上"活态"。现在处理的数据之所以由 PB 级代替了 TB 级，主要是因为数据是快速动态流动变化的。大数据的生命在于其流动进行的活跃状态，即网络化、在线、即时、互动、变化等，更快地满足实时性需求。大数据往往都以数据流的形式动态、快速地产生，具有很强的时效性，只有把握好对数据流的掌控才能有效利用这些数据，充分挖掘其中的价值。

第三，形态上"数字化"。"数字化"是大数据的技术支持，现在所有数据中约 3% 储存在报纸、书籍、图片等媒介上，其余 97% 全是数字数据。[①] 大数据有两个重要来源，一是从实体到数字世界的静态迁移，二是在数字社会里各种文化活动或者其他的社交活动的交互。由此，数字化空间和数字化生存在很大程度上构成了现代人的基本生活方式和娱乐方式。

（三）从 IT 到 DT 的过渡

大数据不仅在于"庞大"，而且更在于"有用"，即是说，对于数据的分析、挖掘、应用，远比数据之数量本身更为重要。从大量数据中快

---

① 〔英〕维克托·迈尔-舍恩伯格、肯尼思·库克耶：《大数据时代》，盛杨燕、周涛译，杭州：浙江人民出版社 2013 年版，第 215 页。

速获取有用信息的能力,以及从大数据资产中快速变现的能力显得更为重要。比如,阿里巴巴近几年进行的大数据大布局,通过淘宝、天猫、阿里云、支付宝、蚂蚁金服、万网以及其他的一些网站,形成了强大的电子商务顾客群及数据管理系统。通过包括顾客销售端、资金使用、服务器管理、应用程序管理等,全面地对每一个消费者的行为数据都进行全系列的追踪收集,拥有容易变现的交易数据和信用数据,也形成了独一无二的数据处理能力。除此之外,还通过投资等方式掌握了丰富的社交数据、移动数据,如陌陌、UC、新浪微博和高德地图等。而百度主要拥有两种类型的大数据,即顾客搜索表征的需求数据以及爬虫和阿拉丁获取的公共 Web 数据,腾讯则拥有顾客关系数据和基于此产生的社交数据。这些数据可以分析人们的生活和行为,从里面挖掘出政治、社会、文化、商业、健康等领域的信息,可以预测未来走势和变化。

从现实发展来看,"我们正在从以控制为出发点的 IT 时代,走向以激活生产力为目的的 DT 时代"[①]。的确,DT(信息技术)时代与 IT(数据技术)时代的显著差异集中体现在对生产力的深层影响上。单以阿里 DT 系列运营来看,阿里巴巴建设和推广的阿里云,让数据变成工程,围绕数据提供一整套的精细化服务。当前,阿里巴巴已在整个数据应用上确定了从 IT 到 DT 的两个重心:其一,从管理、控制到"点燃"和激发,DT 就是"点燃"整个数据和激发整个数据的力量,被销售所用,为制造业所用,为消费者信用所用,被社会所用。其二,让阿里巴巴的数据逐渐成为国内商业的基础设施。淘宝和天猫每天会产生丰富多样的数据,阿里巴巴已经沉淀了包括交易、金融、SNS、地图、生活服务等多种类型的数据。这些数据相互关联或产生巨大的能量。当阿里的大数据开放之后,线上线下的数据能够串联起来,所有人都是数据提供方,也是数据的使用者。更重要的是,文化娱乐生态将与

---

① 阿里研究院:《互联网+:从 IT 到 DT》,北京:机械工业出版社 2015 版,第 2 页。

电商生态、金融生态、物流生态、云生态相互交融,让整个阿里生态体系更加丰满,为消费者和客户提供更加丰富的体验和更加多样的数据服务。作为一个新的重要业务板块,阿里巴巴文化娱乐集团不仅承载了阿里巴巴自身转型发展的使命,也担当了推动整个社会的电影、视频、文学、音乐、体育等相关文化娱乐产业与大数据融合的先锋。

总体而言,IT 时代的工具集中体现为"硬件+软件",而 DT 时代的工具突出表现为"云计算+大数据"①。IT 时代是信息经济发展的初期阶段,DT 时代是信息经济发展的升级阶段,引入生产过程的劳动对象集中于数据本身,开放流动、结构多样、海量数据是应用焦点,从数据驱动交易向数据产品开发演化。在生产要素层面,数据投入大量地替代着物质投入,数据技术与能源技术、机械技术一起推动着经济的强劲增长。

大数据的快速开发和广泛应用,正是 DT 时代变迁的决定性力量。数据技术的突破,体现在对原有难点的突破、应用层次的深化以及增长速度的提升等方面②。首先是原有难点的突破。高难度模式识别等领域一直被认为是信息技术难以逾越的高峰,而事实证明人类通过大数据可以有机会扫除征途上的障碍。比如,无人驾驶汽车就是典型的大数据产业,它集成了雷达和摄像头等传感数据,才使得它具备了在无人操控状态下自动驾驶的能力,而这种数据集成创新,现在以非常快的速度在迭代过程中。迄今为止,谷歌改装后的丰田普锐斯汽车已实现了无人自动化行驶里程达 20 万公里,仅有的一次事故还是被司机驾驶的汽车追尾;依靠谷歌地图和街景服务的庞大数据,摄像、雷达和光达先进设备,先进的模式识别软件,谷歌汽车实现了无人工干预的自动化控制,甚至比有人驾驶反应速度更胜一筹。其次是应用层次的深化。数据应用的层次也在不断深化,工业互联网是最具代表性的例证。美国通用电器公司率先提出了工业互联网概念,它力图将复

---

① 阿里研究院:《互联网+:从 IT 到 DT》,北京:机械工业出版社 2015 版,第 31 页。
② 阿里研究院:《信息经济呈现十大浪潮》,《理论参考》2015 年第 3 期。

杂的机器同联网传感器、软件系统等紧密结合,综合利用云计算、物联网等技术获取机器产生的大数据,通过分析有针对性地对机器运转进行相应调整,包括制造业在内的各行业推出产品或服务的速度将显著加快,生产效率将在系统层面得到优化。再次是增长速度的提升。工业互联网实践标志着互联网技术从消费领域向生产领域的全面进军。一方面技术能力提升很快,十八个月左右计算性能提高一倍、存储价格下降一半、带宽价格下降一半等持续印证着摩尔定律的效果;另一方面,随着联网顾客和设备数量的急速攀升,对各方来讲联入网络的价值显著增加,这进一步推动了信息技术的快速成长。信息技术指数级爆发成长,改变了人们对信息经济的预期。

在 DT 时代,必须从独立生产要素的角度去重新审视数据的作用。因此,大数据潜力的释放,实际上是反映了生产要素的一种升级,也就是所谓从信息技术到数据技术的升级。信息技术的不断突破,本质上都是在突破数据的依附,最大程度加速数据的流动和使用,由此数据逐渐成为独立的生产要素。从技术演进层面来看,核心技术经过了电子技术、计算机技术、电子通信技术和大数据技术四个阶段,无一例外均以超常规速度发展,加速实现着数据量和处理能力的快速增长。

DT 时代也让我们不得不重新考量信息的含义,信息的价值已经不再是对于消息的垄断,而是各种各样的海量数据的共创共享。正如马云所言,IT 时代是方便自己控制和管理,"信息"是一种权力。DT 时代是利他、激活大众活力为主,DT 是一个数据更充分流动的时代,会更加透明、利他,更注重责任和体验。在未来,产业发展主要由数据驱动。机器不仅会生产产品,还会说话、思考,还会自我完善;企业不再关注规模,不再关注标准化和权力,而会关注灵活性、敏捷性、个性化和用户友好;企业与企业、国家与国家之间不会那么注重对抗,而会在竞争的同时加强合作,并重视对整个社会的关怀和责任。①

---

① 阿里研究院:《互联网+:从 IT 到 DT》,北京:机械工业出版社 2015 版,第 2 页。

（四）自媒体内容数据的快速发展

IT 和 DT 不仅是不同的技术,而且是不同的思维方式,即人们对待这个世界的方式以及生产传播信息的方式的不同。在这方面,自媒体就是一种表征。自媒体又称"公民媒体",是指私人化、平民化、普泛化、自主化的传播者,通过互联网向不特定的大多数或者特定的单个人传递规范性及非规范性信息的新媒体。博客是自媒体的雏形,随着微博、微信、微视、微游戏等出现,自媒体开始快速成长发展。目前,我国拥有活跃用户的自媒体平台主要包括微博、微信、知乎、豆瓣、斗鱼、YY、映客、花椒、熊猫、秒拍、美拍、GIF 快手、陌陌直播、蜻蜓、荔枝、喜马拉雅等。从自媒体与企业内在关联的角度看,自媒体按照发展程度不同可以分为两个层次:其一是企业的自媒体化,几乎所有企业都拥有自己的官网、微博、微信公众号等,以"自媒体"作为企业的营销手段。可以说,企业的自媒体化就是企业用企业官网、微博、APP、微信公众号等来发布或转发与自身相关的信息,加强企业与"粉丝"、用户之间的互动联系,以扩大品牌的影响力和营销购买力的自有传播载体。其二是企业以自媒体作为核心业务,即个人或者团体借助自媒体平台进行内容生产,经孵化后逐渐按照企业的运作模式进行经营,甚至从平台建设到内容生产以及运作与经营都由同一部分人群共同建设,这也是当今如雨后春笋一样的自媒体企业发展的基本历程。

随着各类自媒体的快速发展,人人皆媒体,人人都成为信息和内容的生产者和传播者,致使内容数据资源激增。自媒体主要表现为内容数据的自生产、自传播与自运营。从现阶段的自媒体企业来看,不管是"罗辑思维"还是"二更食堂",绝大多数都是个人或团体依托自媒体生产出优质的内容,逐渐形成自己独立的 IP。其实,与其他文化企业一样,自媒体企业的核心也是创造出品质优越、吸引用户的内容。不同的是,普通文化企业更多的是依靠专业人士生产内容,借助媒体平台进行内容营销,而自媒体企业拥有自身媒介优势,能够吸引更多的用户主动参与到产品生产与营销的过程中来,在内容与渠道上打通了企业与用户的关系。自媒体企业利用自媒体的传播优势,将自生产者"节点化",即企业与用户、用户与用户、用户与信息交叉互动,使生产者的内容具有"话题核心圈子"的聚合性,最终形成一个大圈子并连成一个大网络,扩大内容的传播范围,增强信息的影响力度。

二、大数据对文化企业经营的影响

不是我不明白,是世界变化太快。在这个日新月异的、充满变化的社会,通信技术、PC 互联网、移动互联网接踵而至,转眼之间我们又进入了 DT 时代。大数据将成为未来一切产业或商业活动的基石,无论新兴文化企业(如社交平台、娱乐平台)还是传统文化企业都在积极调整自己的经营战略,将业务触角和产品线延伸拓展至大数据领域。

(一)大数据与文化产业的内在契合

从性质上看,文化产业与大数据具有极高的内在契合度。一方面,文化产业所拥有的内容数据本身具备较高的体验价值,能够直接为顾客提供文化产品或服务。另一方面,各种类型的大数据又可以有效提升或改善顾客的文化体验,从而提升文化产品的质量。文化产品的消费使用,更多的是一种文化体验。因此,提升文化产品质量的关键是提升产品本身的文化体验。通过对于顾客行为数据的挖掘和分析,确定顾客的消费心理和消费习惯,为其定制复合型产品套餐,满足顾客深层次的情感和人文需求。对此,我们将在第三章进一步充分展开讨论。

文化产业本身是信息或内容创造的行业,能够不断地产生或获得新的数据资源。"互联网+"的本质就是连接+内容,它必然要求以内容作为互联网平台上的主角。而内容的嵌入,将微妙地改变平台的流量分发模式,以内容黏连的方式把人群切分出来,在这个过程中,连接者的作用将以基础设施提供者的身份出现,社群的黏连度越大,社群的扩张力就越强。各个社群在构筑自己的核心内容、建设属于自己领地的过程中,就会形成大数据的一个重要来源。并且,文化产业本身也拥有极其雄厚的顾客资源,由于文化产品通过互联网可以直接为消费者所利用和消费,由此拥有庞大的顾客基数和规模,而基于庞大的顾客资源进行数据分析,将成为文化产业未来基于大数据业务转型的关键性条件。

另外,在实际调研过程中我们还发现,"互联网+"与文化产业发展之间存在一个共生共长的普遍规律:凡是互联网做得好,文化产业也一定做得好,文化产业做得好的地方,互联网也一定做得好,几乎没有例外。并且,文化产业做得好的地区或城市,互联网投资也一定做得好,几乎没有例外。因为在这种内在契合度的基础上,互联网与文化产业发展具有明显的融合效应——互联网能够有效带动平台、带动内容、带动资源、带动各种要素,由此最大限度地集聚各种数据资源。政府要鼓励去做互联网文化公司,而不仅仅是鼓励做电子商务,因为电子商务是互联网与文化产业融合发展的一个必然结果。换句话说,做文化企业尽可能不要直接做电子商务,要先创业,做内容或平台,然后再做电子商务。

(二)大数据推动文化企业经营变革

在 DT 时代,文化企业的转型发展,既是技术问题,也是经营战略调整问题。善于利用新的大数据来拥抱互联网,是文化企业经营战略转型的基本方向所在。

1. 大数据改变着基本思维方式

大数据对文化企业的首要作用在于思维方式的改变,特别是善于用大数据思维去改善经营管理。大数据为人类的生活方式带来前所未有的变革,其核心理念至少有二:其一,世间万物都可以数据化。云、网、端连接在一起之后,所有信息、内容、行为和关系,均以数据形式沉淀在平台上,一切都可数据化。如 Facebook、Twitter、新浪微博等把原来不可能数据化的人的情绪、态度等数据化。许多平台型企业如阿里巴巴会将沉淀下来的数据开放利用,供平台上的各个节点分析,然后各取所需、各得其所。于是,企业和内容创造者可以方便地找到自己的市场空间,并根据数据进行相关的商业决策。对于平台上的各个企业而言,这些数据附加值是平台对它们的最大吸引力,也是这些企业生长发育的营养,因而平台成为一个生态系统。对于提供平台的企业而言,其生态系统内的"物种"越丰富,生态越复杂,则沉淀下的数据越多,并刺激平台提供更多的数据增值服务,平台也越兴旺。

其二,重要的不是因果关系,而是相关关系。DT 时代对人的思维方式最大的转变就是放弃对因果关系的渴求,转而关注相关关系[1]。也就是说,只要知道"是什么",而不需要知道"为什么",即知其然不必知其所以然。这就颠覆了我们传统理解世界的方式,从而提供了一种全新的看待世界的方式,对人类的认知和与世界交流的方式提出了全新的挑战。大数据时代最大的转变就是放弃对因果关系的渴求,转而关注相关关系。具体到商业领域,挖掘顾客的行为习惯和喜好,在凌乱纷繁的数据背后找到更符合顾客兴趣和习惯的产品和服务,并对产品和服务进行针对性的调整和优化,这就是大数据的核心价值所在。比如,谷歌和百度的搜索、Facebook 的帖子、新浪微博的消息和腾讯微信朋友圈的状态,正是媒介背后的大数据使得人们的行为和情绪的细节化测量成为可能。

对相关关系的挖掘在很大程度上是对世界的二次发现和感知。由此,许多文化企业开始投资数据开发项目,将目光放在了未来社交网络的数据深度挖掘上。比如,影视公司注重网上有几百万条"A 编剧曾与 B 导演合作过,C 导演曾与 D 演员合作过"的关联信息,就可以预测电影收入,因为"建立在相关关系分析法基础上的预测是大数据

---

[1] 〔英〕维克托·迈尔-舍恩伯格、肯尼思·库克耶:《大数据时代》,盛杨燕、周涛译,杭州:浙江人民出版社 2013 年版,第 5 页。

的核心"①。再如,优酷和土豆合并,搜索平台可以挖掘和推算出4亿多视频顾客的浏览行为数据;搜狐着手搭建基于云计算的大数据平台,将旗下数据资产打通整合,获取每月9亿多人次的顾客数据资产;腾讯启用新版首页,并启动门户、微博、视频、无线的跨平台深度整合战略;亚马逊的推荐系统梳理有趣的相关关系,因为消费者对产品好坏的评判已不再仅仅局限于产品的材质与款式,更注重的是产品的好评率、好评内容、销量、店铺的总体得分等。

2. 大数据改变着原有商业规则

大数据已催生出新商业法则,旧的法则或者失效或者需要重新审视。大数据是信息综合体,既有顾客基本信息,也包含顾客信息行为。移动互联网浪潮下,数据产生速度前所未有地加快。进入 DT 时代,信息革命带来的除了信息本身的更高效生产、流通和消费外,还带来数据的爆炸式增长。有了大数据的支持,创意、生产和营销的方向会更加精准。在很大程度上,数据即内容,数据即资产,数据即品牌,企业越来越注重系统性地对数据进行充分利用、开发和挖掘。在对数据利用和积累的同时,数据挖掘需要的计算理论、实时的数据收集和流通通道、数据挖掘过程需要使用的软硬件环境都在逐渐成熟。

在 DT 时代,基于在线化和云计算平台的"App+Data"的模式将是商业运营的基础,因为 App 和大数据的有机融合与高效互补,可以不断提供更具个性化、更为丰富的顾客体验。比如,一个特立独行的创新者,可以和一个规模庞大的公司竞争,比拼的只是他们各自的内容创新能力。在这种格局下,企业内外的组织架构将为更好地鼓励创新而设计。工业时代的集权体系、线性控制、科层制都不再必要,它们将让位于 DT 时代的去中心化、社会协同分工、分布式决策。因为"平台—创新者"的直接关系会自然去除一切冗余的节点。在这样的商业

---

① 〔英〕维克托·迈尔-舍恩伯格、肯尼思·库克耶:《大数据时代》,盛杨燕、周涛译,杭州:浙江人民出版社 2013 年版,第 75 页。

系统中,消费者的需求将成为中心,它的指令将自然催生出一张张分工、协作之网。而且,这张网里的分工更为丰富,协作则会是实时化、社会化。

当然,大数据会让许多传统文化企业心生恐惧,因为未来的组织已经挣脱了工业时代机械化控制的羁绊,走向了不确定的生态化。人的想象力和创造力将引发各种演化,颠覆式创新随时可能发生。DT时代的步步推进,从互联网到移动互联网再到物联网,发展速度远超出我们的想象力。创新的大门刚刚开启,巨头、小企业、个人都将重新寻找在网络中的位置。比如,在传统意义上,拥有领先的知识产权加上严格的知识产权保护,能给知识产权的拥有方——文化企业带来巨大竞争力和回报,但在DT时代,有大量案例证明,免费和开放的知识产权模式最终不但没有损害知识产权的拥有方,反而带来更强大的竞争优势和丰富的综合回报。在此方式下,获得竞争力的方式不再是紧紧把住自己的知识产权不放,而是建立知识产权赖以存活和发展的生态,即基于知识产权的增值服务及商业模式创新。

随着DT时代的到来,通过互联网在文化产业各个行业的融合、渗透、颠覆,能够催生新兴文化产业的转型,运用数据分析和数据挖掘实现文化产品创新和服务质量提升,将成为文化企业在信息时代的必然趋势。谁能够更主动地拥抱大数据,谁能够更好地把对数据的敏感和专业的领悟结合起来,谁就更有可能在产业转型期占据先机,成为市场竞争的优胜者。因此,文化企业要学会利用、挖掘、分析各种数据,通过商业分析提升决策效率和质量,从而整体提升整个企业的核心竞争力。对于企业来说,海量数据的运用将成为未来竞争和增长的基础。海量数据的使用正成为领先企业在业绩方面超越其同行的一种重要方式。麦肯锡报告估计,积极使用海量数据的零售商具有将其经营利润提高60%以上的潜力。挖掘顾客的行为习惯和喜好,凌乱纷繁的数据背后找到更符合顾客兴趣和习惯的产品和服务,并对产品和服务进行针对性的调整和优化,海量数据的运用将预示着新一波生产率增长和消费者盈余浪潮的到来。例如,企业可以利用数据来设计与顾客需求更匹配的产品(如内容的分发),甚至可以利用数据对使用中的产品进行改进。

当前传统传媒企业正在加速衰退,营业收入断崖式下滑已经成为现实,并且其衰落的速度比我们原来的预计要快得多。传统传媒企业关注的是内容与发行,内容是核心竞争力,发行是生命线,重视发行量及自费订阅率、传阅率、广告注目率等概念。而新兴互联网文化企业的做法则是首先圈住顾客,再提供有针对性的个性化服务,互联网关注的是顾客数量、转化率、顾客行为、搜索优化等概念。关注的内容不一样,游戏规则也不一样。这就要求企业必须适应新的信息生产和传播方式,以多元化媒介来承担信息传播的职能。生产、分析、解读数据,探索一条为受众和顾客提供分众化服务和体验的媒体发展之路,将成为传媒企业竞争的必备。尤其是,移动和社交已经全面颠覆了媒体的消费和传播方式,自媒体显示出巨大的能量,物联网、虚拟现实和人工智能将开辟新媒体更加辉煌的未来。未来的媒体和门户网站应充分利用大数据,在为顾客筛选、推荐最适合的内容,提供近乎量身打造的新闻资讯的同时,使它们体验社交媒体的感受。新兴的传媒企业利用大数据聚合作为切入点逐步发展内容创新和生产,必然会主导媒体的发展,传统传媒企业要能生存下去必须变成互联网文化企业。

3. 大数据改变着传统的盈利方法

作为一种新兴技术,大数据是基于云计算的数据处理与应用模式,它通过数据的整合共享,形成智力资源和知识服务能力。大数据以数据量大、实时性强、类型多样、价值丰富为自身优势。① 数据采集、存储、处理、分析、展示技术的全面成熟,为人们挖掘这一宝藏提供了强有力的工具。除了作为如金融交易数据、电子商务交易数据等必要信息驱动业务外,数据产品的开发(如个性化信息推送、精准网络广

---

① 阿里研究院:《信息经济呈现十大浪潮》,《理论参考》2015 年第 3 期。

告等)更是为攫取数据商业利益、开拓商业模式蓝海开辟了新的天地。

而传统文化企业的盈利方法却相对简单,一种是广告变现,一种是内容付费,或两者的组合。与大数据技术进步带来的变化相比,文化企业的传统盈利方法在互联网平台上的构建明显滞后。DT时代文化企业的收入模式已经变得曲折而多元。为扩大顾客的基数和规模,互联网文化企业多采用以内容免费来聚合顾客,再转化为其他收费来源的方式。首先,广告收费模式在变化。随着顾客使用时间增加,广告会跟随转移,优质内容拥有较高的广告溢价。如视频内容的后向收费(定制/植入/冠名赞助等)的模式,在广告收费模式中更为稳健。其次,内容直接收费也渐成气候。随着支付环节便捷化程度提高,知识产权保护环境改善,产业链环节各方的共同努力,内容直接收费变得越来越有可操作性。再次,衍生收费成为互联网文化商业模式中最值得期待的部分,衍生包括内容版权的全品类运营,如视频改编为电影,形象授权为玩具,也包括传统的流量变现模式如游戏联运。

当然,DT时代文化产业商业模式与一般功能型互联网的商业模式也有区别。功能型互联网产品以门户网站、搜索引擎、电子商务为代表,其商业模式的本质为流量变现,当占有海量的流量入口时,通过能够变现的商业手段如广告、游戏,实现对流量的价值挖掘。门户网站、搜索引擎乃至电子商务为代表的信息链结模式是互联网商业模式的原初时期,当内容登场,人群实现细分,互联网文化产业的更新时期就来临了。二者最大的不同在于,原初时期无法为不同内容进行不同定价,而内容是有差别的,流量指标无法准确反映这一差别。在流量变现逻辑下,只有流量的最大化才会有利益的最大化,如果坚持这一逻辑,文化产业有可能会陷入一个无法解开的悖论之中,无法建立一个健康可持续的产业形态。DT时代文化产业商业模式演进的核心在于,超越流量定价模式,不同内容应该根据其价值高低实现不同的直接定价,并有合理的方式实现其价值。

大数据还可以有效解决文化产品供需脱节的矛盾,最大限度地延长文化产品的产业链条。通过大数据技术,对大规模人群的喜好数据进行分析,能够明确目标受众的品位和需求,创造出适销对路的文化产品。比如,在电影行业,商业类型片的模块设计趋势日益明显,通过对各类设计模块和要素的大规模顾客行为数据分析,明确设计要素间的相关关系,从而创作出最能满足顾客需求、最能满足市场需求的产品。在把握顾客需求的基础上,文化企业通过搜集整理消费者的情感体验数据,能够有效分析和提炼出市场的时尚和审美发展趋势。比如,电影行业通过对于观众评论的深度挖掘,发现最受欢迎的影视衍生品,通过数据咨询和艺术授权等方式,文化企业就从"一次"产品经营延伸到"二次"甚至"多次"产品经营,极大地延长了产品产业链和经营周期,增加了产品的利润点和赢利点,甚至有可能开发出新的业务模式①。

4. 大数据改变着日常经营管理

在文化企业管理的决策、组织等核心因素中,大数据更是与其高度契合。企业管理最核心的因素是决策,而决策必须基于信息搜集与传递,大数据的内涵和实质在于大数据内部信息的关联、挖掘,由此发现新知识、创造新价值。在 DT 时代,当数据在互联网上实现透明、开放和共享的时候,企业内部组织也必须随着改变。

(1) 提高决策水平

大数据能够有效地帮助企业做出更为准确的商业决策,从而实现更大的商业价值。虽然文化产业族群中不同行业的业务不同,所产生或依赖的数据及其所支撑的管理形态也千差万别,但从数据的获取、整合、加工、处理应用、服务推广的流程来分析,所有子行业的模式都是一致的。利用大数据,以新的必然趋势为依据,充分发挥其指导和辅助决策的潜力,可以更好地服务文化企业发展战略。

---

① 张宜春、蒋伟:《大数据:助力文化产业转型升级》,《中国文化报》2014 年 1 月 21 日第 7 版。

大数据推动创新可以提高企业经营决策水平和效率。基于大数据决策的特点主要有三：一是量变到质变，由于数据被广泛挖掘，决策所依据的信息完整性越来越高，有信息的理性决策在迅速扩大，拍脑袋的盲目决策在急剧缩小。二是决策技术含量、知识含量大幅度提高。由于云计算出现，人类没有被海量数据所淹没，能够高效率驾驭海量数据，生产有价值的决策信息。三是大数据决策催生了很多过去难以想象的重大解决方案，必须具备相应的条件才能有效地加以利用。当前大数据的快速增长，需要在带宽和存储设备等基础设施方面加大投入，需要拥有专门的数据分析方法、使用系统和高端专业人才。企业只有积极谋略全局，着眼长远，未雨绸缪，才能赢得DT时代的决策的主动权。

（2）改变营销方式

在文化市场营销中，对于生活方式、市场容量、消费潜力、消费偏好、产品价位等的大数据研究越来越关键。在DT时代，人们个性化需求越来越凸显，意味着企业的商业模式也逐渐从B2C向C2B和C2C转移。大数据能够帮助文化企业分析大量数据而进一步挖掘市场机会和细分市场，然后对每个群体量体裁衣般地采取独特的行动。比如，游戏产业链正在由传统的B2C模式向C2B和C2C模式过渡，企业营销必须基于所有顾客洞察和数据分析进行预测。

文化产品既是产品也是媒介，因而可以作为文化企业营销的基本载体。企业通过挖掘顾客的行为习惯和喜好，在凌乱纷繁的数据背后找到更符合顾客兴趣和习惯的产品和服务，并对产品和服务进行针对性的调整和优化。企业可以利用数据来设计与顾客需求更匹配的产品，甚至可以利用数据对使用中的产品进行改进。获得好的产品创意，关键在于如何去搜集消费者相关的信息，如何把握趋势变化，挖掘出人们头脑中未来会可能消费的产品概念。用创新的方法解构消费者的生活方式，剖析消费者的生活密码，才能让符合消费者未来生活方式的产品研发不再成为问题。比如，动漫产品的创作者和顾客之间需要有良好的互动,一部新的动漫作品多数会经过前期创意的网络检验过程,如果市场反应不好,就会修改甚至最终放弃。因此,创作者很清楚产品推出和市场认可二者间的风险关系,形象可爱、贴近人性、成为偶像、深入人心是多数动漫创作者追求的目标。再如,电影《小时代》在放映前做了多次试映,片方找普通观众打分、提意见,然后再剪辑,再试映,再剪辑,如此往复。

大数据分析也是发现新顾客群体、创新产品、理解档期等问题的最好方法。企业营销团队通过大数据分析,可以从如何找到企业产品需求的人到如何找到这些人在不同时间和空间中的需求;从过去以单一的或分散的方式去形成和这群人的沟通信息和沟通方式,到现在如何和这群人即时沟通、即时响应、即时解决他们的需求,同时在产品和消费者的买卖关系以外,建立更深层次的伙伴间的互信、双赢和可信赖的关系。如小米通过社交网络口碑传播,发展"米粉"成为潜在消费者,并不断吸收消费者对产品的意见和建议改进产品,既节省了市场调查费用和传统渠道的分销费用,又通过不断改进产品提高了消费者的满意度和忠诚度。

(3)变革组织方式

广泛利用大数据,对企业组织方式变革具有重要影响。《大数据:下一轮创新、竞争和生产力的前沿》研究报告曾指出,已经发现一些可广泛适用的海量数据的方式,这些方式提供变革性的价值创造潜力。例如,在可能进行大规模试验的世界中,企业营销职能和活动将如何演变?在可能进行大数据的世界中,业务组合将如何变化,企业将如何评价和分割利用其知识产权?企业获取数据的便利以及分析数据的能力是否可能带来比品牌更大的价值?在数据极其透明的世界中,建立在信息不对称这一基础上的行业如各种类型的文化经纪商,将会面临什么状况?现有的何种业务模式可能会中断?与遗留业务模式及基础设施紧密联系的现有组织,如何与那些能够迅速处理并利用详细消费者数据(例如社交媒体)的、灵活的新兴进攻者竞争?①

以创意设计领域为例,大数据对其组织方式产生了革命性的影响。如今,诸如"人们喜欢这样的""这类东西受欢迎"等,都是基于大数据分析的结果。时装设计成功与否,往往取决于是否选择了合适的图案、颜色、面料、形状、尺寸等,而这些都属于大数据的范畴。时装行业的大数据源自无孔不入的社交媒体。每天,全球有超过10亿人活跃在社交网络上。每天都有上百万人在社交媒体上评论、分享、发微博,讨论什么是新潮。在 DT 时代,最热门的时尚潮流不再专属于 T 形台,越来越多的知名设计师、品牌和零售商开始利用社交网络让公众参与到设计当中,越来越多的顶级设计师和品牌都在时装秀之前和期间在网上发布全新的设计。如奥斯卡·德拉伦塔在 Instagram 上发布了最新的高级女装成衣系列,巴宝莉的官方微博账号在模特走秀之前就发布了后台的照片,顶级买家和时尚杂志主编也感受到社交媒体的影响。原本属于他们的前排座椅已被流行博客写手、拥有大批微博"粉丝"的摄影师和网络红人所占据,他们对大众的时尚影响力远大于传统的精英人群。

再如文博领域,随着博物馆数字化、网络化、智能化的发展,新兴的互联网科技极大地提高博物馆文物衍生产品开发水平,促进博物馆中的人、物与数据的互联互通。一方面,以物联网技术、数字技术、互联网技术为手段,博物馆的历史文化资源逐步实现数字化、虚拟化、可视化,通过建设包含文物属性信息、立体展示图像和虚拟场景的文物藏品数据库或文创资源云平台,以多种授权方式为开发者提供利用文物资源的线上渠道,可使开发者在产品设计中直接获取文化内容元素,并有效提高了整个文物藏品资源的利用率与利用水平。如台北"故宫"的"翠玉白菜"系列产品等就是在文物数字化基础上,通过将历史文物信息与现代设计理念融合而研发出的。另一方面,三维立体

---

① McKinsey Global Institute,"Big Data: the Next Frontier for Innovation, Competition, and Productivity," *McKinsey Report*, May 2011(3).

建模、3D打印等技术改善了博物馆衍生品研发的传统模式,以更加逼真、精确的方式制作产品模型,避免出现粗糙不精的文化产品,还可以借此设计吉祥物之类的虚拟卡通形象,并将衍生品通过现代传感技术、新兴打印技术直接打印生成。如英国国家博物馆创建了半身像、雕像和石棺等多个3D模型,每个人都可以在家中下载模型数据,将其制造出来。此外,借助于大数据、云计算、新媒体等,博物馆文物衍生产品的市场开发能力也得到很大提升。通过建设微博、微信、网页等宣传平台,进行文物衍生产品的营销活动,既提供了信息沟通交流平台,也推动了新消费群体培育,增强了与消费者之间的黏性,而且有关的大数据资源能不断应用到针对不同群体的文化产品研发和体验服务更新上。

当创意、娱乐、教育等各个领域都要求在大数据支持下的个性化定制的时候,企业已经没有理由要求企业员工遵循工业时代的规则,强调那种命令式集中管理、封闭的层级体系和决策体制。当个体的人都可以通过佩戴各种传感器,搜集各种来自身体的信号来判断需求状态,企业也同样需要配备这样的传感系统,来实时判断其需求状态的变化情况。管理从注重系统大小、完善和配合,到注重人,或者脑力的运用,信息流程和创造性,以及员工个性满足、创造力的激发。正如德鲁克所预测的那样,知识工作者将很快成为社会最大的族群,人人都将是知识工作者,这将让个体的工作与生活更加柔性化。①

大数据也可以通过重塑企业与员工、供应商、客户、合作伙伴之间的关系进行组织方式的创新。与工业时代的商业运作不同,基于大数据的未来文化企业将凸显小微化与柔性化趋势,商业运作的标签是网状协同、生态化、个性化、弹性化、分布式决策、社会化自发协同。文化企业将逐渐摒弃"以产品为中心",注重微观层面的产品、营销、成本和竞争等要素的传统管理模式;并转变为"以服务为中心",注重宏观层

---

① 〔美〕彼得·德鲁克:《21世纪的管理挑战》,朱雁斌译,北京:机械工业出版社2009年版,第130—131页。

面的资源、能力、协同发展、价值创造和产业链合作等要素和谐共生的企业网络生态系统的新型管理模式。并且,在 DT 时代,康德"人是目的,不是工具"的理念也尤其值得践行。每个人不管是你自己还是他人,都不能把自己和他人当成工具,因为人本身就是目的。员工、消费者、企业领导者、合作伙伴等都是如此。

当然,在 DT 时代的组织方式,对于文化企业经营人才的复合性要求更高。在大数据时代的经营人才,既要对文化行业充满睿智和敏感,更需要对数据的敏锐,对统合分析的直觉,能够从纷繁的数据指标中挖掘到问题的根源和实质,拥有更佳的洞察发现力、更完善的流程优化力、更坚决的决策执行力,才能将大数据的潜在价值变成文化企业更大的实际利益。

(4) 改变知识产权的评估方式

文化企业的核心资产是知识产权。在大数据背景下,对知识产权的评估可以充分了解大数据、新媒体等技术应用的普及和创新,了解文化产业结构与行业发展的商业运作的升级与变革,利用大数据的分析成果,优化评估分析方法。比如,传统影视版权评估首先是影视作品的价值链构成,其次对影响影视作品的内外部因素分析,根据历史经验或专家意见分析几个主要影响票房收入的因素后,利用相关历史数据对票房收入和其他相关收入进行预测。这样的思维模式和评估方法已面临重重困境,基于大数据的应用分析以及版权资产的消费特征和市场特征,解决该困境的出路在于大数据分析及大数据思维的运用。具体程序改变为:首先,借助相关网络平台,获取结构化、半结构化和非结构化的各类数据;其次,构建相关关系分析、关联因素的识别和使用的大数据分析模型;再次,建立基于相关关系与因果关系相结合的大数据分析预测方法;最后,对于所收集的各种网络数据进行分析、挖掘,得出相应的评估结论。

基于大数据的知识产权评估模式的关键在于关联因素的分析和判断。在新的评估模式中,数据的收集工作突破了常规的信息收集范围,将数据的收集扩大到通过各种信息技术手段所可能获得的结构化(如数字、符号等)和非结构化(如文本、图像、声音、影视、VR 等)数据,特别是具有活态和关联性的数据,在对数据进行整理和适当处理后,对与价值指标可能有关联的所有存在逻辑或非逻辑关系的因素进行分析整理,通过适当的统计分析方法(比如多元回归分析方法),分析所有因素与价值指标的相关关系后,确定与价值指标有较大关联度的关联因素,根据所获得的关联因素构建基于相关关系分析的大数据分析模型[①]。将大数据分析运用到版权资产的评估,或者运用到文化产业中企业的商业模式创新、文化作品的策划和制作、文化产品的精准营销等,将会对文化产业未来的发展起到极大的推动作用。

---

① 刘云波、李挺伟:《大数据在文化产业版权资产价值评估中的应用》,《中国资产评估》2015 年第 4 期。

第二章 大数据背景下的文化企业商业模式

以大数据促进文化企业的转型发展,必须落实为合理可行的商业模式。文化产业是以创意为核心资源的一种新型产业形态,文化企业经营必然要求遵循文化产业的内在规律(一意多用、产业链经营等),按照市场运行的法则来推动。从企业整体价值提升的角度来理解企业的盈利能力和经营战略的合理性,而不是将商业项目的盈利能力作为企业的本质,更符合文化企业经营以及商业的基本逻辑,也更符合文化产业自身的成长规律。本章通过分析大数据对于人们生活方式(特别是娱乐方式)、文化内容、渠道、产业链扩展等的影响,将系统探讨 DT 时代文化企业商业模式的主要类型及要素、变化规律及发展趋势。

一、文化产业大数据的基本形态

当今,文化产品进入市场一般经历个性化创意、集成化内容、标准化复制、网络化传播、即时性消费等过程,而在这个过程中,大数据往往都是核心或基础性的要素。大数据是信息综合体,既包含顾客基本信息,也包含顾客信息行为或活动,而信息行为或活动与文化内容具有一体化关系。因此,根据其表现形式的差异,我们可以将文化产业大数据结构细分为三种形态,即内容大数据、顾客大数据和渠道大数据,三者之间既有明显区别又有密切关联(含交叉关联),见图2-1。总体而言,顾客大数据和渠道大数据多属于结构化数据,内容大数据则多属于非结构化或半结构化数据。拿国内大数据积累最为丰富的BAT来说,三者拥有大数据的侧重点其实各有不同:腾讯侧重内容大数据,阿里巴巴侧重顾客大数据,而百度则侧重渠道大数据。

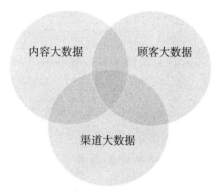

图2-1 文化产业大数据的基本形态

(一)内容大数据

"互联网+"在本质上是"内容+连接"。当云、网、端等基础设施连接在一起之后,一切内容都可以实现数据化,人的所有活动、行为均以数据形式沉淀下来,甚至可以通过微博等信息就把原来不可能数据化的人的情感、情绪、态度等实现数据化。人的精神因素是世上最复杂的,对应着某种动机和意识的行为、动作信息也千差万别。人与人的各种行为、活动组成了无穷多的维度,而内容大数据正是这些维度叠加而成的。这些数据不仅包括人的语言、文字、图片、音频、视频等信息,也包括人与人之间关系的信息。总之,凡是与人相关的活动、基于人的信息、娱乐以及休闲行为的数据都属于内容大数据。

文化产业大数据的核心在于内容大数据。DT时代的来临最明显的特征是内容生产数量几何级的倍增,移动互联网给内容生产带来极大的改进。DT时代内容的内涵已不只是消息、新闻、故事等,而是各种各样的互联网信息。当今内容大数据在飞速增长,未来内容大数据占的比重会越来越大。据有关统计,现在文化传媒领域内容大数据占整个数据总量的80%以上,将来占比还会越来越高。有了智能手机、人工智能及各种移动穿戴设备,我们可能不只是关注原来传统的内容形态,还要关注微信、微博、微视频、微电影、微音乐等碎片化时间的内容形态。文化产业本身能够不断地产生或获得新的内容数据,如何有效利用"互联网+",提高对顾客需求的了解,生产出更符合目标人群的内容大数据产品,为顾客创造丰富的体验价值,已成为许多文化企业所面临的新课题。

总体而言,内容大数据的来源主要有两个方面,其一是从实体内容(如书籍、典藏、影视等)到数字世界的静态迁移,因而数字化是内容大数据的基础,它构建了DT时代里的静态数据结构。其二是在数字空间里我们的信息、娱乐、休闲或者其他活动的动态交互。有了静态加上实体的动态活动,对社会或者人类活动的全程模式甚至新的生活方式的建构,才会有完整的内容数据来源,也才拥有更强的数据扩展能力。比如,腾讯公司通过社交平台QQ、QZONE、微信等承载着海量的内容大数据,在"企鹅帝国"完成数据的储存、流通、消费和挖掘,由此可以逐步实现QQ、QZONE、微信、支付、金融、电子商务等产品的数据打通。

内容大数据的变化受人群结构变化的影响最大。作为互联网时代的原住民,90后、00后无疑代表着转型期的主流人群趋势。虽然以年龄区分来描述内容趋势是简洁明快的做法,但有时会把复杂的现实过于简化。随着人群结构的动态变化以及全部人群包括老人和儿童群体等都接入互联网,内容大数据的产出和消费格局将会发生重要变化,不过,优质内容的内核或主题并不会变,仍然是真善美的追求或守望,仍然是亲情、爱情、友情的呵护,因为人性的基本需要层次以及精神需要不可能变,变的只是内容的形式、内容的玩法。要成就伟大的内容型文化企业,应以满足和引领主流人群尤其是青少年群体的内容需求作为主攻方向。

(二) 顾客大数据

DT时代对人的思维方式最大的转变就是放弃对因果关系的渴求,而取而代之关注相关关系。由此,文化企业可以通过顾客本身的社群关系、兴趣偏好、情绪波动等相关关系数据挖掘的能力来过滤顾客,并且通过顾客数据判断顾客是否精准、应该生产什么样的内容,洞悉顾客的消费趋势,甚至让顾客为企业代言。总体来看,从数字内容个性化的聚合、筛选、挖掘乃至推送,从顾客内容生产、传播到顾客评价,从内容跨界整合到精细化内容与顾客的无缝对接,从传统的听说读写到借助移动穿戴设备让阅读模式实现自我反馈,这一切都围绕着顾客大数据展开。

如果深入分析顾客大数据,我们可以找到一套内容发现与整合的路径。比如,电影和电视剧产业链正在发生由传统的B2C模式向C2C模式过渡,基于所有顾客洞察和数据分析进行预测,在短时间内是非常重要的挑战。只有重视院线的数据跟新媒体数据结合以及现实空间和虚拟空间中数据的整合,才能对市场研究更深入。顾客大数据运用的范例当数《纸牌屋》。该剧的制作方Netflix既不是电视台,也不是电影公司,而是一家北美最大付费订阅的视频播放网站。在决定拍什么、怎么拍时,Netflix抛开了传统的制作方式,启用大数据。通过在该网站上3000多万订阅顾客每天的点击操作,如收藏、推荐、回放、暂停、搜索请求等,Netflix进行精准分析,将这些数据用于倒推前台的影片生产。整部剧集一次性在Netflix网站发布,供订阅者观看,完全颠覆了传统的每周一集的播出模式。"算"出《纸牌屋》的数据库包含了3000万顾客的收视选择、400万条评论、300万次主题搜索。这些数据源自Netflix数年来积累的顾客数据资源。当一位顾客通过浏览器登录Netflix账号,Netflix后台技术将顾客位置数据、设备数据悄悄地记录下来。这些数据还包括顾客收看过程中所做的收藏、推荐到社交网络等动作。在 Netflix 看来,暂停、回放、快进、停止等动作都是一个行为,每天顾客在 Netflix 上将产生高达 3000 多万个行为。此外 Netflix 的订阅顾客每天还会给出 400 万个评分,300 万次搜索请求,询问剧集播放时间和设备。这些都被 Netflix 转化成代码,当作内容生产的元素记录下来。

借着从亚马逊数据中心租来的服务器,依靠云计算服务,Netflix 对海量顾客信息了如指掌。这些信息来自这家网站超过 3600 万名顾客的观看数据,他们在每个季度会通过 1000 多种不同设备收看大约 40 亿个小时的节目,顾客每天在网站上能产生超过 3000 万个操作行为,而每一个动作,都会被记录成为可供分析的原始资料,帮助网站分析顾客,针对不同顾客推荐相关节目。

(三) 渠道大数据

所谓渠道大数据,主要指在 DT 时代将顾客的行为数据有效打通或整合的平台机制,比如实现线上与线下协同、进行关系链和供应链的重构等。不过,文化产业的渠道大数据与一般功能性渠道的大数据的生成机制有很大不同:一般功能性渠道大数据侧重的是应用,例如搜索引擎、分类导航、购物网站、杀毒软件等能够依靠技术、易用性、产品功能、数据积累等形成相对唯一性和垄断性,从而成为平台;而文化产业的渠道大数据则因为其价值观与内容契合了顾客需求,形成对海量顾客的吸附能力从而成为平台,产品的技术功能则退居次要地位。由于顾客在各平台间迁移的成本几乎为零,吸引住顾客的是独特或丰富的内容,一旦内容的吸引力下降,平台的吸引力随之下滑。因此,对文化企业而言,积累渠道大数据的可行方法是建立自己的价值观、娱乐方式及生活方式引领等媒体特性,研究顾客的内容需求,并将产品的技术功能与内容深度融合。

由此,渠道大数据的升级版在很大程度上将是生态大数据,建构生态大数据必须拥有强大的平台,同时还能为产业链的各利益相关方,特别是内容提供方提供持续的利益分配。因此,把产品或服务上升到生态系统很重要。比如,一些强势内容和创新模式有机会做成垂直平台,形成生态系统。从实际运营角度看,苹果推出的"iProduct+iTunes+App Store",就是建立在商业模式基础上的内容创新、技术创新和盈利方法创新的合璧,也是通过内容和平台整合进行生态大数据建构的有效尝试。

二、大数据背景下文化企业商业模式的基本类型

前面分析到,大数据一方面指人们在互联网上创造的大量非结构化、半结构化和结构化的数据,另一方面也指解决商业运营问题的一种应用方法,即通过收集、整理各种渠道或平台上方方面面的数据,并对其进行分析挖掘,进而从中获得有价值的信息,最终衍生出新的商业模式。结合对最新国内外标杆性文化企业案例的聚类分析,我们有必要简要归纳基于大数据而衍生的文化企业商业模式的基本类型(包括基础型、内容型、平台型、综合型等),进而分析文化企业在新的条件下商业模式选择所面临的机遇和挑战。

(一) 基础型商业模式

文化产业大数据最重要的是如何为文化企业带来一种更为合理有效的商业模式,而大数据的成功应用,也可以帮助决策者提出好的商业问题及其相关的解决方案。当今云计算技术推动着大数据的快速扩展,互联网文化产业发展将更为迅猛,新兴业态层出不穷,超出人们的预期,这正悄然颠覆着传统的商业模式,而商业模式的变更又改变了企业的经营模式。

整体而言,随着新技术的不断运用和经营模式的不断更新,互联网文化产业的盈利模式也会随之发生变化,但其基本赢利点仍然要依

存于内容、平台、衍生产品等。作为商业模式的外层，其最为基础的盈利方法主要是内容收费、增值服务、网络广告和电子商务四种。内容收费，就是向顾客欣赏或消费的内容产品直接收费，即通过有偿提供内容产品而获得货币收入，如有偿下载、有偿阅读、有偿观看、有偿参与以及点赞打赏等。随着网络文学、网络视频、网络游戏、数字音乐等领域的发展和知识产权保护的不断完善，内容收费越来越成为可行的模式。所谓增值服务，主要是向顾客收费的网络游戏、应用服务、无线增值、支付、互联网金融以及其他线上线下的增值业务。而网络广告则包括项目植入式广告、品牌广告、搜索广告等多种形式。像 Facebook、今日头条等公司，因其高关注度以及拥有大量的顾客信息，通过对顾客信息的大数据分析可以解决公司的精准营销和个性化广告推介等问题，所以能够吸引众多企业在网络广告领域的投入。百度的主营业务是广告，所以百度是一个地地道道的文化传媒公司，很多人把它看成 IT 公司，其实 IT 只不过它的手段而已。不过现在的网络广告方式是互联网新媒体与微视频营销、影像植入、营销广告不可分离了，这是一种综合式的营销。另外，电子商务也存在巨大的潜力和增长空间，无论是 B2B、B2C 以及 C2C 都将为整个互联网文化产业领域带来巨大的收入。上述四种盈利方法不仅是互联网文化产业增长的空间，也是互联网文化产业各个行业的主流盈利模式。

以自媒体企业为例来分析。自媒体企业依托于互联网应运而生，而互联网最基础的商业模式是先积累大量的流量，然后进行流量分发，因此流量分成模式是自媒体文化企业最基本的商业模式。流量分成模式，主要是用流量换广告费。而作为流量分成的延伸，赞赏模式是借助于自媒体平台技术和服务的发展而来的。与付费模式中用户需要提前付费才能看到内容不同的是，赞赏模式是用户先看内容，然后根据自己的意愿再对内容进行赞赏，赞赏的多少也是根据用户自身的意愿而定，与传统的付费阅读模式相比，赞赏模式更加具有人性化。而衍生服务模式依托于自媒体企业所能为用户提供的某种有形或无形的服务。有形的服务包括出售自媒体企业的产品或做电商,无形的服务包括自媒体企业为用户提供咨询、策划、演讲或培训等内容。衍生服务的商业模式是以内容型的商业模式为基础的,自媒体企业在内容创作上实现价值的提升,随着自媒体企业的关注度和人气的增高,自媒体企业的商业模式逐渐向服务型商业模式进行延伸和扩展。

(二) 内容型商业模式

对以内容大数据立身的企业来说,当下所处的产业环境既有有利的一面,也有不利的一面。从有利的方面说,它们不再有中间环节及其成本,可以直接面对顾客,进入门槛大大降低,借助比较少的初期投资就可以启动项目;同时,市场对优质新奇的内容很饥渴,很容易就取得成功;一些强势内容和创新内容有机会直接做成垂直平台。从不利的方面说,蜂拥而至的竞争者、内容免费、不断被撩高的消费品位、随时需要满足的动态顾客都是企业时时面临的巨大挑战。只有形成相对成熟的商业模式,企业才能实现自身的可持续发展。

1. 专业化模式

专业化模式就是企业根据自身的核心能力,选择专注于某一垂直市场或者细分市场,通过持续经营做精做深做强,从而赢得在细分市场的独家性或者领先地位。专业化模式是DT时代文化内容企业的一种基本商业模式。

当前,文化产业领域的商业模式正在进入一个专业化的竞争阶段,有些专业化需要具有单一性的内容,有些专业化需要具有丰富性的内容,有些专业化的商业模式需要聚焦在具体的内容及其产业链领域。有些专业化则是需要打造纵横交错的产业链,例如,在大众娱乐领域,由于娱乐涉及的范围比较广泛,娱乐门户网站是难以找到有效的商业模式的;而从网络视频产业发展看,在线娱乐需要许多专业化频道。再如,一些文艺娱乐演出类如京剧、昆曲、话剧等受众群体较小,也只能依靠线上和线下挖掘到小众化的专业化模式,通过互联网汇聚其发展所需要的商业规模。另外，某些内容产品（如3D电影）由于自身的专业性和领先性，其运行可能也需要特别的互联网软件等与之相匹配。

专业化模式成功与否很大程度上取决于企业专业化经营和管理水平，只有长期的专业化经营和管理才会造就一种专业化文化，从而成为企业一种巨大的无形资产。当今创意与互联网融合为内容大数据成为文化产业发展的一大趋势，因而具有专业化领先地位是文化企业实现规模化扩展的必要前提。比如，美国人擅长做动画电影，其规模和收入比日本的动画电视要大得多。动画电影制作需要很高的专业化技术，要求企业在该技术领域处于引领地位。迪士尼公司在并购皮克斯等动画公司之后，以其整个产业链来做影视、旅游、餐饮、娱乐、电子游戏、传媒网络、玩具、文具、服装等，形成一个包括原创动画制作、影视节目发行、音像图书行销、衍生产品开发营销、品牌授权等在内的庞大的产业集群。再如，体育产业中NBA和英超联赛都是专业化文化的典范，其专业化文化是一种组合性的文化，既要有高水平的比赛和超级明星，又要精通俱乐部和联赛管理与市场营销，当然也离不开互联网以及移动互联网的互动传播。

2. IP扩展模式

原初的"IP"即知识产权（Intellectual Property），是对内容创意的所有权，包括占有、使用、转让、处置等权利。当前，"IP"扩展模式实际上是围绕影响力大、人气高的文学作品和艺术形象开发网络文学、游戏、动漫、电影、电视、节目、主题公园等文化产品的产业链运营。网络内容领域经过十几年的发展历程，已经逐渐形成了完整的产业链。在这条产业链条上，网络文学作为上游，知识产权将链条打通，通过IP授权，推出游戏、动漫、影视等一系列衍生产品。网络文学的版权开发带来了巨大的价值，拓展了更多的商业模式。未来，在互联网和文化产业整合的大趋势下，文学、游戏、影视、动漫等文化产业将不再是独立的个体，而将呈现交叉融合的状态。

IP 的核心是版权，有影响力的版权叫"大 IP"，能够进行综合开发形成版权系列就是"强 IP"，这体现了 IP 扩展的不同层级。假如我们把一本小说的 IP 买过来，在互联网上做有声读物，把这个 IP 给培育到"大 IP"的程度以后，再把它改编成影视、动漫、游戏等，这样形成"强 IP"才可能特别赚钱。比如，买一本书的版权费才 10 万元，做有声读物就可能赚 50 万元，改编成影视剧、网络视频、网游可能赚 5000 万元等。这其实就是一种 IP 扩展的商业模式。

在手机游戏领域，IP 扩展模式也被越来越多的手机游戏厂商所认同。手机游戏 IP 的价值体现在其能够通过明星 IP 所蕴含的文化元素与品牌价值大大增加相关手机游戏成功的可能性，并延长手机游戏产品的生命周期。在自研 IP 游戏中，游戏运营团队在游戏精品化之后，更多地通过品牌效应以及产品的不断迭代使游戏融入更多的文化元素。经历数个快速迭代的版本，逐渐成熟的品牌认知度能够让这些游戏公司持续成功。另外，也有许多手机游戏厂商通过购买明星 IP 来扩充游戏产品的文化内容与玩法，当明星 IP 在市场上成功之后，众多的手机游戏厂商就会纷纷跟进。

在网络视频领域，文化企业之所以越来越看好视频（包括各种各样的微视频、微电影），是因为视频很容易与明星、电子商务、广告等要素结合在一起。过去的视频没有什么扩展能力或价值，但是今后的视频会跟电子商务合作，跟明星合作，可以形成一种设计、内容、明星、品牌、"粉丝"、衍生品和消费者的结构，这样一种结构以明星和衍生品为核心重构产业链①。最近视频网站都开始要生产自己的网络剧，相应的 IP 很火，因为它是商业价值的源泉。今后视频网站需要各种形态的 IP，其中有一种 IP 可以倒着看或者逆向开发，比如一首歌可以改编为一部电影，一个玩具，也可以编一个故事，这是倒过来为现有的流行的东西都找到一种新的 IP，可以看作是价值链增值的一种回归形态。

---

① 陈少峰：《"互联网+文化产业"的价值链思考》，《北京联合大学学报》2015 年第 3 期。

再者,互联网与手机无线网一体化的趋势将带来数字媒体的互动与资源整合,也带来包括互动性强的娱乐无边界的商业模式。互动性是互联网媒体最大的特点,因此,网络上的社区交流和网络游戏等的商业模式很发达。互联网与手机无线网一体化可以促进信息交流和信息阅读的互动性,促进新的 IP 扩展模式的形成,手机微视、微信、微博及其商业化就是例证。

总之,IP 扩展模式是建立在价值链的纵向拓展和横向拓展的基础之上的,它是文化产业区别于其他产业的最重要的商业模式之一。新颖、丰富、贴近生活的内容是文化产品的立身之本,善于进行内容创新可以使文化企业保持旺盛的活力和持续的竞争力。一般来说,影视公司、演艺公司、游戏公司、数字出版公司等大多数内容企业,主要靠内容循环增值制胜,但现在都需要与互联网实现融合或衔接。

3. 个性化定制模式

随着人们生活方式的变化、社会经济的发展和个人收入的持续增加,人们的个性化需求越来越凸显。而企业要去高效地满足这些个性化需求则需要大数据支持,并使得利基产品对于兴趣买家来说更容易获得,由此个性化定制越来越成为一种基本商业模式。个性化定制的源头是顾客的个性化需求。通过数据化的信息服务和采集平台,去挖掘、发现和引导顾客的个性化需求;通过智能化的手段,大规模地生产和制造顾客需求的个性化产品;通过数据驱动的智能化价值链运营体系,让每个员工实时同步地响应顾客的个性化需求;通过智能化的配送体系,将个性化的产品直接满足于顾客需求;通过智能化的客服平台,随时服务于顾客的个性化需求。这是一个基于顾客的个性化需求又回归于顾客的个性化需求的过程。

顾客的个性化需求是碎片化、即时性需求。从顾客需求演进历程来看,"当福特充满信心地宣布只生产黑色 T 型车时,他面对的是一个均匀的、无差异的也是普遍匮乏的大众市场;当通用把汽车区分为高中低不同档次时,它们看到了一个金字塔式的市场;当电视频道从十几个裂变为数百个时,市场变成了一个蜂窝状的、碎片化的市场;而现在,无数不知名的博客都拥有少量读者,淘宝网上的小而美网店也正在快速发育,这已经是一个散点分布的市场了"①。在 DT 时代,一方面,消费者追求自我、追求个性的意识逐步显现,个体处理信息的能力极速增强,被积压的碎片化的个性化需求集聚爆发;另一方面,供给方可以通过信息技术将这种碎片化的个性化需求收集并进行整合,通过现代物流业将产品分发到每一个客户手中,借助大数据把市场在资源配置中的决定性作用发挥到极致。

顾客个性化需求的凸显,意味着企业商业模式也逐渐从 B2C 向 C2B 甚至 C2C 推移。信息碎片化时代,个性化信息推送、潜在顾客挖掘、服务业的重构,都将以大数据作为主要技术支撑。音乐软件可以根据顾客以往的点播推送听众喜爱的音乐,新闻网站推送的新闻恰巧是顾客需要的信息,视频网站推送的影片恰巧是观众喜爱的电影,招聘网站推送的职位则是应聘者心仪已久的职位,以小冰、小黄鸡为代表的智能机器人对人工服务人员的取代等。总之,在 DT 时代,去繁就简、精准地服务顾客的各种形式,都将成为可能。

个性化定制关键是在个性化需求和规模化生产之间寻找平衡点,因而顾客交流和交易数据分析是提供个性化服务、实现个性化定制的基础。进行个性化定制,主要应结合平台企业形成规模化或者增进可成长性,通过 C2B 甚至 C2C 实现柔性化的定制,其核心是"多款少量",即多样化、小批量、快节奏、重迭代。比如今日头条的个性化信息推送,其平台形成了海量的数字资源和完整数据逻辑,能够满足消费者的个性化需求,较好地解决个性化定制与规模化生产之间不可调和的矛盾。再比如在大数据背景下的在线教育将呈现弹性学制、个性化辅导、社区和家庭学习、每个人的成功等特征,大数据支撑下的教育产品,就是要根据每一个人的特点,想方设法去引导和释放每一个人本

---

① 阿里研究院:《互联网+:从 IT 到 DT》,北京:机械工业出版社 2015 版,第 40 页。

来就有的学习能力和天分。

当今社会,顾客对参与产品创意、创作和生产的需求和热情越来越强烈,正在趋向于集创作者、生产者、营销者、消费者甚至投资者于一身。比如,猪八戒网是全国最大的创意设计服务类电子商务交易平台,服务交易品类涵盖创意设计、网站建设、网络营销、文案策划、生活服务等多种行业,为企业、公共机构和个人提供定制化的解决方案,将创意、智慧、技能转化为商业价值和社会价值。再如,通过电子商务模式直销的小米公司也曾经是一个成功案例,它通过社交网络口碑传播,发展米粉成为潜在消费者,并不断吸收消费者对产品的意见和建议改进产品,既节省了市场调查费用和传统渠道的分销费用,又通过不断改进的产品提高了消费者的满意度和忠诚度,在这个过程中的消费者和企业的充分互动完成了产品的设计工作。对于个性化定制模式,我们将在第三章进一步探讨具体创新路径。

4. 明星经纪与"粉丝"经济结合模式

传统的明星经纪模式包括使已有明星价值增值和让人们参与明星的选秀,以及大众选秀之后的主角成为演艺明星、影视明星或者学术明星,这些活动还包括开展明星代言、出版图书、电视传播、商业赞助等的收入,从而打造较长的产业链条。这方面,"超级女声"是一个比较典型的案例,它突破了原有的电视节目在收视率和广告之间盈利的商业模式。"超级女声"主办方成功延展了战略广告商和一般广告商、电信和移动运营商、平面和网络媒体、电视台、选手、选手赞助商和专业娱乐公司等产业主体的利益,形成了包括短信、广告、冠名、代言、演出、销售、活动、影视、唱片、图书、服装、食品、玩具等在内的巨大的、延伸的娱乐价值链,创造了更大的效用并分享了更多的利润。在很大程度上,现今如火如荼的综艺节目的商业模式大都沿袭着"超级女声"的基本框架和思路。

而以互联网为主要平台的"粉丝"经济,其最核心的是"粉丝"对节目、对演出、对影视音乐等的"情感"吸引力,也就是说,真正了解且满足顾客的情感需求，才能真正获得顾客的青睐。"粉丝"经济最为典型的领域是音乐产业，真正贡献产值的是艺人的"粉丝"，它由"粉丝"所购买的 CD、演唱会门票、在线观看、音乐下载和卡拉 OK 中点歌版税等收入构成。另外，影视产业领域也纷纷启动"粉丝"经济项目，试图打通数亿草根"粉丝"与娱乐产业对接路径，积累巨大的"粉丝"经济市场。如华谊兄弟与百视通在宣布成立的阿里巴巴旗下的娱乐宝推出了"梦想合作人计划"，华策影视则继续紧跟"粉丝"经济，以全面进军电影领域等。

在 DT 时代，重要的是明星经纪与"粉丝"经济在互联网平台上建立有机的结合。明星经纪与"粉丝"经济结合的关键是培育明星，依靠明星品牌的知名度和美誉度去赢得"粉丝"的忠诚度，从而获得固定的、定向的"粉丝"群，反过来又会推动和提升明星效应及影响力。凡有明星就有明星效应，凡有粉丝就会带来"粉丝"经济效益，这正是音乐、影视、演艺、体育等内容产业进行品牌营销和利润保证的基本依托，因此各个有实力的文化公司都不会忽视"粉丝"产生的连带和叠加经济效应。有了明星和内容，最主要的就是开发衍生品，如腾讯和华谊兄弟联合成立的"星影联盟"就在一定程度上加强了"粉丝"与明星之间的关系，发挥明星的影响力和号召力，并将其做成了一种衍生品。明星经纪与"粉丝"经济结合模式应该更注重"粉丝"与明星的关系，与明星共同打造一个衍生品的平台，通过明星去笼络住"粉丝"，对于明星和"粉丝"的经济效应进行深度的开发。

5. 虚拟模式

在 DT 时代，互联网可以提供更丰富的虚拟内容、虚拟场景和虚拟消费方式，由此可以相应地开发虚拟娱乐产品或服务获取丰厚的利益回报。通过以网络化、数字化、虚拟化手段将现实世界进行高精准的可视化表现，可以给顾客或浏览者一个与真实生活或娱乐环境一样的数字生活空间。比较早的如通过 IT 技术开发出"第二人生"的虚拟社区或者创意和买卖网络游戏中的虚拟产品（典型的如传奇和征途网络游戏中的道具及奖励),企业可以从经营这样的虚拟活动来获得不菲的收益。实施虚拟产品经营,要注重对价值链关键环节的把握,最大限度地利用各种内容和技术资源,增强企业对市场变化的响应速度。

当前,VR\AR以及MR在游戏、影视、动漫、体育、文化旅游等各大产业领域快速发展,呈现出丰富多彩的新样态和新模式。随着移动互联网的普及和大数据的发展,虚拟娱乐产品将会趋于多样化和规模化,相应的盈利方式也会趋于规范与稳定。其实,不管是VR\AR还是MR,其基础都是VR。对于VR而言,超级IP更加重要,如果内容提供商承担了新技术、新玩法、新市场的风险,这时候应该尽量降低内容本身的风险。因此,手里有超级IP的内容公司以及与它们合作的硬件公司将比没有这些超级IP的玩家们更有机会获取丰厚的利润回报。比如,VR电影绝不仅限于影视、游戏等核心领域,也不是停留于玩具、T恤、饮料等简单衍生产品,它可以是一件极富设计感的大衣、一款来自米兰家具展的沙发、一个超级酷炫的数码产品,也可以是一辆梦幻跑车、一家超炫闪耀的餐厅、甚至一个依山傍水的别墅样板房等。这些原本植入在电影里只能当广告看的衍生产品栩栩如生地出现在人们面前,把展示变成了一场360度的全方位体验,由此也会极大地扩展其盈利空间。

(三)平台型商业模式

从总体上看,互联网是一个综合平台,包括技术平台、零售平台、娱乐平台、资源整合平台、营销平台等,其中营销平台和传播平台是一体的。而新媒体仅仅是互联网平台上的一种传播功能,新媒体与传统媒体最大的区别就是平台无边界。

1. 规模化平台模式

无边界的平台带来的规模越大,其成本越低。虽然PC互联网跟移动互联网相互之间是一体化的关系,但是二者却越来越具有明显的竞争和替代的关系。从发展趋势来看,在移动互联网无边界的平台上做得比较好的公司,其业务触角可以伸向许多角落,公司可以做得非常之大,业务几乎无所不包,这时以移动互联网平台为主的企业就形成了舰队式的结构,其核心是"航空母舰"式的公司。①

在 DT 时代,由垂直应用平台向综合服务平台或多媒体平台转变是一个基本趋势。平台充分利用信息技术优势、传播优势、规模优势,将相互依赖的不同群体集合在一起,通过促进群体之间的互动创造综合的价值。在这个平台上可以成为整合资源的中心,围绕互联网平台形成一种网状且持续组合的价值链。如电子商务平台集合了买方和卖方,搜索引擎集合了大众顾客和广告商等。美国的苹果、脸谱、谷歌和亚马逊,中国的百度、阿里巴巴以及腾讯,都通过其数以亿计的顾客数量优势和在应用、社交、搜索及电子商务等方面的业务特色,确立了在世界上某一方面的领先地位,成为全球信息经济发展中举足轻重的力量。

规模化平台模式的核心是打造足够大的平台,产品更为多元化、多样化和丰富化,更加重视顾客体验和产品的闭环设计。互联网平台的基础是大规模的用户量,这就要求一切必须以更好地满足或创造顾客的需求为导向。规模化平台模式的理想经营方式在于打造一个多方共赢、合作互利的生态圈。苹果公司创始人乔布斯就是运作这种平台的高手,他打造了包括软件商店、音乐下载平台、软件下载平台等一系列平台。乔布斯在 1986 年收购了全球领先的三维动画电影研发平台——皮克斯,亲自领导皮克斯长达十多年。他从中获得了与过去在计算机和通讯企业开发平台工作的不同经验。这两种平台思维形成了强大的跨行业视角,便于把高度个人化的互联网终端和震撼性的视听表达相结合,开创了基于互联网传播视听内容的新模式,开发了 iTunes、iPod、iPhone 和 iPad 等产品,根本性地改变了人类的视听文化商业生态。

---

① 陈少峰、张立波:《中国文化企业品牌案例》,北京:清华大学出版社 2015 年版,第 1 页。

规模化平台模式可以利用有效的服务系统和交易空间,促使双方或多方之间形成广泛的交易和合作增值效应。以平台模式立身的公司可以从事各种各样的业务,绝不止做一种或几种业务。随着互联网和人工智能、视听表达、仿真技术等的不断升级,文化产业领域中的平台模式也正在发生深刻的变化:一方面是信息和资源的集聚,使得众多分散的资源,包括资金、技术、品牌、许可证等被聚集,通过降低服务成本使上下游关联方汇集在一起,实现高效率的信息集聚和资源交易;另一方面是价值的融通和交换,使得人与机、人与人、物与物、人与物之间形成了全面感知、互联互通、智慧交换的新型关系,使得过去要突破重重壁垒、效率极低的功能融合和价值交换,可以通过高效的服务平台体系来集成,这种组合本身就会成为激发创意和创新的引爆器。

具备一定核心竞争力的文化企业需要重视规模化平台建设,致力于形成物理平台与虚拟平台的有效融合,即通过打造物理平台和虚拟平台,形成平台的联动和资源的整合。平台建设应重点从整体价值放大的角度思考和建设若干种形态:其一,内容交易平台。通过建设线上版权交易中心,鼓励和吸引文化艺术原创者进行相关的内容创作,广泛吸收和引入国内外优秀的原创作品和专业人才,通过利用优秀作品和人才举行活动展演等方式,从而为企业品牌建设增加最具分量的版权内容、人才和活动资源。其二,内容传播平台。注重通过文化创意和文化品牌来实现已有资源的挖掘和新资源的有效整合,使新创自主品牌与企业和项目品牌都具有品牌影响力,并且相互之间形成品牌联动。例如,音乐科技企业可以促进音乐与科技的融合,建立音乐下载服务平台;实施音乐云计划,促进和实现数字音乐产品在家庭数字电视、营业KTV乃至整个互联网(含移动互联网)等网络及终端体系的版权保护和销售。其三,经营管理人才培养平台。可以采取合作培养、奖励、扶持补贴等多种形式,支持和鼓励与高校对接培养相关产业短缺人才,重点培养相应文化企业的经营管理、经纪、培训、活动策划组织等的各类人才。支持国内外知名院校与文化企业合作创设文化产业人才培养基地和经理人培训班。其四,创业融资支持平台。比如设立文化产业投资基金,委托投资公司管理该基金,提高基金使用效益,并适当吸收各种社会资金加入投资基金,由投资委员会评估决策投资方向。其五,创意产品交易平台。作为企业的创意产品和工艺品集散地,通过现场和网络等方式,展示、交流和销售相关创意产品及工艺品。在发挥整合优势的基础上,通过举办大型交易博览会和发展电子商务,构筑连接海内外的创意产品展销基地,抢占产品竞争的制高点,并为企业的永续发展提供市场基础。

不过,值得一提的是,中小或者小微文化企业不应该一味地追求大而全的大平台,而是应该集中自己的优势资源打造垂直化的小平台,致力于发掘自身产品或服务的独特性,瞄住精准的目标顾客,发现顾客的痛点,设计好针对顾客痛点的极致产品,围绕产品打造核心顾客群,并以此为据点先快速地成功打造一个品牌。

2. O2O 闭环模式

互联网线上与线下之间的博弈体现的是人们追求效率与注重体验之间的两难选择,其发展的基本趋势是二者越来越走向融合和共生共长的新阶段。在这种趋势之下,所谓 O2O 闭环模式是两个 O 之间要实现对接和循环,其实也是全产业链经营的一种延伸。[①] 线上的营销、宣传、推广,要将客流引到线下去消费体验,实现交易,然后线下的用户消费体验的反馈、线下用户引到线上交流、线上体验等行为实现闭环,即从线上到线下然后又回到线上。

一般而言,O2O 有狭义和广义两种理解。狭义的 O2O 即 Online To Offline,就是线上交易线下体验消费的模式,主要包括两种场景:一是线上到线下,顾客在线上购买或预订服务,再到线下商户实地享受服务,目前这种类型比较多;二是线下到线上,顾客通过线下实体店体

---

① 张立波、陈少峰:《文化产业全产业链商业模式何以可能》,《北京联合大学学报》2012 年第 3 期。

验并选好商品,然后通过线上下单来购买商品。而广义的O2O则是将互联网思维与传统产业相融合,未来O2O的发展将突破线上和线下的界限,实现线上线下、虚实之间的深度融合,其模式的核心是基于平等、开放、互动、迭代、共享等互联网思维,利用高效率、低成本的互联网信息技术,改造传统产业链中的低效率环节。线上的价值就是方便、随时随地,并且品类丰富,不受时间、空间的限制;线下的价值在于商品看得见摸得着,且即时可得。我们所说的O2O闭环模式,侧重从广义角度把两个渠道的价值和优势无缝对接起来,让顾客觉得每个渠道都有价值。

文化产业各个行业都在经历O2O转型,根据各自特点建构相应的O2O闭环模式。例如,文化旅游发展到智慧旅游阶段,主要在于形成基于大数据的线上与线下的联动和整合。一般先通过大数据分析研究,针对游客和旅游景区的需求,对市场与服务进行分析。线上设计包括电子门票销售、最大化在各家网站展示景区、信息化处理、VR体验、旅游衍生品的电子商务等;线下设计包括景区订制,根据景区需求个性化对景区的门票销售、市场宣传以及景区延伸服务或者产品开发等。根据大数据分析,能清晰掌握游客各种信息,预知游客何时来、来自何地、多大数量,省却财务梳理的麻烦和困扰,并即时掌握市场状态,挖掘景区潜力,还能延伸各种信息化服务与销售各种可能,省却物流等方面的成本,并在全国乃至全世界进行销售等。如果一个人浏览网站的时候,在不同的网站看到相同的信息,就使品牌营销的到达率加倍,即使没有需求,也会在下次消费时加印象分。

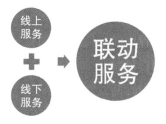

图 2-2 文化旅游线上与线下的联动

而演艺产业（如音乐会、话剧、曲艺等）的商业模式设计从宏观层面上可以分为在线直播、线上互动平台、线下体验平台，主要借助于优质的节目内容，利用网络进行线上的吸引与售票，在线上和线下提供一样的真实体验，以专业渠道的形式满足顾客的需求，以丰富的线下活动和线上娱乐兴趣社区的形式持续收集分散的顾客流量，以O2O的方式保持流量的活跃性，积累大数据后进行流量分发（采取精准化营销），在分发过程中变现。具体说来，通过线上或线下报名成功后，亲临现场的体验和在线直播体验，吸引观众按自身喜好返回网络进行点评、分享、反馈、打赏等，最终形成各种数据的良性循环。比如，目前网易云音乐、QQ音乐、虾米音乐等平台都推出了在线演唱会业务，通过线下演出、线上直播的O2O模式，将音乐演出生态圈扩展至传统演出市场较少触及的三、四线城市，成功扩大了音乐产业的市场蛋糕。线上线下立体直播演出模式，不仅较好地链接了线上线下的资源，增加了平台的盈利点，并通过扩展的平台的范围，打破了双边市场的发展模式，向多边市场发展。

再如，在艺术品投资领域，艺术品运营闭环模式由艺术品选择、艺术品一级市场、艺术品二级市场、资本市场运营、信用管理体系、品牌管理体系等若干部分构成，通过互联网平台形成信度较高的大数据评估系统，相应建立具有透明和公信力的约束机制。其中在资本市场运营中，要保证艺术品基金配置合理，如艺术品的典当、艺术品的质押贷款、艺术品的产权交易、艺术品的运营、退市保障、与市场的呼应等，需要借助大数据提供的可靠信息来保证各级市场及资源的协调性。

（四）综合型商业模式

1."平台+内容"混搭模式

其实，刚才分析的平台型模式根据企业运营情况还可以细分为三种：其一，自己建平台自己做；其二，自己建平台给别人做；其三，自己建平台既给别人做自己也做，叫平台+部分内容提供，即"平台+内容"

混搭模式,这无疑是一种最好的商业模式。就目前而言,阿里巴巴属于建平台租给别人做,腾讯和京东等属于建平台自己做。而大多数信息网站、视频网站、艺术品电子商务网站等一般是自己做平台加一部分自己的内容,这是必然的趋势。因为在我国内容为王还没有到来的时候,文化产业的产业链就是互联网平台上围绕文化内容价值链进行各种资源整合的重构,最好的商业模式既不是纯粹平台,也不是内容为王,而是平台经营加自己有一部分内容。在国外讲"内容为王",在国内目前基本上是"平台为王",但是下一步将慢慢地进入"平台+内容为王"阶段。如果做内容的文化企业想自己做好,将来把企业做大,一定要做出一个专业平台加上自己的一部分内容。现在许多做内容的公司往往自己没平台,做平台的公司(如视频网站)往往自己没有内容。要想培育核心竞争力,一定要走"平台加内容"的混搭之路。

在内容资源推陈出新的同时,内容呈现形式也取得很大进步,将内容和平台结合起来,同时拥有内容与平台,内容能够为渠道提供消费点,而渠道能够保持内容生产所需现金流的平衡,是最合理、也是最有效的商业模式。在国外,像美国的 YOUTUBE 通过"平台+内容"可以把优秀的创意人才链接在一起,增加很多优质内容,然后通过增强平台黏性做广告经营和分销,无疑是可以借鉴的成功模式。国外所有的大电影公司如迪士尼、华纳兄弟、环球影城等,无一例外都是传媒集团的一部分,因为传媒和娱乐跨界结合的最直接结果就是传媒能够给娱乐提供宣传、营销和发行上的帮助。

随着电视、电脑、平板电脑、智能手机、可穿戴设备等视听终端越来越多样和丰富,特别是以手机为综合娱乐终端的数字内容服务模式的出现,刺激了数字内容的快速发展,数字内容产业造就了一个非常庞大的市场。移动互联时代是消费者霸权的时代,而消费者的权力通过无处不在、无所不能的社交网络变得无比强大。随着智能手机、平板电脑、数字阅读终端的普及,与其他信息传媒产业一样,数字内容领域正迎来移动互联时代。无论火爆的"SoLoMo"概念(social 社交化、

local 本地化、mobile 移动化），还是苹果、谷歌、亚马逊、BAT 等平台上琳琅满目的应用产品，都在昭示着一个全新的内容和信息传播格局，同时也在强化"平台＋内容"混搭模式的主导地位。

同时作为一种必然趋势，娱乐内容与互联网平台的混搭也是文化产业实现跨界应用和扩展转型的基本途径。从国际上看，好莱坞和硅谷现在合作日益密切甚至在某些领域达到一体化程度。从国内看，娱乐内容和互联网的融合的案例也越来越多。比如，腾讯入股华谊兄弟，就是旨在整合内容、人才、渠道和衍生品等资源或要素。华谊兄弟试图用电影这个支点撬起整个文化产业的杠杆，电影一直是华谊兄弟的核心品牌和旗帜，但并不是华谊兄弟收入的主流，做大文化产业才是华谊兄弟真正要做的。当然，腾讯对影视娱乐与互联网的协同效应还有着更高的期望：在初期积累资本投资方面的经验后，腾讯也希望逐步将旗下的全平台产品与影视娱乐创作、传播和衍生产品发行相结合，实现真正的跨产业融合。腾讯业务收入来源主要是游戏、会员服务、广告和无线等几个方面，而这些业务收入均来自于单纯的互联网领域，在业务创新上已弱于竞争对手。而华谊兄弟拥有客观的优质影视片源和版权，入股华谊兄弟有助于腾讯攀上国内影视内容版权高地，并在目前火爆的网络视频领域得以突破。华谊兄弟和腾讯未来在内容、渠道和衍生品等方面可能会有更多的合作和互动。

而一直在全力探索和打造"内容＋平台"商业模式的光线传媒，以娱乐资讯、综艺、生活及访谈类节目起家，率先构建了工业化的娱乐节目制作体系，将国外成熟的管理理念与国内产业运作特点及产业现状相结合，通过优化实现了娱乐节目的标准化制作，并且打造了大型的以电视联播网为主导的娱乐综艺平台。在此基础上，公司开始不断布局网络视频、电子商务、线下娱乐等新媒体和新业务，并进一步释放其广告价值实力。目前已经成为集"综艺娱乐节目制作发行＋影视制作发行＋广告＋公关"大型文化公司，并有望在"内生＋外延"带来的新业务模式中实现跨越式增长。

当然,内容与平台混搭模式也并非唯一路径,因为不同的内容创意和日新月异的传媒技术不断造就新的文化企业,这是再大的文化企业巨头也无法提前预知的。这里面有许多需要考虑的战略与商业模式因素。不同的文化企业所面对的问题是不一样的,小的企业要考虑生存方式,大的企业则是考虑有没有能力突破现有的格局限制。

2. 内容、软件、硬件一体化模式

商业模式创新离不开技术创新,但它比技术创新更现实。过去企业把内容和软件作为一次性产品来卖,而在DT时代,增值服务才具有更大的盈利空间。内容正在从传统的授权付费型向在线托管、租赁使用、按需付费型转变;在线软件服务即插即用,用多少付多少费,还可面向全球顾客,争取更大的市场份额等。例如,索尼游戏机业务并不是依靠硬件而是依靠软件以及电影版税来赢利,它将计算机游戏、电影、音乐播放及互联网接口全都包含在了易于携带的移动设备里。只有按市场需求搞创作研发,依靠商业模式创新去占领市场,才能促进内容创意和科技创新成果的产业化。

内容、软件、硬件一体化模式,是通过整合大数据的信息和应用,提供"内容+软件+硬件"的整体解决方案,基本逻辑是创意驱动内容、内容驱动软件、内容和软件共同驱动硬件,最终实现一体化。内容、软件、硬件一体化亦是文化产业发展的内在规律和必然现象,特别是文化硬件制造类企业转型发展的基本方向,因而成为实现与不同产业领域跨界融合的一种基本的商业模式。

平台为王、应用为王是互联网的重要特征,而现在DT时代越来越多的互联网企业,不仅要靠卖平台和应用赚钱,而且要靠卖内容和终端赚钱,以及靠控制操作系统、靠开放聚集大量服务来赚钱。内容、软件、硬件一体化模式,最大的特点就是打造内容创新、终端、操作系统、应用和服务一体化的生态系统,实现它们之间相辅相成、共生共长、不可分割,从而使企业更有竞争力,在价值链中拥有更多的主导权和话语权。这种模式下收入来源更多元化,终端厂商不仅是靠卖终端盈利、增加内容应用获得收入,还可以通过向第三方收取广告费,从而增加企业盈利点。

在这方面,美国苹果公司的"iPod\iPad\iPhone+App Store"堪称典范。苹果公司开创了"内容+软件+终端+服务"一体化的商业模式,打通了产业链的上下游:通过硬件终端黏住顾客,通过App Store平台开放汇聚应用从而获取顾客价值。App Store平台在很大程度上起到了一个产业链整合的作用,"iTunes+App Store+iBook,苹果撒开腿往移动互联网的道路上跑,直接把苹果顾客带到互联网内容面前,而且是随时随地。"[①]

3. 免费模式

可以说,自互联网诞生以来,假如有一种商业模式可以统摄或者挤垮当前的市场,那无疑就是免费模式。而DT时代是一个注意力高度分散的时代,怎样在海量的数据和无限的信息中获取有限的注意力,便成为文化企业经营的核心命题之一。注意力分散导致众多互联网创业者想尽办法去争夺注意力资源,而以互联网为基因的文化产品最重要的就是流量,有了流量才能够以此为基础构建自己的商业模式,所以说互联网文化产业就是以吸引大众注意力为基础,去创造某种体验价值,从而转化成赢利模式。

国内互联网文化产业领域较早开创免费模式并使之成为主流的是奇虎360。360将"免费"作为一种商业模式以及竞争规则的改变,而不是一种营销策略,而二者的根本差别在于能否为顾客创造长期的、持续的、综合性的体验价值。具体表现在顾客体验方面,传统的免费产品由于缺乏较好的顾客体验,并不能为顾客带来长期的服务,而360首倡的互联网安全免费服务,是基于具有良好顾客体验的主营业务产品而提供的。也就是说,其主营业务产品所发挥的作用并不是盈利,而是使其成为沉淀顾客和培养顾客依赖性的最大入口。一般来

---

① 参见黄金萍:《iPad给谁带来惊喜》,《南方周末》2010年2月4日。

说,增值服务是在主营业务基础上实现的,但与百度等互联网企业的免费模式不同,360为保证安全免费服务顾客体验不受到广告等其他盈利性增值服务的影响,将安全免费服务与其他服务独立运营,但又相互促进。一方面,其专注于自身"安全产品及服务供应商"的定位,持续完善免费服务的功能,相继推出了装机必备、打补丁、云查杀、眼睛卫士等创新性功能,保证了安全免费服务的良好顾客体验和口碑。另一方面,360安全免费服务的运营独立于其他服务,但又将360安全免费服务上的顾客共享于其他平台上的产品,如360浏览器、360安全桌面等,进而通过搜索广告、游戏分成等较为成熟的互联网盈利方式获得收入,这种共享性的产品布局与盈利方式是360在众多"免费+增值服务"模式中脱颖而出的根本原因。① 因此,依靠广告及增值服务收益支持免费服务的成本,又通过免费服务的顾客基础拉动广告及增值服务的顾客覆盖,360独立与共享既促进了顾客对免费服务的口碑和忠诚度,又保证了增值服务的收益。

当前许多文化企业都是以免费的内容产品或者平台服务吸引到规模化的顾客,然后通过为不同的顾客提供衍生产品或者增值服务,在此基础上再构建商业模式。比如,以自媒体立身的文化企业,大都是立足于免费模式,如罗辑思维、二更食堂以及各大微信公众号等,其颠覆传统媒体企业的常用打法就是在传统企业用来赚钱的领域免费,从而彻底把传统企业的顾客群带走,继而转化成流量,然后再利用延伸价值链或增值服务来实现盈利。当然,免费模式都有"羊毛出在猪身上牛埋单"的商业逻辑,一般基于核心服务的免费模式有诸如直接交叉补贴、第三方市场、免费加收费等几种形式。②

4. 会员模式

在互联网免费模式大行其道不断挤压媒体盈利化空间之际,会员

---

① 周鸿祎:《我的互联网方法论》,北京:中信出版社2014年版,第54—55页。
② 〔美〕克里斯·安德森:《免费:商业的未来》,蒋旭峰、冯斌等译,北京:中信出版社2009年版,第56页。

模式正是通过对用户需求的整体感知实现创新而得以成功。① 相对而言,会员模式是最显著的一种网络社区关系变现形式。文化企业通过内容建设,吸引大量的用户,企业和用户之间能够形成有效的沟通和交流,而受制于平台的限制用户与用户之间很难形成交流,因此企业通过会员制的形式把用户聚拢到某种社区。比如,许多互联网文化企业通过会员制的形式把已经形成的社区关系从线上转化为线下,在线下开展高质量的活动。为什么用户愿意出钱认购成为企业的会员呢?最主要的原因在于会员能够获取专享的内容、信息和服务,可见以会员制为核心的模式是具有可持续发展性的。企业聚拢社区,通过自身品牌的维护使得用户对品牌产生信任。用户对企业所提供的内容或平台的黏合度越高,其社区关系越强,变现能力越高。

5. 众筹模式

文化产业领域原初意义的众筹(crowd funding)是通过互联网让小微文化企业、创意者个人等对公众展示他们的创意,争取大众关注和支持,进而获得项目开发所需要的资金援助。而现代意义的众筹模式,则是一种通过互联网的连接实现在价值链上集智合作的方式,包括众筹创意、众筹文本、众筹情感(信任和归属)、众筹项目、众筹资金等复合形式。比如,你有一个成形的创意火花,我可以在意大利找设计,通过新加坡找厂商来贴牌生产,由美国网站来设计企业 LOGO,在菲律宾找物流外包,真正的增值恰在你的最初的创意之上。再比如,在电影方面,观众根据自身兴趣或市场预测等因素选择将要拍摄的电影,当达到一定募集数量后,观众便在一定程度上影响着众筹电影的剧本、拍摄、发行、宣传、衍生品等,最终完成项目发起者的电影梦想,并使众多观众能够全过程参与并直接投资。

在文博领域,基于互联网开放生态环境形成的众筹模式,不仅可以为博物馆解决研发资金困境,也可借此向社会筹集创意资源,并在

---

① 张鸿飞、李宁:《自媒体的六种商业模式》,《编辑之友》2015 年第 12 期。

新媒体快速传播下获得"粉丝"群体的支持,从而更有效地开拓市场空间。博物馆文物衍生产品的研发众筹也是集合大众智慧和力量的过程,它改变了博物馆自身或研发企业单独进行投资开发文化产品的传统模式,以网络众筹平台将社会资金投入到产品开发中,且这种互动性融资方式明显能促进消费者对文物衍生产品的青睐,也使研发设计者更能了解潜在消费者的需求,甚至可通过众筹众包方式让大众去完成创意设计与产品生产的任务。例如,荷兰梵高博物馆曾在淘宝众筹平台上进行以梵高知名艺术品为元素的一系列衍生产品开发众筹项目,包括蓝牙耳机、笔记本电脑保护套、宠物服饰、家纺抱枕、文具套装等产品类型,一经推出就很受市场追捧,多数文物衍生产品众筹项目所筹集资金远远超过计划预定的,甚至是计划的几倍、几十倍。

当然,由于文化产业行业形态多种多样,众筹模式也有多种形态,如演唱会众筹、电影众筹、电视众筹、音乐众筹、话剧歌剧众筹、"粉丝"见面会众筹等,并且有内容创意众筹、项目众筹和股权众筹不同层次。比如,观众网创新开辟了观众筹网,使得互联网、娱乐和金融三者相融合,更进一步通过金融创新将"粉丝"经济直接转变为商业价值,激活娱乐金融这个千亿级市场。观众筹的最大价值不仅仅在于简单的众筹,更在于对于观众、"粉丝"大数据的掌握、挖掘和分析,然后进行精准营销,而这一切都建立在观众网掌握的全国独一无二的大数据库之上,可以直接引导"粉丝"参与传播,还可以为项目发起者提供募资、营销、在线票务、延伸销售等一站式综合全媒体服务。

三、基于大数据的文化企业商业模式创新的要素

以上所分析的基础型、内容型、平台型、综合型等基本商业模式都一直处于风起云涌的互联网创新变革的大环境之中,而由大数据所主导和引发的互联网格局的创新与变革是多层次的。正如有的学者所归纳:"大数据代表着一种新的生活方式,它改变了消费者的需求内

容、需求结构和需求方式;大数据提供了一种新资源和新能力,为企业发现价值、创造价值、解决问题提供了新的基础和路径;大数据是一种新技术,为整个社会的运行提供基础条件;大数据是一种思维方式,引发企业对资源、价值、结构、关系、边界等传统概念的重构"。[1] 总之,大数据正在不断改变文化企业赖以存在的资源环境、技术环境和需求环境,企业需要善于适应变化和迎接挑战,经常对"为谁创造价值、创造什么价值、如何创造价值、如何实现价值"等问题进行重新审视和思考。

(一) 基于大数据的商业模式创新的一般特点

商业模式创新,是指企业价值创造提供基本逻辑的变化,它既可能包括多个商业模式构成要素的变化,也可能包括要素间关系或者动力机制的变化。商业模式创新的观念最早可追溯到熊彼特,他提出商业模式创新是指把一种新的生产要素和生产条件的"创造性破坏"引入生产体系,具体包括开发出新产品、推出新的生产方法、开辟新市场、获得新原料来源、采用新的产业组织形态。[2] 在 DT 时代,文化企业必须更加注重商业模式创新,才能拥有持续的核心竞争力,从而保证自身的持续生存和发展。而基于大数据的商业模式创新作为一个完整的产品、服务和信息流体系,需要每一个利益相关者在其中起到作用,以及每一个利益相关者的潜在利益和相应的收益得以实现。根据多年来对文化产业商业模式的研究,我们总结出了关于具有竞争力的、标杆式的商业模式的一般特点。同样,基于大数据的商业模式创新也必须体现或反映以下这些基本特点[3]。

---

[1] 李文莲、夏建明:《基于"大数据"的商业模式创新》,《中国工业经济》2013 年第 5 期。

[2] 〔美〕熊彼特:《经济发展理论》,邹建平译,北京:中国画报出版社 2012 年版,第 36 页。

[3] 陈少峰、张立波:《文化产业商业模式》,北京:北京大学出版社 2011 年版,第 88—89 页。

第一,具有竞争力的商业模式顺应或者引导生活方式的变化。文化与科技融合,特别是与互联网有关的文化产业现在快速发展,快速发展倒过来就会冲击传统产业。移动互联网是对传统互联网的复制、延伸和重大变革,它有非常庞大的规模,并且呈现出对人们的生活领域进行全覆盖的趋势。因此在考虑产业选择的时候要考虑该产业一定是人们的生活方式所离不开的,就是说看是否包含对人们的生活来讲意义重要的、人们每天都跟其发生某种关联的要素。比如人们的生活已经越来越离不开微信,越来越离不开淘宝,越来越离不开互联网。可以说,人们对什么东西越来越具有依赖性,能够反映和体现具有这种依赖性生活方式的产业就越有可能是朝阳产业。现在人们对互联网有依赖性,相应地,与互联网特别是移动互联网密切相关的文化产业就成了朝阳产业。现在的传统文化产业,从广播到报纸到一些地方电视台,人们跟它们离得会越来越远,大家都转向了互联网和移动互联网,这就会出现两种情况:一是今后大型的百货商店很可能都变成线下的体验店。互联网或者是网络购物,网络购物再往前走一步就会导致一大批实体店要倒闭,这必然要求企业经营要往人们生活方式离不开的方面跑。二是文化形态发生很多变化,包括快餐文化、圈子文化、宅文化、各种微文化等,新的消费形态和产业业态也会层出不穷,要求企业要关注消费者和生活方式的变化。①

第二,具有竞争力的商业模式必须依托于某种好产品或者服务,这种产品或者服务必须能够具有准确的市场定位、高于平均水平的盈利能力和获取附加价值的能力。当然,在相同的环境下,盈利能力是一个直接的指标。就此而言,某些代工的商业模式优于具有自主品牌的商业模式,因为后者的基本盈利概率较低、风险性大。在文化产业领域,某些拥有品牌的院团盈利能力低于品牌知名度低的企业,原因在于它并没有将企业即院团的资源转化为盈利能力,如固守于传统经

---

① 张立波、王鸿:《文化企业商业模式创新案例》,北京:北京大学出版社 2014 年版,第 2 页。

典等的做法,从而导致产品和服务缺乏竞争力,或者企业的商业模式不具备竞争力。最好的商业模式,其产品则是人们生活方式所依赖的对象(如人们对于微信的依赖),并且是具有规模化的效益。易言之,立足于培育人们的生活方式的商业模式,是最具竞争力的商业模式。

第三,具有竞争力的商业模式总是可以促进企业整体价值的提升。尽管商业模式体现在具体项目上的,但是好的商业模式一般不是单一项目的概念,而是作为企业整体价值的核心部分而存在的。因此,好的商业模式必定是整体价值放大型的。例如,一个动画大片不仅要体现出该片直接的经济收益,还必须体现为对企业整体价值的提升。为了体现这个特点,一般而言,好的商业模式必须与战略相一致,是在战略框架下的商业模式。

第四,具有竞争力的商业模式应简洁清晰,即突出盈利上的稳定性和可控制性。商业模式贵在简洁或简约,尽可能省去一切中间环节是最能受到消费者欢迎,同时也是最能以较低成本获取最大商业回报的。所以,选择和提炼具有竞争力的商业模式,需要学会"做减法",以保障收入结构上的简洁性和稳定性,避免许多复杂的交易过程和资金拖欠。例如,网络游戏与代理商或终端的关系,不是取决于代理商和终端的态度,而是取决于预付方式的保障和连续收入的保障,就此而言,交易的中间环节越多,商业模式就越依赖于外部环境。直接交易优于代理,终端企业优于生产商。再如,依赖于他人图书销售的出版商的商业模式,以及依赖于邮局代理的报刊的商业模式,都是比较复杂且充满风险的。

第五,具有竞争力的商业模式能够保障稳定的现金流。尽管好的商业模式并不能保障在所有的时间里都盈利,但是至少必须要对现金流提供保障。没有现金流,"利润就是虚幻的数字,也许过不了一年或一年半,利润就消失了"[①]。对于产品和服务的提供商而言,必须确保

---

① 〔美〕德鲁克:《德鲁克管理思想精要》,李维安、王世权等译,北京:机械工业出版社2007年版,第130页。

流通领域的回款速度以减少流通领域的库存,同时严格审核经销商所带来的风险。企业需要对财务有前瞻性,应该关注现金流动、资本和控制,特别是要有对现金流和未来资本需求的规划。也就是说,保障财务健全是对一个好的商业模式的基本要求。

第六,具有竞争力的商业模式应当处于价值链中的高端部分(或合理部分),应能够获取高附加价值的部分或全部,并力求减少规模化带来的风险。例如,国内的许多综艺节目很长一段时间靠引进版权或者模式模仿,直到能够研发属于电视台的自制节目和形成自主品牌,情况才有较大改观。另外,国内IT企业以及数字娱乐类企业因受制于国外的专利技术,不仅没有获得高附加价值,而且随着规模化的发展和竞争的激烈,最终可能导致企业破产。就此而言,没有核心技术的自主品牌,反而不如代工。这也可以说明包括台湾地区在内的我国的许多企业乐于替人打工的原因。

第七,具有竞争力的商业模式不仅是对成熟的商业模式的改进,而且还必须是自我否定、自我淘汰型的。易言之,任何好的商业模式都有时空限制。因此,在某种商业模式被竞争所压迫或遭遇别人的淘汰之前,企业或商家必须采取自我否定的方式确保商业模式的创新和改进,以新的、改进的商业模式淘汰自身已经落伍的商业模式。例如,数字音乐是对传统唱片业的颠覆,音乐演唱会的直播模式是对实体演艺的升级;电影城是对单厅电影院的改进,电影城的综合经营是对播放电影模式的改进;等等。就此而言,好的商业模式必须通过不断自我否定、自我更新的方式保障它在行业的主导地位。

第八,具有竞争力的商业模式必须具有未来性,而不是着眼于当下的可盈利方法。例如,一些民营的图书发行商过去获得过很大的成功,但是由于一些企业没有从产业形态的变化和经营方法的创新方面来保障商业模式的未来性,因而在产业变动中遭到了重创。同样,一些固守门户网站广告收入的网络企业,其依赖广告收入的商业模式是否具有未来竞争力,也正在遭遇市场的诘问。例如,在如何保障创新、保障未来的竞争力方面,腾讯就比分众具有更为扎实的基础,因为后者更依赖于广告的单一收入。

第九,具有竞争力的商业模式都非常注重战略性细节。由于商业模式总是直接地体现着竞争水平,因此,好的商业模式必须注重细节。注重细节首先必须是在战略指导下严格按照战略的阶段性予以落实,或是在战略调整的过程中体现出相应的变化。其次是保障该商业模式最核心部分的精细化和顾客价值的真正最大化。以一个电视剧节目与相应的图书出版的互动为例,好的运作可以保障二者相得益彰并带来很高的收益,而不好的运作则不然,粗放经营的结果只能带来十分有限的收益。再如,一个项目的营销设计可能会影响到项目的传播,对代理商的严格筛选、背景调查与否可以决定项目的成功程度。

第十,具有竞争力的商业模式往往与企业文化融为一体。一个企业在真正体现出好的商业模式以后,一般很快就会有人模仿和跟进,但好的商业模式不怕模仿,因为它已经与企业文化融为一体了。以美国谷歌公司为例,包括雅虎和微软等在内的公司都在同样的商业模式上有过深入的思考,但在落实该商业模式的程度上却有着很大的差距,这一结果与谷歌的创新型的企业文化适合它的商业模式是有密切联系的。

第十一,具有竞争力的商业模式注重从顾客的角度,从根本上思考设计企业的经营行为。商业模式创新的出发点,是如何从根本上为顾客创造或增加体验价值,其视角需更多注重和涉及企业非经济方面的因素。因此,它思考的逻辑起点是顾客的需求,根据顾客需求考虑如何有效满足它。由大数据推动的商业模式创新,既要从技术特性与功能出发,去寻找它潜在的市场空间,又要突破技术以及技术的经济方面因素的考量,重视其中所蕴含的人们生活方式变化及其对于企业经营战略反思和相应调整。

第十二,具有竞争力的商业模式表现为一个系统动态调整的过程。商业模式本身是一个系统,其创新都不是单一因素的变化,常常涉及多个要素的变化,需要企业组织的较大战略调整,是一种集成创新。如果提供全新的产品或服务,那么它可能开创了一个全新的可盈利领域,即便提供已有的产品或服务,也更能给企业带来更持久的盈利能力与更大的竞争优势。如今在大数据为主导的时代,企业的内容服务能力也远比以前重要,由此商业模式创新往往伴随产品、工艺或者组织的创新,具体表现为服务内容及组织形态等多方面的创新变化。

(二)基于大数据的商业模式创新的要素

根据我们对商业模式的分析,商业模式创新的角度可以从三个大的方面来寻找:一是从顾客角度,如何创造顾客;二是从企业角度,如何进行内部资源的优化整合,降低成本;三是放眼产业内外,如何进行资源优化整合,发挥最大价值。着眼于这三个方面,DT时代文化企业的商业模式创新需要通过内外各种可利用资源形成最优组合,使得企业和各利益相关者获得合作共赢,具体体现在如下八个要素。

1. 顾客的中心化

在DT时代,顾客的地位越来越凸显,在整个产业链条中越来越占据最中心的位置。相对而言,传统文化企业并不真正了解顾客,顾客的面容模糊,企业只有一些不精准的数字(比如订单数、阅读量、收视率等调查),用以推测顾客的消费偏好和消费预期。传统文化企业也没有有意识地进行顾客积累,尽管每一期内容看似都有大量的读者、观众或听众,但当内容结束后,这些读者、观众或听众就消失了。当下一次内容推出时,企业还需要为获得这些读者、观众或听众再次付出成本。而互联网将所有人联系在一起,只要发生过一次连接,无论多么庞大的企业,都可以直接与某一位具体的顾客交流沟通。因此,以大数据为基础的互联网文化企业既能够了解自己的顾客,又不必再为获得顾客付出成本。且顾客基数越大,黏性越紧密,越能反映出一家互联网文化企业的竞争力。从顾客导向出发,企业要聚集全部精力在精力在文化产品上,做出令顾客惊叹的精品,超越顾客期待,才能持久赢得顾客。

以网络剧发展为例。传统上,当影视企业将电视剧卖给电视台时,既要考虑观众的需要,更应该考虑电视台的需要,因为付钱买剧的是电视台而不是观众,从这个意义上说,影视剧企业不是为观众而是为电视台生产电视剧,这种电视剧的生产模式本质上是电视台导向的。而 DT 主导的网络视频时代,内容的生产者直接面对最终顾客,如果内容得不到顾客的认可,任何商业模式都不成立,因此,必须将企业的企业文化、组织结构、流程制度建立在顾客导向之上。此外,顾客导向并非一味地媚俗,就像当前很多内容产品所呈现的那样,尽管媚俗的内容短期能更快地聚集顾客,似乎合乎顾客导向准则,但内容有其自身规律,顾客既需要满足同时又需要适当引领和提升,否则就难以持久。

2. 主流消费者的年轻化

在我国,青少年是最重要的文化消费群体,他们不仅决定文化产业规模,还决定文化市场和文化产品开发的基本走向。青少年喜欢什么,什么就是朝阳产业,这是我国文化消费中最突出的特点,因而青少年生活方式的变动中孕育着系列化的商机,需要文化企业特别加以重视。当今青少年仍然以独生子女为主,其消费能力相对较强。青少年跟 20 世纪七八十年代的孩子有非常大的消费差别,这体现了一种现象,即收入权和收入支配权的分离。现在的青少年在文化消费中投入的钱很多,因为独生子女,得到父母和长辈的爱护和消费支持,由此造成青少年敢消费。在"四二一"结构的家庭中,没有收入的孩子后面还有 6 个以上的赞助商——父母、爷爷、奶奶、外公、外婆。因此他们敢于并善于消费。比如奢侈品领域,在国外 40 岁以上的人买 70%的奢侈品,中国是 40 岁以下的人买了超过 70%的奢侈品。15 岁至 35 岁的青少年的消费支出占据文化产业消费的 75%以上的份额。

作为主流消费者,青少年追求互动体验的文化生活形态的变化趋势值得重视。青少年围绕 PC 互联网和移动互联网进行内容消费和娱乐体验,成为网络创作、阅读和体验消费的主体,也是时尚电子产品消费和付费下载的主体。青少年群体注重具有快节奏、参与性、互动性、体验性、明星在场的娱乐。文化企业需要不断研究消费者的需求变动趋势,注重青少年内容体验、教育、普及与推广的特点。抓住青少年这一主流消费群体,根据其注重节奏、时尚、互动、体验等消费特点,设计相应的产业链环节、文化产品和消费项目,丰富和扩大娱乐性要素的适用空间。比如,人们越来越依赖于手机,依赖于一些比较互动的数字娱乐体验,这是一个很大的趋势。重视速度、节奏等因素就要求文化企业在制作文化内容产品时,一定要考虑故事情节演进的节奏,以及音乐的快节奏等。青少年喜欢跟新技术结合紧密、内容丰富且节奏感要强的产品——要有感觉,要非常时尚,要有明星,要有丰富娱乐元素融入。总之,主流消费者的需求决定了产品的开发方向,谁赢得青少年,谁就赢得市场。比如《夏洛特烦恼》《花千骨》《盗墓笔记》等产品的成功,很大程度上是因为比较符合以青少年顾客为主导的娱乐取向,这个趋向在将来还会作为主导潮流。

　　青少年是未来泛内容的消费者,同时也是生产者,还是观念的引领者。将来的综艺、阅读、电视剧、微电影、美食以及日常生活每一个领域都有可能出现现象级的内容,依赖的就是主流消费者的需求变化带来的机会。以数字阅读为例,当今移动阅读领域更呈现出与青少年需求密切相关的特点。80 后、90 后、00 后是移动阅读的主体人群;个性化推送和社会化阅读的"内容聚合+信息筛选"将成为数字内容输出新方向;视频、图片与社交媒体的互动成为提升移动数字杂志阅读体验的核心武器;网站过气,移动 App 当道;移动阅读成为读者休闲和填补碎片时间的重要方式,杂志不进行数字化转型将很难抓住新一代受众;手机杂志阅读偏好娱乐或新闻类,而时尚和财经内容阅读忠诚度高。主流读者群体需求的这些特点决定了移动阅读商业模式创新的基本走向。

3. 集结方式的社群化

互联网的发展，使信息交流越来越便捷，志同道合的人更容易聚在一起，形成社群。一个社群总是容易受到暗示和相互激励，并且非常轻信的。① 因为个体一旦进入群体就会屏蔽部分个人属性，取而代之的最重要部分就是集体无意识。DT时代下让消费者的社群变强，移动互联的发展将使企业与消费者之间的关系变得更加紧密。戴夫·格雷认为，互联式的企业不像一部冷冰冰的机器，更像一株生机勃勃的植物。它的顾客环绕周围，分享信息，自我组织，形成一个个热闹的网络社区②。因此，移动互联时代营销的核心就是要找到合适的影响点，在合适的时机影响那些在社群中有影响力的人。

文化企业要把内容服务的根系扎入互联网，从顾客群体中不断吸取新的内容，成为这个巨大网络中更加灵敏和主动的核心小网络。顾客对内容的不同偏好形成不同的社群，内容的消费是在社群内发生的。在社群内，虽然内容一直处于核心，但也发生了一些明显的变化，在社群对内容的解读、重构、创造能力甚至比内容本身更重要。内容负责筛选出顾客并连接他们，社群则为顾客提供身份认同、交互交融、分享、参与创造、情感连接等，这些比单纯欣赏内容具有更高的黏性。社群化内容模式下，重心不再是对内容的单向欣赏，而是变成社群自身的狂欢。比如罗辑思维从"聚粉造群"——吸引关注、参与和体验，到度身订制——引导深度参与，以极致化的产品和服务制造饥渴，以娱乐化营销制造更大规模的追捧，以免费、福利、增值服务等利益分享制造黏性，进而在此基础上进一步的社群细分，实施更精准的产品和服务迭代、创新和衍生，最终完成从传统的推广模式到围绕社群的整体运营模式的转换。

---

① 〔法〕古斯塔夫·勒庞:《乌合之众:群体心理学研究》，胡小跃译，杭州:浙江文艺出版社2015年版，第213页。
② 〔美〕戴夫·格雷:《互联网思维的企业》，张玳译，北京:人民邮电出版社2014年版，第38—39页。

总之,社群关系让互动和交易的成本大幅降低,从而令优质内容的溢价得以实现,而消费者的支付也得以下降;社群能够内生出独特的共享内容,彻底改变内容创意者与消费者之间的单向关系。① 所有的交流和交易互动,先是建立在价值认同的前提下,"产品—人"的关系倒置为"人—产品"和"人与人"的关系。在这样的环境里,内容的大规模定制和生产的柔性化越来越成为常态。

4. 文化内容的泛化

在 DT 时代,许多原本先进的硬件或软件需要注入强大的内容创意及生产能力,才能保持和提升其竞争力。当今,随着内容大数据的极度扩展,互联网将人和内容两者联系在一起,接入网络的人获得了向任意人近乎无成本传递内容信息的能力,内容传播的成本障碍被消除了,原来由传统媒介等独占的传播能力优势被消解,内容传播的门槛消失了。同时,互联网使得原来由于信息沟通成本的原因无法协作的人群可以轻易地组成紧密的任务组织,使得内容的生产组织方式变得无限丰富和有效,创新可以来自于任何地点、任何人。如此多的草根作家、作曲家、歌手、导演等创意者,都可以成为原本遥不可及的内容创作者和生产者。众多企业进入内容生产领域,内容产品极大丰富。多种类型的内容形态被开发出来,同一类型的内容产品越来越精,单位投资成本不断推高,海量内容快速的冒出,快速的消沉,竞争来自从未知晓的对手。

以广告创意领域为例,当顾客可以选择广告时,只有具备内容吸引力的广告才能赢得顾客,广告产业在很大程度上变成内容产业。由此,视频互动将成为 5G 时代应用的基本特征,并向每一个行业渗透。将来 5G 的应用,数字化的移动内容产业将进一步发展,微市场(包括微电影、微游戏、微博、微信、微视等)将取得大的突破,微电影与广告

---

① 〔美〕凯文·凯利:《技术元素》,张行舟、余倩等译,北京:电子工业出版社 2012 年版,第 115 页。

的融合将成为一种新势力。微视的形态类似于微博,发布内容为"文字8秒短视频"。视频可以转发到微信、新浪微博、腾讯微博、QQ空间等微视模式更加契合5G时代的"视频社交"商业模式。微视可以在一定程度上继承微信的社交基因,例如与微信完全打通的社交关系链、"微视内可见范围"的私密社交体验等。

5. 业务结构的无边界化

互联网最大的特点是无边界,因此企业更加重视市场地位和未来的竞争力走向。互联网吸纳能力越强,把好的要素都吸纳到互联网上——优秀的内容、优秀的创意、优秀的人才都会聚到互联网上。互联网文化产业区别于其他产业最重要的特点就是产业链长,而且同一种内容资源可以做成若干产业链的环节。产品多样化、行业多样化、延长产业链,这体现了互联网无边界的特点。比如,如果企业有一个好的故事就可能拥有了重要的商业话语权,因为这个故事可以改编成各种各样的业态和业务,实现产业链的纵横交错。产业链的纵横交错可以把产业链开发得充分,造就各个相关产业都发达的局面。以前的产业相互关联度弱、不发达,现在借助互联网平台就大不一样了。比如,腾讯把网络文学的故事控制在自己的手里,几乎可以做成所有文化产业领域的众多业态。因为以互联网平台为核心的资源,可以突破原有的功能特征,而且它的多样性和多元化价值实现的特征分明,所以它就可以把一个优质的网络文学故事快速做成一个庞大的产业王国,这是互联网平台所带来的一个重要变化。

在DT时代,传统的文化形态被重构,新生的文化形态在不断涌现。例如,获取新闻资讯的方式从报纸转移到移动新闻顾客端;唱片业消失,取而代之的是音乐网站或顾客端提供的数字音乐;电视台的线性流节目吸引观众越来越难,互联网日益成为观看视频内容的重要方式;电台被互联网广播抢走不少听众。再如,网络文学产出动辄千万字的文字作品,使一些从没有机会通过传统写作途径进入作家行列的人获得巨额财富和显赫名声,并远远超过了传统作家(如唐家三少

2016年的版税收入高达1.22亿元);在线演播室使没有机会走上传统舞台的人也可以收获百万"粉丝",创造千万收益;传统文化的产业分类里没有游戏这一项,但游戏创造了百万级就业和千亿级收入;还有顾客产生内容(UGC)、众筹、弹幕等新业态的出现。今后会呈现越来越多的跨界现象,比如做农业主题公园,可以把微电影、微视频、科普教育、农业产业化、娱乐、家庭健康食品、花卉产业、众筹、会员制等线下线上做整合,可以跟生态娱乐进行一种整合,这就是跨界的力量,而产业的跨界和业态的跨界,必然导致企业业务边界的不断打破和重构。

6. 营销的大众化和分众化

一般而言,文化企业经营需要紧紧把握市场的需求,以大众需求为导向,重视满足青少年等主流消费者的文化精神需求。要锁定核心顾客的消费需求和创意生活需求,同时综合运用渠道资源,分类提供各层次产品和服务。大众化应重点从内容方面思考和策划开发有体验价值的文化产品,注重娱乐性、参与性、体验性、时尚性等要素的有机结合。充分利用和挖掘内容产品的体验价值,满足消费者的休闲娱乐需求。例如,音乐企业的音乐体验打造可以是全景式体验,包括全类型音乐体验、驻地观赏体验、驻场互动体验、自主体验、音乐茶座及关联体验、活动观赏体验、活动参与体验、与明星互动体验、新媒体体验、鉴赏与教育体验等体验形态和类别。

但另一方面,传统的大众化的商业模式只对大众市场进行产品开发,认为过小的市场不足以支撑一家企业的规模化成长需要,并且在经济性上,只为小众人群开发产品是不合算的。而凯文·凯利提出过1000个"粉丝"理论,即只要产品拥有1000个"粉丝"即足以使企业具备自我运营能力。① 借助互联网,人类历史上首次既能够提供普适性

---

① 〔美〕凯文·凯利:《技术元素》,张行舟、余倩等译,北京:电子工业出版社2012年版,第38页。

的内容产品,也能够分层次地生产小众的内容产品,很多非常细分的文化产品就被创造出来,而且很多微小型的文化企业在市场中做得相当出色。实际上,通过这种分众化,更多的人群被纳入互联网文化产业系统中来,从而将文化的大众化推向极致。

7. 分布的中心化和去中心化

一方面,在 DT 时代,中心化凸显、中心化显得更强大,而不是一般意义所讲的"去中心化",因为中心化的平台企业越来越形成寡头垄断地位。比如,微信的发展就说明中心的聚集能力比过去更强大,它几乎可以做人们生活所需要的任何事情,几乎任何线下的事情全部都可以搬到平台上进行。从大的方面看,社交和媒体功能并没有出现去中心化,而是出现了"频道组合制",即众多微信公众号和朋友圈临时组成的中心化。目前互联网有两个中心,一个是大平台即 BAT+官媒组合的固定中心,一个是临时组合的频道组合中心。相对于大中心而言,一种是与大中心平台企业合作,一种是组合制。而且,在这种中心化体制下,资源拥有者或者媒体达人、明星等的频道资源、"粉丝"资源的组合能力越来越强。换言之,互联网作为大数据的集结,它不是简单的、固定的新媒体,而是一种新平台、新模式,因而互联网文化产业的"平台+内容"模式将持续具有产业价值的优先性。

另一方面,由于个性化凸显而造成一种新形式的"去中心化",亦成为 DT 时代最显著的特征之一。这种新形式的"去中心化"的表现形式就是自媒体化。随着自媒体以及直播的发展,谁都可以发布意见成为某种"主播",每个人都可能是中心。不过,随着移动端内容消费占比越来越高,内容的产出频率需要加快到与人的消费频率一致,应当有的时候就需要有,如果得不到及时满足,顾客就会选择离开,再获得顾客的成本难以承受。例如,很多快餐型内容采取了日更的模式,不计其保留顾客的效果,其获取顾客的效果是周更的 10 倍以上。互联网消除了距离,消费者能够很便利地找到最适合自己的产品。由此,传统的商业模式受到严重挑战,这就要求文化企业必须进行商业模式创新，以适应人们生活方式和经营环境的深刻变化。比如，酷6网公布其近几年的发展战略，就包括加大顾客内容生成即自助视频模式，对视频内容搜索进行升级优化。

整体来看，因为"人人都爱聚合节点"和"先进入者通吃优势"，导致"大象"和"蚂蚁"并存的格局——大企业与小微企业、大佬与草根等一起出现。传统大规模、批量化、流水线的生产逐渐向柔性化、智能化、专业化方向发展，按需生产、个性化定制、互动服务正在变为现实。在这个时代，每个商家、每一个体都可以成为重要的信息连结与互动的节点，自媒体的空间从未如此广阔，自己就有可能成为流量的中心之一。如小米公司的创业是从开发MIUI系统开始的，该公司先从各个技术论坛里面找到了约100名发烧友，说服他们刷机试用MIUI系统。通过与这100名"梦想赞助人"的深度互动，使得MIUI系统迅速迭代完善，并通过论坛进行传播。到2013年，小米年销售额超过260亿元，MIUI系统的顾客超过5000万，而小米公司基本上还没有在媒体上投放过广告。这在传统行业的企业家看来是极难想象的。正是这种与顾客深度互动，共同成长的参与模式，才是奠定小米前四年超高速发展的基石。

8. 联盟的资本化和旗舰化

在DT时代，通过资本纽带进行整合，并购更频繁，互联网文化企业与资本的结合更加紧密且持久。试想，为什么盛大文学做得很成功的时候却卖给了腾讯？其中一个很重要的原因在于，盛大文学除了开发文学的价值以外，这个平台的价值功能比较弱，卖给腾讯之后，腾讯可以把它的价值进一步放大。腾讯可以通过网络文学扩展到电影、电影票网站到明星到"粉丝"等。再比如，阿里云先投资一个小领域，然后投资部分领域，然后向周边领域进一步扩大，最近还要进入影院，影院播出的内容可以直接消费，直接把明星身上的东西植入产品，直接跟电子商务进行整合，很快通过资本把几个企业组团，市值上涨若干倍,这就是资本纽带进行产业整合的价值链,由此实现企业联盟式的组织。① 以前只有垂直型的企业叫做集团化,现在的企业有一小部分是垂直发展,而多数是扇形的、舰队化的联盟式发展。

四、基于大数据商业模式创新的基本趋势

商业模式创新,虽然表现为企业效率提高、成本降低,由于它涉及系统内外要素的同时变化,因此它更为系统和根本,更难以被竞争者模仿,从而给企业带来战略性的竞争优势。对DT时代的文化企业而言,商业模式创新比技术创新、产品创新、管理创新更需要关注发展趋势的变化。在"互联网+"推动下,大数据作为一种越来越重要的生产要素,必然对商业模式创新带来前所未有的影响,其趋势在如下几个方面表现得尤为突出。

(一) 互联网思维成为主基因

商业模式创新首先是思维方式的转变。毫无疑问,当今互联网是最大的新兴领域,而且它正在快速颠覆现有的产业格局及边界与传统的商业模式,且越来越快,越来越猛烈。尤其需要关注的是,互联网正在从外在的工具开始向人性纵深处挖掘资源,这就需要我们重新认识人们需求的本质,重新定位竞争的意义。互联网特别是移动互联网,是一种思维模式的改变,也是一种竞争规则的改变。以互联网为核心的"互联网+文化",将会成为中国乃至全球最大的商业、服务与消费领域。

互联网给顾客带来的改变,有非常重要的两个标志:第一是移动服务,第二是社交网络。这两点使得企业经营的观念相应改变。移动服务可以移动通话,可以移动交流,可以移动娱乐,可以移动交费等,

---

① 陈少峰:《"互联网+文化产业"的价值链思考》,《北京联合大学学报》2015年第3期。

所有的过程不是静态的,而是动态的、互动的且交互进行的。社交网络的发展要求企业能提供和顾客分享信息的更好的方式,也就是通过和顾客分享信息改变其需求。真正生活在互联网时代,企业和顾客之间不是信息不对称,而是变成了信息对称。如果企业和顾客不能使信息对称,而是停留在企业主导的不对称局面上,失败的一定是企业。

互联网思维必将成为文化企业创新商业模式的基石。比如,三星以顾客体验为中心,让全球顾客资源为三星手机的创意、个性化定制提供设计思路与创意,这种制造最大限度地、最快时间地聚集了创新资源。再如,新浪微博与阿里的携手也是一场"一石三鸟"的交易,无论是新浪微博,还是阿里巴巴,或是普通顾客,都能从社交网站与电子商务网站的深度合作中获得实质性收益。新浪与阿里将打造更为活跃的微博平台,在账户互通、数据交换、在线支付、社交营销、上市溢价等领域进行深入合作。这场交易使中国互联网得以率先探索社会化电子商务与移动电子商务的模式,使社交媒体与电子商务平台产生巨大协同效应。

(二) 数据逐渐成为核心竞争力所在

大数据得以快速发展基于三个核心观念:其一,世间万物都可以数据化;其二,大数据既是技术也是内容;其三,重要的不是因果关系,而是相关关系。这些观念为文化企业经营提供了一种新的思路或走向,即数据越来越成为企业的核心资产,拥有、分析、挖掘和传输数据的能力成为企业核心能力之所在。一方面,企业需要拥有庞大的数据,并运用云计算随需而用的特性最大限度地满足顾客的对数据的需求。另一方面,企业更需学会并善于利用、挖掘、分析各种数据,通过数据应用和商业分析提升决策效率和质量,从而提升企业的整体价值。

在 DT 时代,数据在各行各业渗透着,并渐渐成为企业的核心竞争力和最重要的资产。其主要表现在:其一,互联网的出现和相关技术的发展让海量数据的收集和分析成为可能,互联网又导致这些数据能够被高速度和大容量的传播。其二,互联网引入了由顾客大规模创造内容数据的模式,这种模式的特征是超海量、多源头、低成本、即时性。其三,构建在互联网平台上的企业可以实时得到顾客的来访源头,在网站内的搜索、收藏、购买行为,以及购买的商品间的关联性,这些数据可以帮助企业更精准地为顾客服务。

基于在线化和云计算的"App+Data"的模式,将是未来互联网文化产业的基础。大数据在文化产业领域能否成功应用取决于三个必要条件:活态、对事件的全面描述与差异化的体验。而云计算使得这三个必要条件得以满足,云计算使人们可以随时随地使用存储和计算,使各种文化内容和信息数据得以及时被采集、分析和实现大规模的整合。任何一个小企业或者个人,只要能为特定人群创造价值,就可以依靠平台便捷地找到顾客,并通过与顾客互动,迭代优化自己的产品,不断提升顾客体验。DT时代基于数字内容拓展的产品,可以摆脱单一的流量经营模式,通过App和Data的有机融合和高效互补来提供不断完善的顾客体验,提升个性化内容的比例,增强顾客获取信息的便利性,并将基于内容所产生的顾客行为、顾客数据、顾客特征转化为数据资产。

当"数据是企业核心竞争力"的观念深入人心之后,企业对于数据管理便有了更清晰的界定,将数据管理作为企业核心业务,数据资产管理效率与主营业务收入增长率、销售收入增长率显著正相关,数据资产的管理效果将直接影响企业的财务表现。数据生态体系中的核心环节也是产业的核心要素,掌握产业核心要素环节的企业如果顺势而为,把握时代的机遇,将企业自身的核心竞争力优势进一步释放,通过产业核心要素的大数据掌控数据生态的产业链条,就可以实现其业务模式的长青。

(三)跨界融合将成为普遍法则

在大数据的推动之下,跨界融合日益成为产业创新和商业模式创新的本质与重心所在。跨界融合既包括横向跨界即跨媒体、跨行业、跨地域、跨国界经营,也包括纵向跨界即"内容+平台+衍生服务"的全产业链要素。在文化产业与相关产业跨界融合的过程中,单一的服务平台已经难以满足规模化、集约化的需要,必须要实现更高水平上的整合。例如,"四C合一"即内容、计算机、通信、消费者具有融合趋势;再如,IT领域由内容驱动软件与硬件革新,实现内容—软件—硬件的一体化运营。

当前,跨界融合越来越呈现加速的态势,其最主要体现为信息技术与文化内容的高度融合,其典型特征是数字化、网络化和智能化。信息技术与文化内容的融合来自人们生活方式的变迁与科技创新的互动,企业如果能够把科技和文化有效融合起来,容易做强做大。如今,互联网各个领域的跨界越来越频繁,如视频+电子商务、搜索+社交、社交+视频、电子商务+社交、搜索+服务等,不同垂直领域的领先企业正在加速相互间的跨界合作,不断挑战行业的想象空间。互联网行业的进一步突破,不仅有赖于垂直行业的极致发展,更有赖于不同领域之间的化学反应。我国当前市值比较高的公司如阿里、百度、腾讯、京东等,都越来越成为以互联网+内容产业为核心业务的企业,而仅仅局限于IT技术领域的公司其规模一般都比较小。

互联网文化产业的出现,促进了文化生产力的新组合,通过整合硬件、软件、创意、资本等要素,正在形成具有极大包容性和连贯性的文化生态系统。这种系统便于人类把文化资源、技术资源、资本资源、制度资源进行跨时空、跨领域的灵活组合,把在地、在场、在线三大文化生产方式进行纵向和横向的贯通,使得开发价值的文化创造、寻找价值的文化金融、实现价值的文化市场这三大环节逐步实现对接和交融,推动文化资源转化成为文化资本,又吸引大量文化投资变现成为文化财富。它"推动人们对文化产业的组织形态、生产方式和管理方式进行深刻的革命,从而在前所未有的广度和深度上,扩大了人类对文化财富的创造力、享受度和拥有量"。①

在"互联网+"的背景下,文化产业领域正在不断开发包括新技术、新服务、新业态等在内的、更加广泛和多样的新模式。新兴文化产业发端于计算机,而繁荣于互联网,如今已经蔚为大观。内容型产品如文字、图片、视频、音频的生产与消费过程不是已经完成,就是正在急速向互联网迁移。在工业时代,制约内容产业发展的主要原因是信息传递成本过于高昂,随着印刷术、邮政系统、广播、电视技术的发明,出现了报社、电视台、电台、电影院这样聚集了生产创意和发行功能的中心化组织,通过高度组织化的系统使信息传递成本可以被覆盖并获取利润,传统的内容产业才得以建立和发展起来。技术的进步促进了信息传播成本的极大降低,使得顾客和媒体、顾客和顾客之间的双向信息传播渠道已经非常通畅,顾客交流、表达、选择的需求被彻底解放出来。一个文化产品除了让顾客被动式地接收内容,顾客在主动的选择和表达方面的良好体验也是产品的重要甚至是必需组成部分,无论是点播式的内容互动体验,还是社群式的互动。除非个别有极致内容产品,无视这一点的媒体产品绝大多数都将失败。年轻人已经普遍把具有这些特性的社交媒体作为获取信息的主要手段,年长者还会因为习惯多停留在传统媒体上,但是向社交媒体、线上媒体的转移趋势也非常明显。

(四)娱乐无边界成为基本生活样态

大数据大大扩展了娱乐内容的范围,改变了人们的娱乐方式及娱乐形态,特别是造就互动性强的娱乐无边界。娱乐无边界就是人们的娱乐不受时间、空间、内容和平台的限制,特别是在移动互联网推动下,娱乐的时间和空间限制被完全打破了,娱乐的内容和平台阻隔也被彻底消除了。在我看来,以大数据为基础的移动互联网才是真正的

---

① 花建:《互联网+释放文化产业新动能》,《解放日报》2015 年 8 月 16 日第 8 版。

Web 3.0时代,其最主要的特点有二:一是超海量的数据(包括文本、图片、图像以及各种位置信息、基因信息等),二是交互性超强,这将更好地满足娱乐无边界的需求。

娱乐无边界的生活方式可以催生一些新的商业模式。比如,前面提到在4G和5G技术的推动之下,微电影、微视频将会爆发式发展,而微电影不能是做电影的缩小版,微电影只能做独特的一种艺术形式和娱乐形式。如果说以前的电影是一台综艺演出,那么现在的微电影可能就是一部小品。不能把一个综艺演出变成小品,而是必须独立地去做小品。微电影将来会有两个发展方向:一是发展为一种新的影视艺术表现形式,因为微电影本身就是一个视频,在网络上通常就是5分钟到20分钟的时间,将来也会在手机上、平板电脑上成为主流的娱乐方式。另一个方向就是商业应用,商业应用可以做得极具商业娱乐色彩,还可以融合广告。再如,在VR冲击下,电影院将很难通过小修小补来满足市场的需求,对着大银幕排坐的观影方式将失去意义,电影院的整体设计只能推倒重来。未来电影院的主流形态会是"常态影厅+社交观影包间+浸入式VR观影透明空间+衍生品体验馆"的某种组合。视频网站最有机会成为VR内容的发行平台。如果它们再和在线票务平台结合起来,取代现有的电影发行公司和院线公司几乎是必然。

(五)大数据使文化内容的范围大大扩展

DT时代让我们重新考量内容的内涵与外延。由杂多到有序,由噪音到乐音,凡是能够结构化、丰满化的数据都可以称为内容,包括信息、图片、视频、音乐、游戏、活动、明星、体育赛事等。移动互联使得每个人几乎是"一直在线",并利用各种碎片时间进行沟通与娱乐,人人都讲故事,人人随时随地都是内容的接收者或消费者,同时是内容的创造生产者与传播者。在这种背景下,一方面,随着精神需求的缺口越来越大,人们需要大量丰富的创意内容。人们的选择越多,困惑和烦恼也越多,精神需求空间也会越大,尤其是在激烈竞争背景下成长的年轻一代。另一方面,文化产品的互动与体验性越来越强,文化产品升级越来越快。特别是与微信相关的产品代表着一个大方向,因为微信把电脑平台上的互动体验应用完全转移到移动平台上。

随时随地交流和娱乐,已经成为人们普遍的生活方式。随着互联网顾客的增长,特别是移动互联网顾客的增长,未来将有更多的顾客花费更多的时间上网,顾客和上网时长的增长将为整个互联网行业带来新的商机。移动互联网大大扩展文化内容的范围,改变了人们生活方式,特别是在移动互联网时代,人的地域感几乎消失,小乡村和大城镇的人都能随时随地交流,获得一样丰富的信息和内容消费。

与文化内容扩展相对应,随着云和大数据库的合并,"数据即内容""数据即资产""数据即品牌"将成为企业的主流经营观念。不管是拥有大数据资源的文化公司、互联网公司,还是电信公司、其他各种连锁机构,凡是拥有大数据资源的企业都有可能转身成为文化媒体公司。比如,近几年美国最大的移动运营商 Verizon 通信公司 50% 以上的移动网络流量来自视频服务。当前,内容下载、在线游戏、网页浏览和微信微视(各类祝福、段子和短信)等业务,随着数据流量成为核心利润来源,内容驱动发展已经成为主要的商业模式,电信领域将逐渐转变为传媒产业,其主营业务将逐步转为文化产业。

(六)数字化和虚拟化进一步加速

数字化是数据化的基础和技术支撑,大数据的发展必然要求加快内容的数字化转型。移动互联网浪潮下,现实世界正在加速数字化,每个人、每个物体、每件事情、每一个时间节点,都在向网上映射。空间和时间两个维度的联网,使得数字世界正在一步步接近模拟现实世界。数字内容驱动发展将逐步成为主流的文化业态,互动娱乐、新闻提供与社交领域内容原创互动交流等领域数字化加快,并且由内容驱动硬件增长,形成了巨大的数字内容产业领域。文化企业要适应消费者的生活方式变化和技术的革新,尤其需要实现向数字化转型。传统出版产业、设计产业、音乐产业、动漫产业等业务领域,应加快数字化发展,强化数字文化产业领域的研发和商业模式探索。

今后的文化企业发展,还将面临因 AR\VR、MR、人工智能等技术进步而带来的前所未有的表达方式,以及媒体触点无处不在的发展前景。高盛估算,到 2025 年,VR 和 AR 硬件软件营收将达 800 亿美元,如果它们迅速跳出小众市场走向大众,年营收最多可以达到 1820 亿美元。① 即使按最慢速度预测,到 2025 年时 VR 和 AR 行业的年营收也有 230 亿美元。增强现实技术以及带来的沉浸式体验等也是将数据带入现实生活,在技术开发理念上提及人工智能与人的协作,更偏向于对人的功能的增强而非竞争与替代。

未来的传感器新闻、机器人写作、虚拟现实与增强现实、定制化生产、个人云、人—物共生、人—物协同等,显示大数据的全面渗透所具有的无限的扩展和想象空间,无论从行业边界、技术理念还是从组织管理和运营模式的改变看,经历的变革都是颠覆性的。

(七)大数据使企业资产越来越轻盈

刚才提到,在 DT 时代,数据成为企业的核心资产,拥有数据、分析数据、挖掘数据和传输数据成为企业的核心竞争力。这就要求文化企业必须适应新的内容生产和传播方式,以融媒体或多元化媒介来承担信息创作和传播的职能,开发自己的大数据处理和存储系统。善于生产、分析、解读、传输数据,探索一条为受众和顾客提供分众化服务和体验的发展之路,将成为所有文化企业竞争的必备技能。

文化企业主要靠思想、创意、内容、知识产权以及人力资源,当这些无形资产都凝结为数据而呈现的时候,数据成为企业的核心资产将使得企业的资产结构变得越来越轻盈。在很大程度上,轻资产运营是

---

① 高盛:《VR 与 AR:下一个通用计算平台》,http://tech.qq.com/a/20160202/011274_10.htm。

文化企业的标配,原来被视为贬义的"皮包"公司倒成为一种新的经营境界了。

(八)企业组织呈现"大而强"与"小而美"相互依存的局面

随着文化企业的资产变得越来越轻盈,大公司凭借"大而强"(规模化平台、平台+内容等)、小公司凭借"小而美"(内容专业化、垂直化平台等)将各自具有更大竞争优势,中等规模的公司生存空间将趋于狭窄。从价值链角度看,创意、设计、研发、制造、营销等多个商业环节都出现了一种突破企业边界、提升社会化协作的趋势。从企业与消费者的关系上看,B2C的模式是由企业向消费者单向的交付,而在C2B模式下,价值将由消费者与企业共同创造,如消费者点评、设计参与、个性化定制等。从产业组织的视角看,更多的企业都在走向"云平台+小前端"的组织方式,形成"大而强"平台企业和"小而美"的专业化内容企业相互依存。

如今,互联网文化产业领域逐渐出现规模经济和范围经济同步增长的格局。借助社会化成本的下降、流通运行效率的提升、产品模块化程度的提高,互联网进一步加强了文化企业组织的小微化。这是因为,在工业时代占据主导地位的是"小品种、大批量"规模经济,与之相应,企业组织也在持续走向超大化,而在DT时代,随着"多品种、小批量"的范围经济正在很多行业里不断扩张自己的空间,加之文化产业各领域自身内在产业链逐渐扩展,更多文化企业组织的规模相应地也在逐步走向小微化了。

第三章 文化企业商业模式创新的路径选择

DT时代文化企业经营的目的,归根到底是为顾客创造比IT时代更丰富的体验价值,在此基础上获取相应的商业回报,从而实现企业自身生存和可持续发展。因此,企业商业模式的创新应以创造顾客体验价值为中心,重新审视、调整、优化各种资源要素,以合作共赢的观念来建立各种联系,并善于对自身已有商业模式的结构进行系统的反思,采用合适的创新途径来调整或优化商业模式,以便获得持久的竞争优势。从本章开始,我们将从具体路径、方法和策略等角度探讨利用大数据创新文化企业商业模式的具体解决方案,由此理清大数据创新商业模式相应的必要条件以及内在关联,以便在文化企业与顾客之间建立产品、服务、情感、事业等不同层次的有效连接,形成大数据融合的经营思路,从而推动文化企业转型发展。

一、以体验价值为核心的商业模式

一般来说,任何一种商业模式都具有一种由顾客导向、企业资源和能力、盈利方式所构成的三维结构。文化企业商业模式的基本逻辑就是企业提供什么样的文化产品或服务,给什么样的顾客创造什么样的体验价值;在创造顾客体验价值的过程中,用什么样的方法获得相应的收益或回报。

(一)商业模式的结构

因此,基于大数据文化企业的完整商业模式应由内层、中层和外层三个密切相关的层面构成(如图3-1):其核心层即核心动力,是独特而丰富的体验价值的创造,中间层即基本载体和依托,是业务组合与产品线,外围层是商业回报的实现方式,是具体的可盈利方法或者盈利模式。其中,体验价值是指能为顾客带来某种不可替代的文化精神需求的满足。业务组合是指企业内部如何汇聚资源来为顾客提供体验价值,包括两个方面:一是纵向业务组合,即企业在某条产业链上所从事的业务组合;二是横向业务组合,即企业在不同产业中所从事的业务组合。产品线则是企业如何通过具体载体或服务来传递和实现顾客体验价值。盈利模式或者具体的可盈利方法是指企业如何在创造体验价值的过程中获取收入或回报,具体包括收入对象(一般是顾客)、收入媒介(主要是产品或服务)、价格组合(收入媒介的价格和组成方式)、收入渠道(具体获得收入的方式)等。商业模式的这三个层面有机地组合在一起,三者之间既相互联系而又有相对独立性。①

图 3-1　基于大数据的文化企业商业模式结构

---

① 张立波、王鸿:《文化企业商业模式创新案例》,北京:北京大学出版社2014年版,第4页。

由以上结构可以看出,我所说的商业模式与一般的盈利模式有很大不同。我一向认为,商业模式的概念涵盖的范围比盈利模式要广泛得多,它包括顾客体验价值、业务模式、产品模式、可盈利方法等要素,而盈利模式仅仅是商业模式中的一个构成部分。许多人喜欢把商业模式简单地理解为盈利方法,其实是一种认知的误区——或者导致企业偏离经营的本质而没法实现盈利,或者导致急功近利而昙花一现,没法持续盈利。易言之,盈利模式仅仅是商业模式的"毛"而已,它必须附着在企业的核心能力、业务组合及产品线等组成的"皮"上。或者说,只有把"皮"和"毛"有机地连接起来,才能对商业模式有准确的理解和把握。譬如,评价新浪网的商业模式,不是仅针对它的广告收入,而是针对它作为一个在线媒体及移动增值服务提供商的整体经营状况,即门户平台结合微博、搜索引擎、在线游戏、互动社区、博客、电子商务、邮箱、无线增值服务等业务结构以及产品线的延展。

对 DT 时代的文化企业而言,商业模式创新比技术创新、产品创新更重要。基于大数据的文化企业商业模式创新,更强调顾客体验价值的创造、关键资源的整合和盈利模式的重塑,它是以顾客体验价值的创造为核心,对业务组合、产品线和可盈利方法进行局部改善或者根本变革。由于这几个要素涵盖了文化企业经营的关键领域,商业模式创新就需要围绕这几个要素的创新来开展。企业唯有把握合适的时机,选择合理的路径适时进行商业模式创新,才能获得持久的竞争优势。

(二)体验价值

体验价值是商业模式的核心动力和源泉,只有不断创造新的体验价值,企业才真正具有合理可行的商业模式。而由于文化企业在创造体验价值的过程中都是以创意、符号、品牌、人力资源等无形资产为关键要素,因而在很大程度上,从创造体验价值促进企业整体价值提升的角度来理解企业的盈利状况和经营战略的合理性,更符合企业经营以及商业的基本逻辑,也更符合文化企业自身的成长规律。

文化创意的好坏最终取决于消费主体的认可与选择以及主体之间的社会认同。消费主体在消费过程中确认自身的主体性,客体的属性反映在主体的属性之中,主体之间共同赋予事物以某种存在的意义。消费主体既是文化产品或服务的消费者,又是其意义或感受的创造者,所以一定意义上,文化消费行为同时又是生产行为。文化创意特别显示出个性消费,无差别消费在这里不可能存在。由于这种高度个性化的特点,文化创意必然指向个体精神性享受的满足,这也是文化产品或服务增加其附加价值的新增长点。虽然精神性享受的载体是某些产品和服务,但这些产品和服务依赖的是符号、娱乐、审美、文化内涵等因素。体验经济的到来,已经使城市逐渐从生产中心、消费中心转变为文化体验中心。例如,许多人热衷于参与各种各样体验式的体育赛事、演唱会、选秀活动,观看时装展示会、好莱坞大片,在节假日时奔赴各种主题公园、博览会、交易会、狂欢节,或在文化中心闲逛。在这样文化产品或服务的体验与消费的过程中,他们品味着各自追求的生活方式及其意义。

因此,文化创意最根本的指向就在于为顾客创造某种体验价值。所谓体验价值就是超越于功能价值(或者物化的实用价值)之上的精神需求的满足,它是文化企业以顾客为导向创造出值得把玩或者回味的事件或者活动,是顾客从企业提供的产品或服务中所获得的心理感受,是一种发自内心的精神满足,并会产生长久的回味与记忆。文化创意能否转化为产业,关键看它能否重构顾客感受元素,从而向顾客群体提供全新体验。正因为如此,优秀的文化企业不是把精力放在打败竞争对手上,而是放在全力为顾客和企业自身创造价值飞跃上。文化创意是在降低成本和提升顾客体验的交会区域得以实现,"企业通过剔除和减少产业竞争所比拼的元素节省了成本;又通过增加和创造产业未曾提供的元素,提升了买方价值"①。

而我们所说的体验价值是文化产品或服务的最核心、最根本的要素,是文化企业核心竞争力的源泉。作为超越于功能价值之上的精神需要的满足,体验价值既包括独特而丰富的创意内容,也包括产品或服务的页面设计、UI 设计、互动的有效性、使用方式或交易方式的便捷性和安全性等。文化产业领域的顾客喜欢更富有自主性的、更真实的和更能够参与其中的体验,在这样的体验过程中他们能亲自参与产品建构的过程。正如迪士尼主题公园以创造快乐作为经营理念一样,所有文化产业领域的顾客重视的是企业在某段时间内为其提供的难以忘怀的某种体验经历。

在许多方面,文化创意都指向对某种生活方式的追求。这种生活方式的理想状态就是让社会变得真实和鲜活,让生活充满激情、高质量和多维的体验。② 例如,追求娱乐体验是加拿大太阳马戏团所创造的产品差异化的核心所在。太阳马戏团致力于为人们献上马戏表演的趣味和刺激以及戏剧表演的深奥精妙和丰富的艺术内涵,反映在马戏上就是努力使马戏更有趣、更刺激、更好玩,更富有体验元素。

换言之,文化产品的创意,就在于让顾客能够获得某种体验性享受。在一定意义上,只有顾客满足体验性享受的企业,才会拥有超乎其他企业的竞争优势。例如,苹果公司成功的一个很重要的原因是其产品融入了更丰富的体验元素,让顾客在轻松使用产品的同时,体会产品内在的娱乐元素和文化内涵,因而获得忠实且广泛的消费人群。苹果产品把顾客体验放到极高的地位,注重产品的娱乐功能,其操作又很简单,顾客上手度高,而且苹果产品一直走的是高端时尚的路线,注重品牌效应的培养,这切合了国内消费者的简约而时尚的消费需

---

① 〔韩〕W. 钱·金、〔美〕勒妮·莫博涅:《蓝海战略——超越产业竞争,开创全新市场》,吉宓译,北京:商务印书馆 2010 年版,第 25 页。

② 〔美〕理查德·弗罗里达:《创意阶层的崛起》,司徒爱勤译,北京:中信出版社 2010 年版,第 196 页。

要,所以苹果在众多数字娱乐产品以及终端产品中独占鳌头。文化公司的 CEO 应如乔布斯那样,首先是首席体验官,高度关注产品体验指标,特别是关注由独特性或/和丰富性而形成的量化"跑分",因为"跑分"本身不是体验,但它是体验的基础。

体验价值也是文化企业创造顾客、细分目标市场和造就新兴市场的基础,它所形成的企业核心竞争力同核心产品、最终产品在市场中构成了三个相互依托的竞争纽带。只有为顾客创造某种独特的体验价值,才有可能为企业创造比竞争对手大得多的商业价值。一个文化企业竞争力的强弱,关键取决于该企业是否依靠文化创意不断开发出适合顾客利益的体验产品和服务,是否不断为顾客创造体验价值。产品经营中的文化创意是为了给顾客带来精神享受和心满意足的效应,并且通过服务顾客而发展企业。例如,日本动漫产品的创作者和顾客之间有良好的互动,一部新的动漫作品大都会经过漫画试刊的检验过程,如果市场反应不好,就会修改甚至最终放弃。因此,动漫创作者很清楚产品推出和市场认可二者间的风险关系,形象可爱、贴近人性、成为偶像、深入人心是多数动漫创作者追求的目标。假如没有采取这样一种反向思考的方式,就容易陷入自我中心主义、孤芳自赏或者产品导向的泥淖。

文化产品不管是有形的文化产品还是无形的文化服务,其本质上都是无形的。所谓"无形"其实是对其体验价值的认同体现为一种感觉、情感、心理和回应,是一种因人而异的精神感受。个性化很强的文化产品能取得多少市场份额是难以精确计算的,只能做到区间估算,这是因为体验价值的不确定性因素很多,它不同于一般物质产品的特性,它往往更多地取决于人们的精神感受和心理反应,服从于文化内涵和品牌的增值效应。

(三)业务组合与产品线

文化企业的发展离不开具有扩展性的商业模式的发掘,否则便会陷入仅仅循环于做项目的瓶颈制约之中,不能实现整体价值的提升和最大化。这事实上也是当前大数据背景下文化企业发展中所面临的一个突出问题,即如何把单一的文化产品或服务上升到一套业务组合与产品线。

把单一文化产品或服务升格为一套业务组合与产品线,需要把文化产品或服务的创意、设计、生产和营销等都提升到构建和提升商业模式的要求上,或者从商业模式的角度来思考系列产品和服务。对于文化产业领域的企业而言,把产品上升到商业模式,事实上包含两个环节:首先是把创意或者内容进行产业化,转化为产品或服务;其次是把产品或服务提升到商业模式层面,寻求企业的整体利益的最大化。也就是说,企业家需要对创意和内容进行产业化,转化为文化产品或服务,然后把产品或服务上升到可扩展的商业模式。

把握把产品或服务上升到一套业务组合与产品线的基本路径很重要。一般来说,把产品或服务上升到商业模式要沿循着创意→内容产品→平台产品→内容+平台产品→商业模式的路径,最终实现硬件、技术、品牌、内容与潮流、渠道等的有效打通,如苹果推出"iProduct+iTunes+App Store"就是依循上述路径把内容和平台进行了有效整合。

把产品或服务上升到一套业务组合与产品线,需要企业的各个部门共同努力。首先需要市场调研部门和企业家通过深入细致的调查或者敏锐的洞见,找准符合顾客生活方式和价值理念的需求,也就是说市场定位准确;其次需要企业创意部门或内容提供者,通过创意内容恰当地反映这一市场定位,然后生产部门能够按照要求生产出相应的文化产品或服务;再次需要营销部门通过恰当的营销方式和营销渠道把产品和服务卖出去,并且对相关产品和服务进行售后服务等,比如系统化的好莱坞电影营销总是将市场调研、海报设计、预告片制作、公关、新媒体营销、后产品开发等环节有机地组合在一起。整个的提升过程需要综合把握诸多要素,比如对产业趋势及行业趋势的把握、对生活方式和价值方式变化的感知、新技术所带来的影响等,都会极大地影响商业模式的选择。

把产品或服务上升到一套业务组合与产品线的关键是实现产业链扩展。所谓产业链扩展,就是将创意拓展或增加更大范围的各种各样的应用空间,由创意产品逐步延展为一套以产业链为形态的综合服务方案。比如,以故事创意的内在产业链为例,一个好的故事创意可以实现"一意多用"(one-source,multi-use),由创意丰满化形成内容,做成小说、电影、电视剧、动画游戏、漫画书刊、主题公园、肖像和形象权授权、节目授权、网络下载、CD 销售以及其他衍生产品开发等,形成一个庞大的产业王国,如图 3-2。

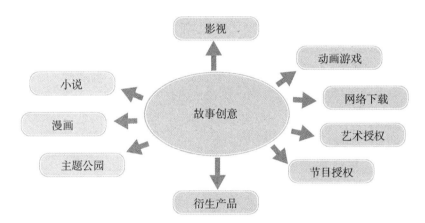

图 3-2 "一意多用"结构示意图

不仅内容产业可以实现"一意多用",而且文化衍生产品制造业转型发展方面亦可借鉴这种思路。例如,一些文化制造类公司顺应 DT 时代数字化趋势而推出的系列产品线,包括各类可穿戴设备、应用软件、运动社交平台等,使公司能够以数据为中心形成从产生、收集、处理、分析到应用的 O2O 闭环模式。

(四)盈利模式

具有了丰富而独特体验价值,形成了业务组合和产品线,水到渠成就自然会有相应的盈利模式。作为以交易结构为基础的可盈利方法,盈利模式首先就是一种关于消费者服务的交易活动,即以什么产品(含服务)满足消费者的需求,以及如何满足消费者的需求。盈利模式不是一个产品、一个项目或者一次交易,而是可持续的、综合考虑的盈利方法。例如,评价微信公众号的盈利模式不是仅针对它的广告收入,而是针对它的整体收入模式,包括软广告、硬广告、植入式营销、打赏、付费阅读、VIP会员、商品售卖(电子商务)、线下服务等可能组合的方式。

总之,基于大数据的文化产业商业模式是由顾客体验价值、业务组合与产品线、盈利模式(可盈利方法)等要素组成的有机系统。这几个要素涵盖了文化企业经营的方方面面,商业模式创新可以围绕这几个要素的创新来实现。基于以上对商业模式的结构化分析,我们下面将从这些构成要素出发思考商业模式创新路径。企业唯有在合适的时机,选择合理的路径进行商业模式创新,才能获得持久竞争力,并能够保持持续盈利。

二、创造独特而丰富的体验价值

文化企业经营的目的归根到底是为顾客创造独特而丰富的体验价值,唯有如此才能实现生存和持续发展。因此,企业商业模式创新首先应以顾客体验价值创造为中心,来优化配置各种资源,以获得持久的竞争优势。

(一)满足不同层次的体验需求

为顾客创造体验价值是文化企业获得核心竞争力的关键要素。前面我们专门分析过,体验价值是超越于功能价值之上的精神需求的满足,是顾客从企业提供的产品或服务中所体会或享受到的源于内心感受的价值。只有为顾客创造体验价值,才有可能获取比竞争对手多得多的商业价值或利润回报。一个企业竞争力的强弱,关键取决于该企业是否有能力不断开发出适合顾客需求的体验产品和服务,是否不断为顾客创造体验价值。因此,思考商业模式创新时,首先考虑企业的顾客是谁?企业能为他们创造什么样的体验价值,或者凭什么吸引他们?顾客期望企业做什么?顾客潜在的需求是什么?行业尚未满足的现实需求、顾客无法清晰表述的预期需求、竞争对手尚未发现的未来需求是什么?企业可持续发展的空间何在?这些问题一以贯之地体现或凸显了顾客体验价值这一内核。

在DT时代,包括创意、直觉、冒险精神和知识野心在内的人类特性的培养尤为重要①。文化企业要致力于不断去发现新的市场,不断满足或激发人的体验需求。根据人性需求的满足的自然演变过程,体验需求至少可以分为四个层次:交流的需求、娱乐的需求、审美的需求、自由的需求,分别对应于获取资讯的意愿(如看新闻、通话、信息交流与共享等)、乐感(如看小品、玩游戏等)、美感(如听音乐、重视审美设计等)和自由感(如在不同情境或情感世界中游走)等诉求和感受,并越是上升越是呈现高度个性化的特质。体验之所以重要,是因为它与人的自由而全面发展具有内在联系。席勒曾在《美育书简》中讲到"只有当人是完全意义上的人,他才游戏,只有当人游戏时,他才完全是人"②。马克思则重视全面发展的自由人的状态,他认为,衡量财富的价值尺度,将由劳动时间转变为自由时间。因为增加自由时间即增加使个人得到充分发展的时间。无疑,满足人之自由的需求,促进其自由而全面发展,是DT时代企业在创意开发文化产品或服务所追求的至高境界。

体验需求按照需求在生活中的重要程度形成一定的次序或者层次,当低一级的需求得到基本满足之后,高一级需求才能更充分地激

---

① 〔英〕维克托·迈尔-舍恩伯格、肯尼思·库克耶:《大数据时代》,盛杨燕、周涛译,杭州:浙江人民出版社2013年版,第247页。

② 〔德〕席勒:《美育书简》,徐恒醇译,中国文联出版公司1984年版,第89页。

发出来(图3-3)。如此逐级上升,成为推动文化产业持续创意提升的内在动力。

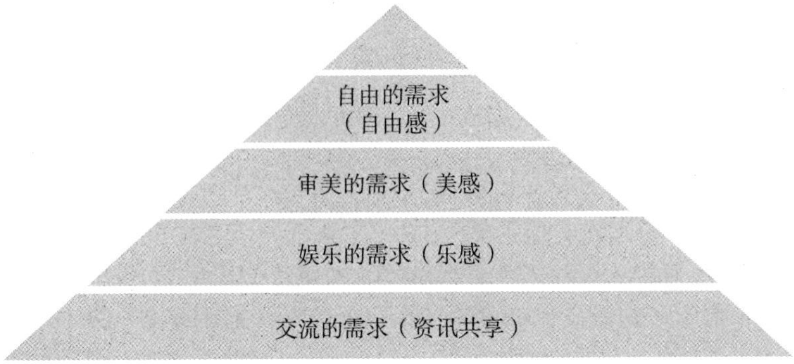

```
         自由的需求
         (自由感)
       审美的需求(美感)
      娱乐的需求(乐感)
    交流的需求(资讯共享)
```

图3-3　体验需求的四个层次

　　文化企业一般通过创意、内容以及相应的情感传递去创造体验价值。好的创意、好的产品理念最初都在创作者的潜意识里。无论创意什么文化产品,只有具备了文化情怀和情感传递,才能真正打动人心。体验价值的创造除了满足好奇和交流的诉求之外,最重要的是要体现或传达乐感、美感、自由感。人之初,性喜乐,娱乐的需求在很大程度上是文化消费的主发动机,具有根深蒂固的强大驱动力;其次,随着人们的功能价值需求(主要是实用需求)得到满足,审美的需求也日益获得激发和凸显;而自由的需求则既包括神游万里、智通八极的超越,也包括追求自我提升和自我实现的高层次感受。有了乐感、美感、自由感,就可以产生人的幸福感。如果文化企业把握了这个体验需求阶梯,那么其产品创意就抓住了人性之本。

　　总之,不同层次的体验主要依靠的是情感的力量。尤其在DT时代,文化产品所产生的体验价值遵循的往往是情感的逻辑,其关键在于引发情感共鸣。或者说,文化产品的力量靠的是以情感人,遵循的是情感的逻辑——可能是一堆情绪的释放(如《Nobody》《江南Style》《小苹果》之类),可能是一种情境、一团渴求之火(如各种选秀类综艺节目),也可能是一种生活样法(如《三体》《阿凡达》之类)……文化企业如果缺乏对这些体验价值的足够关注,即使创意再美妙,技术再先进,也不可能在市场上获得可持续发展。好莱坞电影公司重视以大数据来推动基于顾客需求的故事创意和科技创新,就是正面的例证。

比情感更基础更微妙的是人的情绪。以前被忽略不计的"情绪""状态"在DT时代已可以被汇聚为有用的大数据,成为开发新产品的指南,如微博、微信等社交媒体可以把人的情绪、态度、状态等数据化。情绪、态度、状态等数据化信息的特点是"两低两高,个性对接":"两低"是降低获取顾客信息的成本、降低文化产品配送的成本,即利用大数据、云计算、智能移动终端、搜索引擎等,广泛获取海量消费者信息,通过数据配比和模式分析,采用最佳的投资和生产方式,开发针对性的文化产品,并且以网络传输和物流配送来降低零售成本;"两高"是高度的信息汇聚、高灵敏的反应,即通过数字化平台,把大量的文化内容集聚起来,包括数据、出版、音乐、游戏和视频,向广大顾客提供个性化的文化消费配送。① 如百度的语音搜索在搜索场景上掌握了丰富的数据资源,而这种数据是非常有特点的,即用户在进行搜索的时候,在心目中一般是有比较清晰的需求的,整个过程是一个寻找答案的过程。从最初的需求表达,到最后找到答案,在手机百度封闭的App里,能够掌握人们活动的每一步,这就提供了足够丰富的数据资源——不仅能够有很高的语音识别率,而且整个过程使得企业构建出极为丰富的知识库。

让文化企业从经营思想上真正变成一个符合大数据思维及特点的企业,首要的是以顾客体验价值为指向,从根本上确立体验为王的理念。用大数据思维,收集所有可能的顾客需求信息、顾客行为信息,分析顾客情绪情感,用大数据的方法支撑顾客的"好的体验"。在越来越注重体验的DT时代,许多产品递送到顾客手里,产品的体验之旅才刚刚开始。如果产品在体验方面做得好,顾客每天在使用的时候都感

---

① 花建:《"互联网+"释放文化产业新动能》,《解放日报》2015年8月15日。

知到企业的存在,这意味着企业的产品每天都在产生新的价值。① 所以哥伦比亚大学商学院教授麦格拉思(McGrath)反复建议企业要寻找和实施能创造顾客黏性、忠诚度和进入壁垒的商业模式,而放弃那些向顾客兜售完产品之后就万事大吉的商业模式。②

当然,有很多企业从商业角度洞悉技术与生活潮流变化,对如何创造顾客体验价值以及如何优化整体商业模式进行了有益的探索。比如,苹果产品强调体验至上和体验驱动,通过 iPod 和 iTunes 提供正版音乐下载服务,提高海量音乐库、高音质、单曲下载及低费用(一开始是 0.99 美元/首)。iTunes 与百代、索尼、华纳等音乐内容公司合作,提供海量的音乐。iTunes 还提供导航、检索浏览和推荐功能,如最佳情歌、名人献艺、音乐排行榜、员工最爱等。再如,小米的 MiUi 最大的亮点即为在顾客参与的基础之上的定期更新,被称为活的数据。实行独特的开发版和稳定版共存模式,满足不同顾客体验需求。小米根据测试顾客的反馈意见,动员几十万网友刷新每天的论坛上的反馈意见并不断改进。

(二) 扩展交互性强的内容

体验的本质是一种文化的再创造,并且文化含量越丰富,给人的体验就越独特,而体验越独特,它的商业价值就越高。③ 创造顾客体验价值是实现企业价值的基础,文化企业主要通过文化内容创意给顾客提供某种精神享受。一方面,随着体验需求的缺口越来越大、层次越来越高,文化内容的范围在大大扩展。另一方面,大数据在大大扩展文化内容范围的同时,也改变了人们生活方式,特别是造就互动性强的娱乐无边界。比如,最近 Facebook、Twitter 等推出了视频分享功

---

① 周鸿祎:《我的互联网方法论》,北京:中信出版社 2014 年版,第 113 页。
② 〔美〕麦格拉思:《商业模式过时怎么办》,《哈佛商业评论(中文版)》2011 年第 2 期。
③ 厉无畏、王慧敏:《创意产业新论》,北京:东方出版中心 2009 年版,第 216 页。

能,微信也推出了包含小视频分享功能的新版本,从分享文字、图片再到文件、视频、声音,通过移动互联网可以让朋友、家人更直观地了解到身边所发生的一切。由于移动互联网的存在,社交在某种程度上越来越即时化和真实化了,这必然极大地促进微视产业的发展。

不过,现在的文化内容虽呈现海量化生产,但是交互性强的优质内容依然比较稀缺。从互联网文化产业的内在逻辑分析,越具有交互性的内容越会吸引足够多的围观,越多的围观会吸引越多的付费消费,越多的付费消费会带动越多的资金投入创作新内容。相比较而言,国外 Netflix 的内容来源一直是自制剧和从其他视频内容提供商购买视频节目,以此来吸引更多的内容订阅顾客。而国内的电视企业所制作的《中国好声音》《奔跑吧,兄弟》《极限挑战》《挑战不可能》等综艺节目虽在互动体验方面做了不少探索,但其实还远远不够。将来电视台的收视率已不再是最重要的标准,顾客关注的是点击率、视频流量、话题量、热搜榜等综合数据。

内容大数据是互联网文化产业最重要的内容来源。通过顾客参与体验、协同创作等互联网文化,可以有效推动新的内容数据的创作和生产。顾客上传文字、图片、音频、视频或者共享文件等形成参与内容创作并实现自助消费,比如维基百科、百度百科、微信、微博、微视等。在移动互联网时代,内容数据怎么能够与应用相结合去呈现一些比较有价值的东西,怎么能够在平台上把它变成新的内容,这也是下一步互联网企业应着力去做的。这些结构化的数据,一方面给企业的用户提供更多有价值的内容,另一方面也是未来人工智能(AI)的一个前提。因为人工智能的技术需要海量的内容数据支持,有价值的、有序的数据越多,创造出来的体验效果就会越好。

(三)注重"粉丝"聚合

当今,大数据一方面改变了"粉丝"经济的构造,让"粉丝"的联系更加紧密;另一方面,"粉丝"经济也以一种区别于以往的形式占据娱乐主流,真正意义上实现了利用"粉丝"变现。对当今的"粉丝"来说,利用微信、微博、QQ、贴吧等手段参与到同偶像相关的信息制造和传播中,不仅增加了偶像的曝光度,更创造了海量可传播的内容。"粉丝"的互动、曝光率、可传播内容、吸引"粉丝"、更大的曝光率,这样的造星方式,也是最佳的文化产业营销方式。

DT时代的"粉丝"经济的基本驱动力来源于价值观和情绪两个方面。一是价值观的聚合。以价值观为驱动力的社群,内容而非偶像是核心所在,圈层之内的专业者被尊重,优质产品无论是精神层面还是物质层面的价值都被放大。人的价值认同很大程度上遵循的是人的情感逻辑,它是一种喜欢或者讨厌的判断,由此,所谓文化消费很大程度上是基于价值观的认同。二是情绪的聚合。微信、微博等社交媒体复活了并使人找到了宣泄情绪的平台,由此情绪成为一种强大力量。人是天然的情绪动物,很容易被情绪感染,基于情绪的聚合是互联网顾客最常见的聚合方式。

互联网以人为中心,不是以产品为中心,以喜好和价值认同为资产,不是以资源为资产。当人的价值观、兴趣、爱好、生活方式等都可以数据化之后,以这些特征细分顾客市场具有了现实可行性。比如,腾讯视频依赖"精品内容+'粉丝'经济",定制的明星"粉丝"互动弹幕综艺节目《带你去看TA》,邀请《古剑奇谭》剧组主创团队录制节目,弹幕互动数据表现突出,最高峰一小时弹幕突破5万条,李易峰的个人演唱会更是首创互动高清直播,"粉丝"可在线点播曲目、为偶像送花、发送弹幕。在纵向挖掘"粉丝"互动形式的同时,腾讯更进一步将"粉丝"经济横向融入产品端,邀请新锐明星作为移动端推广"大使",定制腾讯视频明星主题以及"皮肤",拉来大量"粉丝",同时也提升了"粉丝"的黏性,这就带动了内容与明星融合的"粉丝"经济模式。

此外,互联网正在由文字时代转为视频时代,IP资源开发的"粉丝"经济的特征越来越显现。一方面企业需要善于不断挖掘或创造新的IP资源,这可能来自于传统文化,也完全可以是当代的创造;另一方面需要丰富 IP 资源的开发途径，充分利用媒体平台发挥 IP 资源的经济价值。除了网络文学、电影、游戏等传统的内容资源可以开发外，微电影是这种商业模式十分理想的新型内容资源，可以打造"微电影内容+衍生品+电商"的商业模式，每个微电影都是小平台，不是只做一集微电影，而是把一个主题做成系列微电影，只要微电影受欢迎，就可以持续在微电影中加上植入广告与电商产品，再利用互联网平台推广微电影，同时可以利用微电影做 IP 买卖，可以签约演员等。这其实是用平台思维重新思考内容资源的市场特性，而传统的思维是把内容资源等同于产品，但在互联网时代，内容资源不仅能够转化为产品，内容资源本身也可以成为平台：围绕核心内容植入各类产品，形成"新媒体影视"的新模式。

"新媒体影视"模式事实上就是新媒体植入消费的常态化，观看者可以一边看视频一边购物。互联网是无处不植入的，游戏、视频等在互联网上都可以植入广告。从植入方式的角度看，有自主的植入，也有合作的植入，几乎所有的电商都是以植入为主，然后再卖产品。这可以实现中国销售行业的产业升级，比如很多网店都可以与明星合作，引导明星的"粉丝"进入店里，通过微店、淘宝与明星的"粉丝"进行有针对性的销售；通过与大明星合作，广告可以获得良好的传播效果，吸引明星的"粉丝"消费；"粉丝"可以参与明星演唱会直播的线上活动，同时也提供了在直播过程中即兴消费的机会，从而使明星经济得到强化。在新媒体时代，视频等内容产品很容易与明星结合在一起，今后可以形成一种"设计+内容播出+明星经济+'粉丝'+衍生品"的消费结构，这样一种结构以明星和衍生品为核心重构产业链，以明星为源头开发衍生品，进而带动"粉丝"消费。

三、利用大数据优化业务模式

在 DT 时代，文化企业的业务模式创新主要有两种可能的发展方向——要么具有规模优势，要么是独家或专业化，这两种都可以形成核心竞争力。大数据挖掘不仅本身能帮助企业创造并更好地维护顾客体验,还可以通过挖掘业务流程各环节的中间数据和结果数据,从中获得有价值的信息或者发现流程中的瓶颈因素,找到改善流程效率,催生新的业务组合,从而优化流程,提高服务水平,进而提高整体效益。

(一) 大数据牵引和驱动业务

随着云计算的发展和移动互联网的普及,以利用数据为核心的新型商业模式正在不断涌现。文化企业利用大数据去连接或者改变连接,不断地给顾客提供新的服务,在提供服务的过程当中不断发现新的业务增长点。在这个基础上,探索如何通过业务的延伸把产品和顾客连接起来,而且不断把这种连接关系加以紧密化和加固,黏合度越来越高。

用大数据重新定义业务运营,可以有效地使企业创造或拓展新的业务模式。其实每一轮技术变革,都伴随着数据规模的激增,由此促进新的业务模式的产生。比如,在个人电脑时代,微软凭借操作系统获取了巨大财富;在PC互联网时代,谷歌抓住了互联网广告的机遇;在移动互联时代,苹果则通过"iProduct+iTunes+App Store"组合获取高额利润;而在DT时代,今日头条通过"信息流+个性化推荐"开创了各类信息的推送服务。

在影视领域,数据挖掘也被广泛应用于各个业务环节之中。好莱坞的电影工业模式体系下,一部电影从策划、创意、创作、研发、拍摄、营销、发行、品牌推广到衍生产品开发,几乎每一步都离不开大数据的支撑。在影片策划阶段,如选演员时,会提出十几种组合,看哪个组合对这个类型的影片来说是最受欢迎的。而Netflix利用大数据分析对海量顾客信息了如指掌,不再仅限于谁喜欢看什么节目,而是精确到顾客行为:哪些人喜欢用平板电脑看恐怖片?谁会打开视频就直接跳过片头片尾?看到哪个演员出场会快进?看到哪段剧情会重放?正是利用大数据的精准分析造就出《纸牌屋》的商业奇迹。

对文博领域而言,博物馆借助于大数据、云计算等科技运用,从线下的"馆舍天地"走到线上的"大千世界",就必须与互联网企业、新媒体企业与艺术科技企业加强合作,充分利用大数据进行业务拓展。首先,加快建设博物馆文物衍生产品的互联网研发平台,借助新兴的互联网投融资方式募集开发资金,并利用线上平台征集大众创意,通过整合资金、创意、技术等要素推动博物馆文物衍生产品开发的链条一体化。其次,借助互联网平台,建设与实体商店同步的博物馆网上商店、移动微店等,不断提高在店面装饰、产品展示、客户服务等方面的专业化水平,并与大型电子商务平台合作共同实施文物衍生产品市场营销活动,增强文物衍生产品的市场影响力。再次,利用微博、微信、客户端等新媒体推广博物馆文物衍生产品,不断创新文物衍生产品的营销内容和形式,并积极借此加强同消费者的沟通交流,注重收集消费者的建议和反馈,及时处理消费者的不满和争议,最大限度提升用户购买体验。最后,要大力开发以博物馆文物珍藏为底本的 App 应用、动漫游戏、影视音乐、虚拟现实作品等数字文化产品,满足现代人文化消费新需求,并不断增强文化产品的交互性、人本性,为用户带来沉浸式的感官体验。比如,美国大都会博物馆近年来开发多款基于 iPad 或移动手机的 App 应用,并利用了谷歌眼镜、低耗能蓝牙技术、头戴式显示器等前沿科技手段;再如俄罗斯冬宫博物馆开发了囊括 300 万件展品信息的多语种 App。

(二)以个性化定制推动业务转型

在 DT 时代,文化企业可以通过对数据的整合和分析,针对不同顾客的体验需求,最大限度地满足主流消费者个性化的需求,真正实现以顾客为中心、为海量顾客提供个性化的产品或服务。以传媒企业为例,传统纸媒关注的是内容与发行,内容是核心竞争力,发行是生命线,重视发行量及自费订阅率、传阅率、广告注目率等。新媒体的做法,则是首先圈住顾客,再提供有针对性的个性化服务,新媒体关注的是顾客数量、转化率、顾客行为、搜索优化等。关注的内容不一样,游戏规则当然也不一样。这就需运用大数据,精准洞察新媒体受众的个性化需求,获得以前无法捕捉的商机。未来的新媒体以及门户网站都应充分利用大数据,在为顾客筛选、推荐最适合的内容,提供近乎量身打造的内容的同时,使他们体验社交媒体的感受。

以大数据为支撑的个性化定制,可以有效解决个性化需求与规模化生产之间的矛盾,将逐渐成为许多文化企业的主流业务模式。企业可以利用数据采集并对接顾客个性化需求,推进内容创意设计研发、生产制造和供应链管理等关键环节的柔性化改造,开展基于个性化产品的业务模式创新。比如,无论是社交游戏、手机游戏还是主机游戏,数据分析在开发过程中都发挥着重要作用。通过大数据分析每日、每月活跃顾客数,玩家支付费用和游戏时间等,游戏设计者不仅能使已存在游戏的顾客体验得到提升,也能为新游戏的推出规避不必要的风险。首次将数据分析的概念引进游戏领域的社交游戏 Zynga 等企业由于针对顾客体验采取对策而获得巨大收益,并通过增值性的调整留存了更多玩家,掌握了吸引新顾客的方法:通过数据分析,发现新玩家很难完成游戏的初级任务,及时调整关卡设计,在不丢失游戏魅力的基础上使任务简单化,并根据顾客数据完善游戏设计,定制玩家的游戏体验,也将最大化地提升游戏产品质量,延长游戏的生命周期,使游戏成功吸引更多玩家。毫无疑问,一款能了解玩家习惯和偏好、针对这一特定玩家的需求而定制的应用和数据的游戏要比一部新的非定制游戏更有价值,更受玩家的青睐。

再比如,博物馆衍生产品的个性化定制就是以消费者为中心,为其提供个性化的文化产品和服务,这主要体现在两个层次:一方面,借助互联网前沿科技洞察消费者的需求状况,根据消费需求特征研发、生产针对性的文物衍生产品,对消费者来说可谓是一种被动定制。比如上海博物馆就借助了互联网大数据的优势,利用销售数据库对消费者喜好、消费金额、消费类型等消费情况进行分析,同时还在实际工作中不断了解、观察和追踪消费者对产品的市场反馈,以二者结合改进产品设计和销售服务。另一方面,消费者可通过互联网平台为博物馆文物衍生产品开发提供创意想法,参与其中的研发设计,甚至在博物馆为其提供文化资源、设计方案、产品数据等基础上,利用 3D 打印等技术进行个性定制生产。国外如美国大都会博物馆、英国国家博物馆等在文物衍生产品开发上都较早使用了 3D 打印技术,而国内的北京故宫与雅昌文化集团合作建设的"故宫@家"流动艺术商店也开始将 3D 打印应用其中,其产品主要是利用数码打印、热转印和 3D 打印等先进数码技术生产定制而成,当前消费者可扫描二维码进行微信支付购买,今后很可能会打造成为消费者个性定制的衍生产品开发服务平台,满足消费者在家进行文物衍生产品生产制作的需要。

在 DT 时代,顾客需求更加多样化和个性化,同时大数据也可以让每个人更加丰富并更具个性。随着顾客之间、顾客与企业之间、企业之间广泛而深入的联网,文化企业正面对着至少三张正在形成的"网络":基于消费者个性化需求且相互连接的动态需求网络,基于企业间分工协作的协同网络,基于企业内部结构并以流程为核心的结构网络。只有实现了这种结构上的特性与提升,企业才能够有效地实现自身内部的联网以及企业与顾客的联网,由此也才能真实有效地感知、捕捉、响应并满足顾客的个性化需求。维克托等曾经预言,2020 年,大数据就会全面扩展到人类生活的每一个角落。[①] 在那个时候,最经常会用到的应用就是个性化生活所需要的应用,尤其是越来越多的智能信息和智能娱乐终端的应用。

对文化企业而言,大数据意味着要给顾客提供更高级更精细化、更个性化的服务,提供更加有针对性的解决方案,同时通过对需求数据的分析来帮助营销更为精准。随着社会化媒体和移动互联网的日

---

① 〔英〕维克托·迈尔-舍恩伯格、肯尼思·库克耶:《大数据时代》,盛杨燕、周涛译,杭州:浙江人民出版社 2013 年版,第 13 页。

益普及,企业应特别关注如何结合行业和企业自身的特征,以及关于顾客的大数据识别潜在的个性化服务设计的可能性;如何借助大数据来设计具有差别化的产品和服务以满足不同细分市场需求;如何建立合适的运营系统以有效地提供新型产品和服务,以及如何制定运营系统中所涉及的管理决策,以有效地实现供给和需求的匹配。

从内在机理来看,顾客的个性化需求是 C2B 成长的逻辑起点。个性化需求包括横向的不同顾客的需求和纵向的不同层次的需求。随着移动互联网的发展和数据挖掘的深入,顾客的需求表达越强,C2B 定制就越会成为主流。C2B 其基本模式是:在前端,提供标准化模块供顾客组合,或者吸引顾客参与创意、创作、设计和生产;在内部,通过大数据来提升组织管理能力,以个人化方式服务于海量顾客;在后端,积极调整相关推送或供应体系,使之具备更强的柔性化特征。C2B 围绕个性化需求,要求企业业务及产品多品种、小批量、快速反应、平台化协作。个性化营销、柔性化生产和社会化供应链以及三者之间的互动协同,成为支撑 C2B 运作的基石①。生产过程中企业也在通过柔性化生产应对互联网顾客的小批量、定制化、多样化、个性化需求,于是企业通过顾客端收集顾客定制和个性化需求的信息,然后对原有的生产流程做改进和适当的生产外包,以快速满足顾客需求。

(三)以平台化促进专业化的提升

专业化或者垂直化是当今互联网文化产业的一种基本商业模式。从总体上说,互联网媒体正在进入一个专业化或者垂直化的竞争阶段,通过扩展某些领域如游戏或者某种专业频道如体育等的收入来保持增长。从视频产业发展的角度看,针对不同的视频业务可以采用不同的专业化商业模式:互动的、基于会议的视频业务可以按照计时收费的模式去运作;高服务质量的影视、音乐等业务,可以采取视频广告

---

① 阿里研究院:《互联网+:从 IT 到 DT》,北京:机械工业出版社 2015 版,第 47 页。

的模式;一些基于两者之间的要按照两者结合的模式去运作。而手机内容产业就已有的内容产品来看,包括手机门户网站、广告、短信、博客、音乐、手机小说、手机报、手机单机游戏、手机网络游戏、手机视频等。围绕着这些产品而可以形成众多的专业化商业模式,今后将有许多专业化的手机媒体企业上市,包括手机体育、手机电影、手机电视、手机游戏、手机动画、手机广告、手机文学等企业获得发展的新机遇。

大数据的发展有助于借助平台化促进专业化商业模式的改进和提升。一方面是整体的平台化。随着顾客需求日益多元化,对文化产品及服务的要求越来越高,以前的线性的供求关系无法提供资源来满足顾客的丰富的体验需求。企业不仅需要与行业内企业合作,而且要与相关行业企业进行跨界合作,共同打造一个体验价值创造的生态圈。另一方面是个体的专业化。生态圈内的企业角色定位更加明确,除了核心企业之外,其他企业则朝着日益专业化的方向发展,通过合作实现共生共赢。由此,整体的平台化和个体的专业化作为一个问题的两面,相辅相成,相互促进。① 比如,对于创意设计企业而言,在创意设计和研发阶段,充分吸引顾客参与,加强伙伴企业之间的合作沟通,是提高产品市场竞争力的关键。一方面,建立一个开放的平台,借助互联网社交平台实时捕捉顾客的需求信息。另一方面,实时获取各个微型创意设计机构或者创意者个人的奇思妙想,为提高产品质量提供智力支持,并针对每一个顾客进行个性化设计。

在以平台化促进专业化的提升方面,虾米音乐就是一个很好的案例,它表明平台化+专业化内容提供模式逐步趋于成熟。虾米音乐不同于QQ音乐拥有庞大的版权和上亿的黏性顾客,也不同于苹果公司iTunes Store的"音乐商店+硬件捆绑"的闭环音乐模式,虾米音乐更多的是打造一种"音乐淘宝"和"发现音乐"模式,通过为顾客和音乐人搭建平台并提供相关服务,赋予每一位顾客定制专属音乐的权利,与

---

① 王举颖:《大数据环境下商业生态系统协同演化研究》,《山东大学学报》2014年第5期。

QQ音乐主要为顾客提供音乐下载相区别,形成了虾米音乐自身的音乐平台和核心竞争力。同时,虾米音乐精准定位了小众音乐爱好人、音乐发烧友等顾客,形成了较强的顾客黏性。虾米音乐的平台模式逐渐向以版权为核心的"音乐人平台"转变,通过打造能容纳音乐全产业链的平台,吸引独立音乐人进驻虾米音乐的平台,带动平台整体的发展,并与淘宝相联合,打造一种音乐电商,将平台业务向整个音乐产业链发展,建设全产业链的平台模式。虾米音乐的"音乐人平台"模式,完全区别于QQ音乐等其他音乐平台的"音乐社交"模式,避开了已经十分拥挤的红海领域,创建了属于虾米独有的新商业模式。在虾米音乐的"音乐人平台"模式中,虾米音乐将平台中的音乐人与淘宝网中各个商家相连,为音乐人提供推广的渠道。音乐人平台作为音乐人才的培养与输出平台,使得音乐人可以与"粉丝"和顾客直接交流,获得推广机会,并能获得所有音乐的下载收费。虾米音乐的这一创新性平台模式,将各类音乐人群体汇聚在这个平台,连接了音乐产业链中的内容提供商和各类服务提供商,逐步将这一平台打造成包含在线数字音乐播放下载、音乐内容创作、音乐发行、艺人经纪等业务的覆盖全产业的综合性音乐平台。通过互联网和大数据,让过去的小企业和艺术家个人能够跟大企业站在同样的平台上进行竞争。

对于企业专业化经营而言,一方面需要重视企业创意能力的积累和数据内生性的增长,需要以专业化实现人才与核心资产的积累。另一方面需要在商业模式上更加重视塑造内容品牌和延长产业链并且使二者联动,特别是影视、动漫、音乐、网络文学和延伸产品、主题公园开发之间存在紧密的互动关系。当然,专业化内容提供、专业化数据处理体系需与专业化人才相匹配。以价值分享或增值方式吸引人才,通过共享核心价值观、实施股权奖励计划,最大限度地聚集一批专业化的创意人才、核心技术人才、经营人才,这样企业的可持续发展才会有坚实的依托。

（四）平台规模化与资源独特性相结合

互联网作为兼具技术、用户、内容等关键市场要素的新领域，也逐渐与传统文化产业相融合，其突出表现就是一些主要的互联网公司纷纷进军文化产业，如阿里巴巴推出娱乐宝业务，收购文化中国、优酷土豆等并将其归入新的阿里娱乐集团，进入影视制作、手游等领域；腾讯宣布将参与推出影视大片；百度也收购了网络视频运营商 PPS 的视频业务。互联网给文化产业带来了诸多新变化，这不仅仅表现在业务类型、市场范围、传播媒介等一般产业特征，更关键的变化是互联网改变了文化产业的思维模式。例如，互联网领域的价值评价是颠覆传统的，京东连续亏损了 10 年，但市场价值很高，传统的投资理念——"投资给当下赚钱的企业"演变为"投资给当下亏得有道理的企业"。因此，文化产业企业要适应互联网潮流就必须在根本上转变思维模式。

互联网最大的特点就是规模化，人们在互联网平台上可以做任何事，但追求规模就需要大量投资，最后只能少数人赚钱，因此规模优势只有 BAT、亚马逊、京东等这些大型互联网平台才能做到，而刚刚起步的中小互联网平台应该集中力量开辟独家产品资源。如前面我们所分析，平台+部分自制内容将成为最好的商业模式——既做平台又做一部分内容，就像腾讯的社交平台加入了游戏内容，视频门户网站也在自己的平台上打造网络剧。湖南卫视的芒果 TV 就是这种商业模式的代表，湖南卫视自己做一个网络平台，好的节目放在网络平台上播，比如《爸爸去哪儿》《我是歌手》等。互联网文化企业要有竞争力就需要独家的产品资源，否则是难以在互联网环境下生存下去的，内容资源来自创意和产品设计，而平台的成功取决于内容的独家化。当前蓬勃兴起的垂直平台模式就是资源独特性的一种表现。垂直平台模式就是做一个小小的媒体平台，发布内容，自己控制，不受别人影响，而且成本比较低。垂直平台区别于 BAT 这些以覆盖面广、种类多而取胜的平台模式，它一般只占据某一细分的垂直领域，重在挖掘特定客户群体的需求,例如蘑菇街、美团网、大众点评网、陌陌等都利用了垂直平台的经营优势。人们的文化需求一般是千差万别的,因此,垂直平台事实上符合文化消费的需要,可以根据不同的文化群体或不同的地域文化开发有针对性的垂直平台,特别是可以针对某一"粉丝"群体或某一兴趣团体开发针对性产品。总的来看,平台规模化与资源独特性相结合遵循了"互联网+文化产业"的两条基本价值增长原则:其一是通过规模优势增长价值,其二是通过独特性增长价值。①

四、利用大数据延伸产品线

大数据除了驱动业务拓展之外,更为企业的文化产品开发提供了新的源泉。开放性、网络化、实时化、个性化的创新方式提供了在文化产品进行互动化和整合化开发的可能性。而大数据驱动下文化产品与服务创新的框架,又可以为创意产生、最优产品设计、创新环境影响等进行系统分析。

(一) 创意+云+网+端

在 DT 时代,文化企业基于娱乐无边界的生活方式的变化、人机交互的智能移动终端和可穿戴设备研发以及产业化,催生了许多大数据与人们生活方式紧密结合的新业态,由此推动企业加速向移动综合服务提供商转型,从而实现了硬件、软件、品牌、内容与潮流、渠道等要素的有效打通。特别是企业与顾客的零距离互动,决定了产品创意开发与市场运营过程要高度统一,也决定了产品开发必须高时效、高体验和快速迭代。因而,文化企业为顾客提供产品或服务一般要具备如下元素:第一,以提升顾客体验价值为中心,致力于满足或激发顾客体验需求;第二,打造基于顾客核心需求的核心应用,快速满足顾客体验需

---

① 陈少峰:《互联网+文化产业的价值链思考》,《北京联合大学学报》2015 年第 4 期。

求;第三,建立从产品创意设计、生产、营销运营的闭环系统;第四,基于顾客体验需求进行敏捷式开发和快速迭代优化。①

从发展趋势来看,未来基于大数据的文化产品的标准形态将是高度的整合化,呈现"创意+云+网+端"的结构,即创意的引领、云的支撑、网的连接和端的聚合。在这个结构之中,首要的是创意的引领。一般而言,创意作为创造新事物新业态的能力,它是内容生产的源头,它在实践中经常表现为一种循环叠加状态——有所触动和激动(如灵感闪现),可以激发新的想法,新的想法可以带动思维的兴奋和活跃,思维的兴奋和活跃可以激发整体的创造活力。英国创意学者霍金斯认为,"任何创意都拥有三个基本条件:个人性,独创性,有意义"②。其中,第三个条件——"有意义"尤其重要,所谓"有意义"就是创意必须有用且切实可行。从文化产业的内在规律来考察创意的"有意义",一是看它的符号价值,是否有差异性;二是看创意所创造的顾客体验如何,是否能满足大众的精神需求;三是看创意的拓展整合能力,即创意的生命力能否得以延续和转化。只有具备这样三个维度的创意,才有"意义"可言,也才有可能成为文化企业核心竞争力的动力之源。

而创意成为产品或者产品线的运作有赖于"云+网+端"基础设施发挥其支撑功能,所谓"云+网+端"就是指云的计算和储存、互联网和物联网的连接以及所使用的 APP 软件等的支持结构。③ "云"是云计算的基础设施,生产率的进一步提升、商业模式的创新,都有赖于对数据的利用能力,而云计算的基础设施将为顾客和企业像用水、用电一样,便捷、低成本地使用计算资源打开方便之门。"网"是连接利益相关者的增值网络,包含互联网、物联网等在内,网络承载能力不断得到

---

① 胡世良:《移动互联网商业模式创新与变革》,北京:人民邮电出版社 2013 年版,第 51 页。
② 〔英〕霍金斯:《创意经济——如何点石成金》,洪庆福、孙薇薇、刘茂玲等译,上海:上海三联书店 2006 年版,第 17 页。当然,霍金斯所谓的"创意"是就包含科技创意、工艺创新等在内的一般创意而言,不过其核心仍然是文化创意。
③ 阿里研究院:《互联网+:从 IT 到 DT》,北京:机械工业出版社 2015 年版,第 20 页。

提高、新增价值持续得到挖掘。"端"则是顾客直接接触的个人电脑、移动设备、可穿戴设备、传感器,乃至软件形式存在的应用,是数据的来源,也是服务提供的界面。① 顾客接触到端的时候,其行为将产生数据,这些数据经过云的处理和加工,通过网络连接和传递返回来流到端上,让体验变得更丰富、更精彩。生活中种种设备包括电脑、手机、智能电器、感应器等,都时刻监测行为,实时产生数据,栩栩如生地描绘人们线下生活的版图,形成活生生的大数据。随着移动互联的发展,智能终端将同时成为电脑、手机、智能电器、感应器等,从而由"创意+云+网+端"整合给人们带来的体验、给产业带来的改变,将是超乎想象的一套综合数字内容系统(如图3-4)。

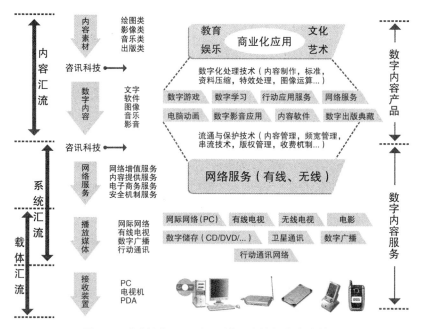

图3-4 由"创意+云+网+端"形成的数字内容体系

大数据实现应用关键在于活数据,而活数据的基本支撑在于云计算。云计算使人们可以随时随地使用存储和计算,使大量数据得以及

---

① 阿里研究院:《信息经济呈现十大浪潮》,《理论参考》2015年第3期。

时被采集和分析。由于存储和计算成本的降低,云计算起到了实时在线的作用,从而使得更多的人愿意使用云服务,大数据的雪球由此可以滚动起来。另一方面,云计算可以实现大规模的数据整合。当今世界并不是为大数据应用准备的,因为大量数据集散落在不同地方,以不同方式存放,其拥有者也是不同的人。在云计算条件下,很多大规模数据整合的问题都会得到解决。当数据放在一起时,数据整合的门槛会大幅降低。云计算实现数据的有效整合之后,再通过各个网络的连接才能够进行充分的流动和更新,由此变成即时化、在线化的活数据,从而创造出丰富的体验价值。如此一来,就可以真正实现内容(Content)、渠道(Conduit)、消费(Consumption)和整合(Convergence)四个 C 所构成的文化产品的基本结构。①

通过"创意+云+网+端"延伸产品线从而创造体验价值,需要考虑创意要新颖、内容要丰富、使用要便捷、网络要通畅、终端要好用等要素的有机结合。② 比如在动画制作方面,具有丰富故事元素的《昆塔传奇》得益于大数据和云计算运用,在云计算上完成 3D 动画渲染,使得在 3D 画面和特效呈现上能够快速完成复杂的渲染任务和高分辨率真实感渲染的繁杂工作,达到媲美好莱坞制作的国际水准。渲染在电脑绘图中是将三维模型变换为图像的一个过程,使用大数据和云计算,可以将一个或者多个渲染任务分割成若干部分,在计算集群中各个节点同时渲染,从而达到快速渲染、缩短动画片制作过程及提高制作效果的目的,以突破国产 3D 动画电影在渲染方面的瓶颈。可以说,《昆塔传奇》是国产动画从量变到质变的里程碑之作,特效创意实现的整体能力借助云计算技术实现跨越。

再比如,由内容大数据支撑的 VR 电影将导致内容产业重新定义

---

① 〔美〕李伯曼、埃斯盖特:《娱乐营销革命》,谢新洲译,北京:中国人民大学出版社 2003 年版,第 18 页。
② 胡世良:《移动互联网商业模式创新与变革》,北京:人民邮电出版社 2013 年版,第 58 页。

产品。VR电影的轴心是观众的眼睛,故事必须沿着观众的视线推进。VR给电影企业带来了很多前所未有的一系列新问题——故事怎么讲?剧本怎么写?场景和声音切换怎么处理?导演摄像如何藏身?等等。一系列问题在云计算和移动互联网平台上提出新的解决方案,人们可以发现,与之互动并且影响故事进程的电影本质上是一个具有电影结构和戏剧性的游戏。由此,VR电影和VR游戏的界限会日渐模糊。未来在电影和游戏之外,很可能会诞生游戏电影和电影游戏,它们的区别仅仅在于观众对于故事进程的影响程度。如此一来,未来电影和游戏的商业模式也将日益趋于一致:游戏里买装备、买道具、买体验的思路在某种程度上会淘汰看电影买门票看贴片和植入广告的思路,而最有前途的可能是"会员费+场景内购物+线下消费"的组合模式。

(二)拓展整合与跨界渗透

文化产业的产品线拓展的基本思路是以优质内容带动系列产品开发,即先通过创意丰满化确立核心内容,然后依靠核心内容打造核心产品,再由核心产品向外围产品和衍生产品扩展,最终占有最大范围的产品市场。随着互联网文化产业的快速发展,文化企业逐渐意识到只有拥有高质量的核心内容才能在市场上立于不败之地,因而IP资源研发和争夺成为打造各种各样的文化产品的起点与基础。以网络文学为例,网络文学作为IP源头之一在资本市场中越来越受到关注,如近几年做得比较成功的《琅琊榜》《花千骨》《盗墓笔记》《何以笙箫默》等影视作品均改编自文学作品。再比如,以核心内容促进动漫产业转型提升,其商业模式创新有两个重要方向:第一,打造虚实结合的、全产业链的数字文化产业园区,包括数字影视内容、虚拟形象、植入式广告、新媒体平台、3D服务及软件开发、数字艺术体验、VR、数字娱乐设备与阅读终端设备、虚拟产品和系列延伸产品开发、电子商务、网络营销服务等。第二,开发各种应用型动漫,包括与微视频、微电影、机器人、智能玩具融合,开发教育、公共安全、军事等行业动漫,进行动漫广告制作、企业动漫宣传、动漫多媒体技术介入、城市形象营销等。

　　文化创意能否实现产业价值,主要看它能否实现有效的跨界整合。文化创意的拓展整合首先体现在"一意多用"上。文化创意是一种具有更大影响力的特殊资源,它们不同于其他普通的商品如矿产资源和机械设备等,这些商品在用后会逐渐消耗或者磨损,而一个好的文化创意可以多次反复使用,而且所用的次数越多,所产生的价值也越大。它所带来的投资回报不会逐渐递减,只会日益增加。此外,文化创意之间还可以互相叠加和影响。当人们发挥个人创意时,他们会对原有创意进行改进和完善,并与其他创意进行结合,从而派生出各种形式的新创意。① 文化创意可以通过对同一种知识产权进行多样性的产品和服务开发,实现高附加价值。例如,迪士尼乐园的主要发展模式就是通过创意和创新虚拟形象,进而形成艺术授权、主题公园和相关衍生产品开发,从无到有,创造出足以形成企业核心竞争力的文化资源。再如,动漫电影《喜羊羊与灰太狼之牛气冲天》在整个收入结构中票房和播出收入只占 30%,70% 来自图书、电视、游戏、玩具等衍生产品的授权,其动漫创意带来的增值效应非常明显,得到了市场的充分认可和完美演绎。

　　因此,文化创意作为文化产业之河的源头,需要在创意之初就思考如何形成一条奔腾不息的河流。从产业的角度来说,仅仅有好的文化创意只是个开端,需要将各个不同的创意整合集成为创意产品,才达到初步的要求。从创意到内容再到创意产品,是创意实现自身丰满和完善的过程。也就是说,评价文化创意的优劣,一个重要的方面是看它是否具有可持续性开发的潜力。连续开发同一创意的能力越强,商业规模就越大,其中的品牌和知识产权就越具有高附加价值。

---

　　① 〔美〕理查德·弗罗里达:《创意阶层的崛起》,司徒爱勤译,北京:中信出版社 2010 年版,第 40 页。

在文化创意过程中,形式与内容、包装、宣传与营销等是一体的。在开始将文化创意转变为文化产品的时候,需要全面把握各个方面的相互联系和如何集成的方法。其实,以文化创意为轴心实现产业要素最大限度地整合,正是文化企业发展的关键。例如,派格太和公司作为一家近些年风生水起的文化企业,一直追求 1+1+1>3 的整合之道:在创意及内容制作之初,就进行整体规划,考虑传播和营销手段的多元化,贯穿市场化原则,任何一个内容都要尽可能做到减少投入,延长盈利期,扩大盈利面。① 派格太和公司开发和制作一个电视节目,就会找到其他的书、刊、报、电台、音像、网络等多种传播媒体,采用战略联盟的合作方式,让派格太和开发出来的内容在联盟的不同载体上进行传播,形成传播模式的多元化和放大的传播效果,进而形成这个内容的书、报、刊、影视剧、网络游戏等多种最终产品。

除了"一意多用"的产业内部整合,推进文化产业跨行业、跨地域的跨界整合,也是文化创意发展的必然逻辑。全球范围跨界现象相当普遍,显示出文化产业对传统产业的颠覆性影响。通过文化创意,实现文化产业与其他产业的融合渗透,可以实现产业文化化,极大提升相关产业的附加价值,并拓展其成长空间。例如,鼓励文化创意与传统产业、现代服务业的融合发展,增加制造业和现代服务业的创意及文化内涵,发挥文化创意对第一、二、三产业的带动提升作用,创造跨界性新生产业,比如创意农业、VR 旅游、音乐养生等。特别是以创意设计为核心的文化产业将为传统产业升级增值,为制造业产品的外观造型、包装设计、形式构造、品牌咨询等提供艺术设计性的应用服务,由此增加产品的吸引力和竞争力。

而大数据推动的跨界既包括横向跨界即跨媒体、跨行业、跨地域、跨国界经营,也包括纵向跨界即内容+平台+衍生服务的全产业链要素,还包括由内容数据驱动硬件增长,实现内容—软件—硬件的一体

---

① 花建:《文化产业竞争力》,广州:广东人民出版社 2005 年版,第 250 页。

化。跨界应用的领域不仅需要文化企业的拓展应用,也需要其他行业的企业广泛参与,如工业设计和 IT 硬件企业向硬件与软件、内容一体化拓展等。大数据导致价值链向前、向后不断延伸,包括以文化和艺术的方法参与改造和提升传统产业,或者促进高端产业的发展。

大数据的跨界渗透能力,体现在互联网的一整套规则和观念对其他产业的改造上。在互联网技术体中,使各种技术协同完成功能的机制是 TCP/IP 协议,因此互联网思维正是根源于这种合作机制——重视连接、无边界、开放共赢的理念在产业实践中的运用,充分发挥面向互联网的数据技术的巨大威力。互联网跨界渗透对各领域的冲击,反映了 DT 时代的新风尚。在人类逐步进入体验经济时代,从追求价廉物美,到物有所值,再到重视体验享受的过程中,文化产业正在与制造业、现代农业、城市建设业、旅游业等结合,发挥越界、渗透、提升、拉动的作用。

在跨界整合和渗透的过程中,体验需求一直是商业模式的出发点,而产品或服务一直是商业模式的支撑点,是企业与顾客体验连接的载体,当产品或服务跨界越能更大范围地满足顾客体验需求时,企业就越能实现长线发展。以艺术品企业为例,艺术品数据公司 Artnet 建立了覆盖美术、设计和装饰艺术的丰富数据库,签约顾客可以通过搜集的艺术品交易记录,分析艺术品市场变化,从而建立了以艺术品为核心多元化的业务结构。而雅昌集团则与优秀的设备、软件和咨询企业建立良好的合作关系,将战略咨询、全面的业务解决方案,大数据分析服务平台、海量数据处理平台等纳入大数据战略体系,推出包括流动美术馆、数字展览、数字博物馆、艺术讲座、数字出版、艺术教育平台、3D 展览在内的多种服务。雅昌通过与 IT 和咨询公司的合作实现了传统与现代、数据与艺术的完美结合,从一个传统印刷企业转型为以视觉文化为发展方向的新型文化企业,为集团业务拓展开辟了新的道路。

(三) 实现复制与扩展

内容产业的基本规律是一意多用,实现大数据价值的关键也是数据的无限再利用,二者具有高度的内在契合性。在 DT 时代,"数据的价值并不仅限于特定的用途,它可以为了同一目的而被多次使用,也可以用于其他目的"①。大部分的数据价值在于它的使用,而不是拥有或占有本身。判断数据的价值需要考虑到未来它可能被使用的各种方式,而非仅仅考虑其目前的用途。做强做大文化企业,要考虑的是如何实现工业化、标准化的生产,实现方式之一是建立范围经济基础上的规模化,实现方式之二是产品或模式具有可复制性。因而通过局部的复制和公司、业务的复制等形态,实现扩张性发展,这是 DT 时代文化企业商业模式创新的主要通道之一。

企业自主知识产权和无形资产成果应通过对外复制,实现品牌扩张、平台壮大、顾客增多的良性循环,以及提升企业整体品牌影响力等。其具体形式包括:其一,产品复制。包括以企业主营业务的核心产品进行对外复制,如一档影视节目的复制、各类衍生产品销售的连锁经营、产品置入其他经营环境(各地剧场)中的合作等。例如,将具有知识产权和品牌影响力的企业自主产品或项目推到国内外进行巡回演出,形成综合收入,扩大企业品牌的影响和辐射范围。其二,模式复制。包括以专业内容创意和服务公司为主的企业经营模式和商业模式的复制,也可以合作成立诸如直播垂直平台之类的专业性项目公司。其三,方法复制。包括以对外合作项目开发、知识产权入股的方式合作,以及由品牌输出等方式的向外扩张等。比如,艺术类企业通过版权授权、品牌输出等方式与各地进行艺术产业项目合作。企业投资公司可以通过投资企业或者项目、版权及品牌合作、连锁经营等形式,实现产业的集聚化和规模化发展,并从中获得相应收益。其四,企

---

① 〔英〕维克托·迈尔-舍恩伯格、肯尼思·库克耶:《大数据时代》,盛杨燕、周涛译,杭州:浙江人民出版社 2013 年版,第 132 页。

业复制。在企业业务成熟之后,可以筹划在各地以开设子公司和分公司的方式复制扩展。

复制是手段,实现企业扩张才是目的。企业需要在复制的基础上,实现企业业务的规模化发展。对外复制和扩张,应以企业为主体,特别是企业总部的对外扩张,实现企业业务拓展和企业整体价值的提升。其具体形式包括:其一,形成企业的平台扩张。适应企业空间使用高效率和以企业为主体的产业提升和扩张要求,通过企业经营和复制方式,实现企业的物理平台(如物流、配送、仓储等)和虚拟平台(设计、体验、营销、电商等)的联动,线上与线下的整合,品牌价值的提升,合作空间的扩大。其二,后续开发所需要的内容扩张设计。在规模化效益的基础上,企业的新业务或新项目拓展,需要围绕主导内容业态扩展进行空间或者发展模式设计,以充分体现内容资源自身跨媒体、跨行业、跨地域的跨界特点。在以上框架基础上,以构建产业链为核心,注重企业内部发展和对外复制的结合,以实现企业整体价值最大化。

五、再造盈利模式

在 DT 时代,作为一个可持续发展的文化企业,其商业模式应体现四大要素,即面向未来、线上为主、虚实结合、体验第一[①],因而其盈利模式与传统盈利模式有很大不同。其一般逻辑是通过极致的产品和服务来获取顾客,把顾客变成自己的"粉丝"或用户市场,然后通过跨界整合资源来为顾客提供更好的体验,形成有黏性的平台之后再寻求延展赢利点和扩展可盈利方法。这就要求,企业需按照大数据思维来重新思考和定义自己的盈利模式。

---

① 参见陈少峰、张立波、王建平:《中国文化企业品牌案例》,北京:清华大学出版社 2015 年版,第 1 页。

（一）注重市场地位

前面归纳基础型盈利模式时，我们把互联网文化产业的盈利模式归纳为四种，即内容收费、电子商务、广告和增值服务（具体衍生为交叉补贴、终端应用付费、前向+后向付费、平台交易分成、广告收入、数据收入等）。除了内容收费之外，其他的三种盈利模式，其实都有一个共同的前提，那就是必须要拥有一个规模庞大的、免费的顾客群。在互联网上，只有拥有一个巨大的顾客群作为基数，然后这个基数的百分之几的付费率才能产生足够的收入，才有可能产生利润。因此，互联网强调的首先不是如何获取收入，而是如何获取顾客。很多企业进入互联网的时候，一上来就想着怎么赚钱，这样的认识大都会导致实践上的折戟沉沙。

在DT时代，文化企业商业模式的优劣，不仅要看现状，更要看是否符合趋势走向，看是否具有未来的成长空间和格局思考。也就是说，商业模式更侧重于对未来的把握——不在于企业眼下是否赚钱，而在于未来是否有市场地位。如今大数据助推娱乐无边界，呈现出未来百万级的在线艺术品拍卖参与者、千万"粉丝"级的演唱会演出直播和互动点播、亿万级的视频收看、二十四小时的营业、舰队式的企业集团结构、无限大的市值成长空间等多种形式。企业选择业务领域要代表着未来发展的方向，一开始不在乎亏损，先把格局和影响力做出来。只有具有市场规模和影响力，才具备盈利的基石。

在大数据推动下，O2O扩展模式本身是一种生活大于生意的通路，它由传统行业与移动互联网深度融合而诞生，成为建立市场地位的重要依托。随着移动互联成为主流，人们的生活方式将以线上为主，大量商业活动都将因为线上的新存在方式而重新建构自己的生活方式，这是O2O的起源，也可以称为"比特化"。比特开始统治原子，比特化生存正在取代原子式生存,成为人类社会生存空间的基本形式。① 网上的生活不再是简单的购物行为,而是一种全新的生活方式。人们的生活一旦比特化,信息便会实现实时的无缝连接,每一个人既是信息的创作者,也是信息的传播者和消费者。信息的开放和透明正在创造一种更新的人类聚合方式,这就是O2O的空间价值。所以,O2O的实质并不是线上线下结合做生意,而是以经营"粉丝"为核心,不断提升顾客体验满意度与忠诚度,通过"粉丝"开展口碑营销,从而建立自己的市场地位,形成企业运营的良性循环。O2O最核心、最有价值的一定是大数据。如果不能通过O2O获取或者激活大量顾客数据和内容数据,那么这种O2O最终必定是竹篮打水一场空。

文化企业需要创新O2O模式,其具体运营应注意几个问题:其一,线上运营要以积累数据资产为主导,以形成市场地位为指向;其二,如果以线下为主带动线上,就会出现双重成本;其三,线上为主,线下为辅,只有少数垂直性业态自主经营线上线下的模式才是好的O2O;其四,随着移动互联网的普及,线下受到冲击会越来越大,标准化产品的店铺,不管大小,都会受到很严重的冲击,难以找到真正的线下转换机会。②

(二)改变广告模式

在无边界娱乐过程中,通过顾客体验和互动达到融媒体营销的目的,无疑是最容易被顾客接受的营销方式。谷歌联合全球最大的市场调查公司Ipsos和Sterling Brands针对美国民众在媒体消费上所花费的时间进行了调查,结果显示,2014美国民众花费在媒体消费上的时

---

① 〔美〕尼葛洛庞帝:《数字化生存》,胡泳、范海燕译,海口:海南出版社1997年版,第89页。
② 陈少峰、张立波:《中国文化企业报告2015》,北京:清华大学出版社2015年版,第14页。

间平均为每天 4.4 小时,而其中 90% 来自于跨屏消费。① 当今,顾客获取信息的渠道从电视、电脑再到各种各样的移动终端,日常行为被逐渐碎片化,而为了适应这种碎片化的消费行为,实现跨屏的信息传递和无缝连接以及超越单一格局是广告模式需要改进的方向。

不管什么广告,都需要充分考虑借助大数据实现内容体验和营销传播的有机融合。比如,在线免费听音乐看视频,但不合时宜的广告往往让顾客大为扫兴,而大数据使这一状况得到改善。比如一些在线音乐服务商通过收集顾客的数据,如音乐类型偏好,收听音乐的场所、时间段等来分析顾客的口味,从而推送让顾客感兴趣的广告,提高顾客的体验。Pandora 电台是美国最流行的提供在线音乐服务的企业,基于大数据研究,Pandora 电台推出"口味"广告,力求为顾客插播最适合的广告。电台通过长期播放顾客喜欢的音乐,进一步发掘每个顾客喜欢的音乐类型,找到类似风格的广告进行投放。如顾客正在收听激昂风格的音乐,电台会考虑投放一个关于波多黎各冒险游的广告。

再如,微电影和微视频发展要找到较为完善、可持续发展的模式,必须超越单一的广告模式,把握从做系列微电影(含系列动画微电影)、孵化和培植优质 IP,到改编为大电影、网络剧或者电视剧,即从"微"到"威"进入影视产业的具体路径,包括如何通过自我要素植入或产品植入,进行微电影衍生产品开发,建立网上某一衍生产品唯一销售平台,由此提升互联网电商的服务质量和盈利水平;如何选择微电影适合众筹方式,在此基础上进行内容众筹、项目众筹、股权众筹等,实现制片方、投资人和观众等利益相关者的多赢。

(三) 拓展会员订阅模式

因具有规模效应和边际成本为零的基本特征,长期以来互联网文

---

① 夏德元:《图像转向:读图时代的内容产业困局与出路》,《新闻记者》2015 年第 6 期。

化企业往往对 C 端用户免费,通过后向收费实现盈利,即实行"羊毛出在猪身上牛埋单"的模式。而随着内容资源日益丰富和消费升级加快提速,人们对内容品质的需求与日俱增,一个规模庞大的高端用户群迅速形成。在此背景下,很多互联网企业推出高端会员服务,以满足用户专享品质需求,获得了极大成功。在互联网发展早期,欧美很多平面媒体转型网络媒体之后,在保持门户网站免费阅读服务的同时还推出会员订阅服务,如《纽约时报》《洛杉矶时报》《泰晤士报》《经济学人》等确立了向广告主和读者双边收费的商业模式。随着大数据的快速发展,作为一种前向收费模式,会员订阅付费将逐渐成为互联网文化产业的主流,有的企业建立了完全基于会员订阅的盈利模式,其中 Netflix、亚马逊 Prime 等就是佼佼者。

在视频领域,Netflix 是应用会员订阅模式最早、最彻底、最为成功的企业。在美国市场,Netflix 提供基础、标准、高级三个级别的会员服务,月费分别为 8 美元、10 美元和 12 美元。订阅会员可以在其影视库里任意、随时随地观看所有节目,并且没有广告。2016 年年底,Netflix 服务已覆盖 190 多个国家和地区,有 9380 万会员,其中付费用户数为 8909 万,占 95%。自 2007 年以来的十年间,Netflix 股价累计涨幅超过 40 倍,从而跻身世界十大互联网公司之列。

另外,亚马逊于 2016 年 4 月在美国推出独立的 Prime Video 视频服务,并向 200 个国家和地区开放。根据 Strategy Analytics 数据,Prime Video 已成为继 Netflix 之后的美国第二大视频流媒体服务商。亚马逊还开创了 Prime 零售会员订阅服务模式。亚马逊在 2005 年推出 Prime 高级会员服务,消费者只需交纳 79 美元的年费(现已提高为 99 美元),即可享受免费两日送达服务,并可免费使用电子书、音乐、视频等数字内容产品。针对特定人群和特定商品,亚马逊还推出了 Amazon Student、Amazon Mom 和 Prime Fresh 三个会员类型。他们在享受 Prime 服务的基础上,可享受其他特定优惠。Prime 是亚马逊最成功的商业模式,在促进消费、增加用户黏性等方面发挥了重要作用。

2016年4月,贝索斯在致股东信中阐述了亚马逊的三大业务支柱,Prime位列其中。根据CIRP数据,截至2016年第三季度,亚马逊在美国有6500万Prime会员,亚马逊52%的美国消费者是Prime会员;Prime会员年均开支达1200美元,是非会员的两倍。Prime服务在2007年开始国际化,2016年登陆印度和中国两个人口大国。

未来,人们为优质内容和优秀服务付费将成为互联网文化产业的常态。会员订阅模式有效满足人们在内容过载时代获取高品质内容和精准服务的需求,逐渐成为一种成熟的商业模式,是文化产业实现内容为王和回归商业本质的必然结果。

(四)创新文化电子商务

当前,"文化+电子商务"是互联网文化产业的一个重要组成部分,也是大数据与文化产业融合的一个重要方向。只有实现文化产业和新型传媒产业的结合,才能形成一个"内容+网红+品牌+植入+电子商务"的产业链。最近互联网电视领域的优朋普乐公司提出了TV电子商务模式,就是一种内容场景与电子商务交互实现的模式,其大致场景为:客厅里,一家人正在互联网电视前观看电影院同期放映的好莱坞大片《变形金刚》,4岁的儿子指着屏幕中的"大黄蜂"吵着要买玩具汽车;老婆看见女主角穿的上衣,觉得款式很适合自己;而男主人则感觉影片中植入啤酒广告虽然牵强,但看着应该挺好喝。男主人拿起遥控器,暂停影片,切换到TV电子商务平台,然后选中商品、在线支付、完成购买。

从整体上看,将来互联网平台的主要收入之一还是来自电子商务,不过这种电子商务已经不是传统意义上的电子商务了。比如,我们研发的基于"频道组合制"的电子商务,可以形成少数的平台和多数的垂直业务(APP可以是小平台也可以是垂直业务载体),或者是小平台+垂直业务(如各类经营性的微信公众号);垂直的业务可以组合成一个互助的平台,即通过互助营销等成为一种组合性平台。频道组合的电子商务最好的形式其实是文化电子商务——在借鉴类似电影衍生品和迪士尼的文化电子商务的基础上,推出了两个创新:一个是先有商标后有植入(全部是拥有商标专用权的自主知识产权产品),一个是频道组合制(公司+产品组合)的植入与互助营销。新型的文化电子商务的突出特点在于,网络零售的产品是内容产业中的预设化(拥有商标和设计)的植入产品(文化化的产品),产品具有独特的品牌和内容展示中的文化、形象包装、情感以及故事提升附加价值的优势。而一般电子商务要么是推销假冒产品,要么是降价竞争的产品,对于我国产业结构升级、提升附加价值都具有很大负面作用,当然也有很多侵犯了知识产权。文化电子商务就可以解决一般电子商务存在的这两大困扰。而且,对于文化电子商务来说,所有的消费品都可以成为文化产品,通过文化电子商务得到附加价值的提升。因此,文化电子商务是我国电子商务转型发展的重要方向。

从内容的角度来说,"系列微电影+"是开发文化电子商务的一种主要创新方式,它比院线电影更具有发展潜力和持续性。另外,不同系列的微电影可以形成频道组合制,既可以互相植入品牌产品,也可以形成开展互助营销的新平台。"系列微电影+"区别于已有的微电影制作方式与商业模式(靠赞助为主要收入的商业模式),也不同于网络剧。它既是替代传统电影商业模式的创新,也是延长电影产业链的创新。"系列微电影+"的收入来自于含改编为大电影在内的知识产权的积累和文化电子商务(主要是自有品牌产品的植入,如原创性文化电子商务+商标专用权)。同时,植入产品可以持续得到系列微电影内容植入(不同系列微电影可以植入同一品牌产品)和传播。在连续的微电影中饰演主角的演员也能成为"网红",转而代理文化产品的推广。

从促进文化产业良性发展来看,"系列微电影+"的好处是多方面的。首先,先做微电影再做大电影,可以降低电影投资的风险;其次,企业拥有 IP 资产和可持续发展的潜力;再次,可以成规模地发展文化电子商务,实现电子商务的升级;最后,"系列微电影+"可以延展内容的丰富性和产业链,比如挖掘历史文化故事+讲述当代城市故事+落地城市文化体验中心。另外,"系列微电影+"的投资不大,潜在的收益和想象空间却很大。当然,"系列微电影+"不是做一集微电影,不是宣传片,不是网络大电影,不依靠广告赞助。

以上从商业模式的基本结构要素角度分别分析了基于大数据的商业模式几条创新路径,主要期望对企业经营实践有所启发和借鉴。当然,在企业具体经营实践过程中,商业模式创新可能由于变化因素的非单一性和不确定性,更多的可能是诸方面的各种组合运用。

第四章　文化企业商业模式创新的基本方法

在企业所有创新之中,商业模式创新属于企业最本源、最重要的创新。离开商业模式创新,其他的管理创新以及技术创新、产品创新都会失去可持续发展的前提和基础。在 DT 时代,以各类数据开发、分析和应用为核心,各种新型商业模式正在不断涌现,只有善于把握市场机遇,迅速实现大数据商业模式创新的文化企业,才会在文化产业发展史上书写出新的经营传奇。本章主要在上一章创新路径的基础上,由核心到外围分别从五个角度探讨基于大数据的文化企业商业模式创新的基本方法。

一、回归到企业经营的原点

在 DT 时代,要实现商业模式创新,文化企业首先须回归经营的原点,即回归到"顾客是谁"以及"如何为他们带来或创造体验价值"这一核心问题上。

(一) 对顾客生活方式的理解和把握

新的商业模式可以通过细分市场来重组顾客群体,以新技术为手段创造新的顾客或市场,把人们潜在的需求转化为现实的需求。例如,智能手机将移动电话、可触摸宽屏以及互联网高速公路这三种产品完美地融为一体,以顾客体验价值为导向做相关产品或服务开发,重视市场驱动力,开拓了新的蓝海。再如,音乐演唱在线直播则注重分析消费群体娱乐特点和爱好差异,通过网络互动娱乐社区,实现线下和线上的联动,改变了音乐消费方式,创造了新的消费需求。

在 DT 时代,尤其要增强对作为文化产业主流消费者的青少年群体的生活方式和文化消费特点的理解,特别是新媒体环境下年轻消费者及其生活方式和文化需求的变化。从成长特点来看,青少年大都是互联网原住民①,他们注重娱乐无边界,喜欢快节奏、简约化、参与性、互动性、体验性的文化产品。企业只有以善于研究青少年的需求特点和消费特点,最大限度地满足和创造其现实和潜在的需求,才能在激烈的市场竞争中立于不败之地。比如,腾讯作为互动娱乐公司,致力于通过互联网为青少年提供多元化的娱乐服务,通过专业化的团队及内容大数据,最大限度为青少年群体挖掘网络娱乐产业的乐趣,不断发现与满足顾客的普遍娱乐需求,向主流消费者提供包括大型的多人在线角色扮演游戏、休闲游戏、对战游戏、无线游戏、动漫、文学、音乐等在内的适合青少年群体不同年龄层次的互动娱乐产品。

而百度则为顾客提供一个共同创造的网络平台,强调主流青少年群体的参与和奉献精神,充分调动互联网所有顾客的力量,汇聚上亿顾客的群体智慧,积极进行交流和分享,同时实现与搜索引擎的完美结合,从不同的层次上满足顾客对海量信息的需求。其实,百度最核心的业务模式是在做内容的分发。早期的互联网内容是以文字为主要形态。随着带宽环境越来越好,人们对于信息的需求越来越具有个性化,同时人们的创造意愿越来越强烈和丰富,开始有了图片、图集、短视频、音频,而各种图集、短视频、音频等兴起,适用的场景和触达到

---

① 由于中国 1994 年引进互联网,严格意义上的中国"互联网原住民"应是 94 后的人。而互联网普及有一个过程,并且人的成长以及启蒙接受互联网熏陶和影响也有一个过程,由此泛"互联网原住民"可以扩展到更大范围的 80 后群体。

的人群有很大的不同,必须要能比别人更早地感知到内容分发环境的变化。从 PC 互联网到移动互联网,催生了众多超级 App,内容越来越多地被封装在微信、微博等之中。如何利用百度的平台做内容的分发、服务的分发,让内容实现精准化推送,让用户能够方便获取,让合适的人能够找到合适的内容、合适的服务,完成让人们最便捷平等地获取信息找到所求的使命,这是在 DT 时代百度商业模式创新需认真思考并且为之不断求索的重要任务。

(二)增强顾客的黏性

大数据可使顾客方便地参与到文化产品生产或服务提供的全流程中。企业以各种不同的方式接触顾客,能够获得顾客在流程的各个环节上关于产品、服务的意见或建议,企业可将从顾客身上获得的信息,恰当地运用到顾客身上,由这些信息衍生出的洞察力,可以帮助企业创造新型的组合资源,全面提高顾客的满意度和忠诚度,使顾客愿意付出较高的费用给企业以补偿,进而使企业获得较高的商业回报。

由大数据引致的顾客广泛参与,有利于企业将环境因素与顾客因素整合起来,使产品特性与顾客偏好相吻合,这种新的构想极大地满足了顾客个性化需求,从而最大限度地提升了顾客体验价值。在顾客参与产品开发过程中,顾客获得更多关于新产品的知识有利于顾客接纳新产品,顾客参与创造还会增加好奇心与操控感,也会增强对品牌的认同感,最后凝聚成顾客与企业和产品之间深厚的情愫,从而创造出很高的顾客黏性。例如,知识图谱(包括需求图谱、用户画像等)是百度整个人工智能之中基础的构件或设施,也是百度相对于其他任何一家公司的竞争优势所在。根据搜索平台上积累的大数据,该公司更加有意识地根据顾客需求和场景变化,去不断地丰富、打磨和完善,不断地把知识图谱做到极致。在某种意义上讲,未来的搜索从索引关键词的引擎,可能会逐步过渡到索引知识的引擎,它是用户真实的需求和企业已经积累的知识库之间的一种匹配,形成一种超强的连接关系。

在大数据的支撑下，顾客体验价值可以直接或间接地传递给企业及其合作伙伴，成为支持它们合理决策、引导资源优化配置、形成多样化产品线的传递路径，使顾客的价值主张融合到企业资源和能力的价值体系中，企业能够更有针对性地提供产品与服务，这些都有利于增加顾客的黏性。比如，小米研发人员直接通过社交媒体数据了解消费者需求，在研发 MIUI 操作系统的时候采用了"众包"模式，通过与小米论坛上的"粉丝"互动收集意见，每周快速更新版本，做出产品改进。小米手机的研发也延续了这一模式，即在手机新功能开发之前会通过论坛提前向顾客透露一些想法，或者在正式版本发布前一两周，让顾客投票选择需要什么样的产品。

（三）提高顾客的忠诚度

培育企业的终生顾客或者忠诚的老顾客对企业持续发展至关重要。当我们关注规模经济分析的时候却发现，在文化产业领域，"市场份额＝利润"的传统原则出现一些明显的例外。当顾客的忠诚度每提高 5%，其利润上升的幅度竟高达 25%—85% 不等，由此说明，市场份额的质量远比市场份额的数量更重要。[①] 一些商家重视忠诚"粉丝"的作用，如亚马逊的会员不是以其消费的金额多少，而是去消费的次数来界定。一般而言，企业 80% 的销售额来自 20% 的重要消费者——特别是忠诚的老顾客，并且开发一个新顾客的成本是留住一个老顾客的 5 倍以上，而流失一个老顾客的损失只有争取 10 个新顾客才能弥补。例如，"快手"公司充分利用自己的平台让自己开发的 App 进一步变得更加超级，更加有黏性，用户更多，通过服务的内容化来解决如何留住老顾客、吸引新顾客、开发潜在顾客的问题，收到了良好的效果。

---

① 李长云：《信息技术与客户价值提升》，《经济日报》2012 年 11 月 29 日。

培育忠诚顾客的响应机制之一是会员模式。会员模式强调会员基础,许多互动性的新业务都可以建立在这上面,而且会员基数越多,赢取新会员的成本就越低,发展速度就越快。贝塔斯曼读者俱乐部就曾经遵循"使越来越多的人喜爱阅读书刊"的理念,以培养人的阅读方式。只要是读者俱乐部的成员,就可以得到贝塔斯曼寄出的图书目录和内容简介,而贝塔斯曼则根据俱乐部成员的反馈,将需求量较大的图书制成简装的普及本,直接送到读者手中。贝塔斯曼传媒俱乐部在全世界拥有4000万名会员,成为现代传媒大王贝塔斯曼的奠基石。贝塔斯曼读者俱乐部举办各种研讨会、征文比赛、系列讲座、书友征文和笔会等,为读者提供更多、更新的权威图书信息,免费赠送杂志等,推出了轻松便捷的订购方式和一系列周到的服务。

大数据的应用,极大地拓展了参与顾客的数量,可在网络中引入全新的顾客群和参与者,由他们承载收入源的功能,形成间接产生于顾客的收入和直接产生于顾客的收入。企业依靠大数据还可为顾客提供自助化的服务,在不增加员工的情况下,提供更大范围、更便捷的服务。在移动互联网平台上,通过企业和客户实时的在线交流,企业可提供有特色的体验服务,为顾客营造一个友好的沟通交流环境,增进顾客的亲切感,有利于收集顾客信息并挖掘顾客深层次的潜在需求;企业还可以通过各种在线培训与交流的方式,引导顾客消费,进而培育顾客的忠诚度,这在一定程度上提高了顾客的转换成本,这样企业也可以较低的成本持续地为老顾客提供更优质的体验服务。

二、把握商业模式创新的走向

在大数据推动的跨界融合、娱乐无边界的大趋势之下,未来五年至十年,大数据、云计算、社交媒体与内容产业的相互联动,将会给文化企业商业模式创新以及转型升级带来新的机遇和挑战。从微观角度考察,商业模式创新及转型升级的基本走向将表现为如下几个方面。

(一) 由规模化制造到个性化定制

现代社会,人们的个性化需求越来越凸显,而企业要有效地满足人们的个性化需求必须靠大数据支持。只要人们上网,就会在网络上留下痕迹,企业就可以实时得到顾客的相关数据,并分析在网站内的搜索、收藏、购买行为以及购买商品间的关联性。了解到顾客以前购买过什么样的东西、浏览过什么样的网页、有什么样的购买偏好,再根据这些信息对症下药,就可以为顾客推荐最适合的个性化产品或服务。移动互联网的普及其实在某些方面已经在默默地改变人类的思维与行为习惯(如知道"是什么"可以创造点击率)。例如,天猫顾客对产品好坏的评判已经不再仅仅局限于根据产品的材质与款式而做出,消费者更注重的是产品的好评率、好评内容、销量、店铺的总体得分等。企业通过对数据的整合和分析,研究顾客偏好差异,针对不同的顾客需求,满足个性化和专业化的需求,从而提升平台的吸引力和顾客黏性及忠诚度。阿里巴巴之所以能率先开启电子商务的所谓DT时代,是与其多年来对数据的积累和分析能力提升分不开的。

当前互联网文化产业从初级到高级转型升级,意味着要给消费者提供更高级、更精细、更具个性化的服务,给顾客提供更有针对性的解决方案,也有效解决了个性化需求与规模化制造之间的矛盾。对此,第三章已经进行了分析。

(二) 由平台为王到内容与平台的综合化

文化企业需要高度关注新一代的消费者及其生活方式的变化。在当今社会,人们的娱乐、休闲、购物、餐饮等都是一体化的,仅仅提供某种单一的交流环境或平台将远远不够。未来的文化企业应充分利用大数据和关系链,在为顾客推荐(含引领)最适合的生活方式、提供近乎量身打造的产品或服务的同时,使他们体验社交娱乐的乐趣,相应地,在平台上就需要有游戏、音乐、视频、体育、社交、购物、学习、下载服务、在线观看、交易、金融服务等高度综合化的内容。如阿里入股新浪微博、全资收购优酷土豆、百度收购 PPS，都是平台企业收购内容企业、以实现内容和平台的综合化的商业实践。未来五年左右，中国将有十家左右的超级网络平台企业（含电信运营商）通过不断并购整合，实现业务组合的优化（包括娱乐、购物、广告、社交、金融等什么业务都做），由此公司规模不断扩大。

内容与平台的综合化会大大提升顾客的体验价值。在顾客愿意支付的消费之中，功能价值所占比重日益下降，体验价值所占比重与日俱增，而体验价值恰是超越于功能价值之上的精神需要的满足。以微信为例，微信将越来越趋向于集娱乐、休闲、社交、营销、支付、金融等功能于一身，满足人们在碎片化时间里的上网沟通和应用等多方面的需求，如微信通过抢红包、互动广告、社交游戏、金融支付以及其他无线增值服务等，将扩大自身规模效应并实现更大范围的盈利。另外，电子商务也有许多可以更丰富、更具有扩展性的体验价值方向，除了前面分析的"文化+电子商务"模式，将来电子商务平台也有可能发行虚拟货币。有人说虚拟货币因为虚拟而不具备可信度和可交易性，实际上所有的纸币都可以说是虚拟的，货币的生命力不在于它是否虚拟，关键在于背后有没有强有力的信用体系的支撑。总之，随着移动互联的发展，内容与平台的综合化给人们带来的体验将是超乎想象的。

（三）由资本并购到数据整合

在 DT 时代，并购（兼并和收购）作为具备一定资源整合能力的文化企业的基本商业模式，可以使企业实现快速扩展其生态系统布局或者盈利方法选择而呈现更为频繁化和多样化。并且，并购成长作为实现商业模式创新的有机组成部分，是世界上大型文化公司无一例外的发展路径——几乎没有一个文化企业是完全靠自己的积累成长起来的。选择这种商业模式创新方法，一般需要通过资本运作来实现：首先是让企业发展到一定的阶段,有一定知识产权和品牌的积累,然后通过上市融资,并且通过发行股票或者募集现金去收购别的企业或者品牌项目。

当今围绕大数据的整合并购加速发展。大数据使跨界融合越来越便捷,并购重组将越来越成为平台类企业成长和壮大的重要途径,如刚才提到的阿里入股新浪微博以及收购文化中国、优酷土豆。仔细思忖我们会发现,资产的重组、股权的重组仅仅是 DT 时代企业并购的外在形式,其内在的本质是数据的打通、数据资源的共享和数据规模的扩展。易言之,资本运作是手段,实现数据的打通、共享和扩展是并购的本质。

文化企业通过并购整合之后的数据整合,将更有效地研究和洞察人们生活方式的变化,包括生活习惯、娱乐方式、购买偏好、潮流走向等。由此,下一步大型平台企业在实现个性化定制的基础下,可能会成为所有制造类和服务类企业的整合者,也就成为许多行业标准或规则的制定者。我们经常说,三流的企业做产品,二流的企业做品牌,一流的企业做标准。平台企业通过大数据分析能够预测产业的趋势和潮流,然后通过标准或规则设计研发以及订单方式的定制产品,由此占据价值链高端,其他制造类和服务类企业则成为它的附庸。同时,大公司和小公司具有更大的竞争优势,中等公司面临生存危机,它们要么通过并购成长为大企业,要么成为被并购的对象。

(四) 由 PC 端到手机端

4G、5G 的快速普及和 WIFI 无线网络的覆盖为手机上网奠定了网络基础,各类与生活联系紧密的手机应用则提升网民的使用动力,尤其是手机网络音乐、手机网络视频、手机网络游戏和手机网络文学的顾客规模持续增长,以及基于真实生活需要的手机地图、购物、支付等应用满足了手机网民多元化的需要,大大提升了网民的使用黏性。

根据 Internet world stats 分析,截至 2016 年 6 月,世界网民规模达

36.76亿,占总人口的比例为50.1%,占比首次过半。其中,冰岛、丹麦、荷兰、挪威、塞浦路斯等国家的互联网普及率已超过95%,"国民即网民"的状态加快来临。就规模来看,中国、印度、美国、巴西、印尼、日本和俄罗斯等七个国家的网民规模均超过一亿人,印度和印尼两个人口大国近年来网民规模增长迅速。中国互联网络信息中心报告显示,截至2016年12月,我国网民规模达7.31亿,互联网普及率达到53.2%,超过全球平均水平3.1个百分点,超过亚洲平均水平7.6个百分点。手机网民规模达6.95亿,占比达95.1%,增长率连续3年超过10%。① 手机是拉动网民规模增长的首要设备,通过台式电脑、笔记本、平板电脑的上网比例则呈下降趋势。电脑端向手机端迁移趋势明显,手机电子商务应用发展迅速,手机领域内各应用的使用率相较其他类应用涨幅更大,其中手机在线支付使用率的涨幅最大。

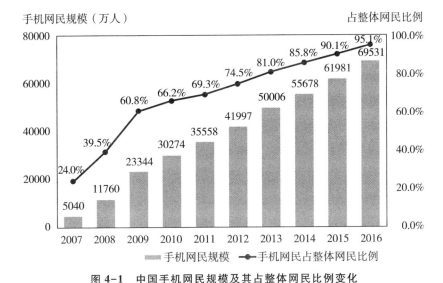

图4-1 中国手机网民规模及其占整体网民比例变化

来源:中国互联网络信息中心第39次《中国互联网络发展状况统计报告》。

---

① 参见中国互联网络信息中心:第39次《中国互联网络发展状况统计报告》,http://media.people.com.cn/n1/2017/0123/c40606-29042485.html。

随着移动互联网越来越成为互联网发展的新动力,手机将逐步成为各种信息活动和话语权的中心。相应地,手机作为最有前途的多媒体平台,会越来越取代 PC,成为最大的媒体终端和娱乐消费终端,同时也会成为最大的购物终端。移动互联网技术的发展和智能手机的普及,促使网民的消费行为逐渐向移动端迁移和渗透。由于移动端即时、便捷的特性更好地契合了网民的无边界娱乐的需求,伴随着手机网民的快速增长,移动娱乐应用成为拉动文化产业增长的新引擎。

PC 端和手机端的商业模式其实有很大不同。PC 端的商业模式是通过入口产品获取顾客,把控网络流量,最后通过流量变现来获取盈利。移动端的商业模式则是通过极致的产品和服务来获取顾客,把顾客变成自己的"粉丝",然后通过跨界整合资源来为顾客提供更丰富的体验价值,最终提高顾客的消费均值,形成有黏性的顾客平台后再寻找盈利模式。二者不同的主要原因在于:其一,移动互联网顾客量更多,但是碎片化的特征导致无效流量增加,无法通过简单的流量变现来盈利。其二,PC 互联网只能通过标准产品来获取顾客,而移动互联网可通过非标产品来获取顾客,从而提高对顾客的黏性,形成"粉丝"群。其三,移动互联网的强社交属性增加了顾客平台的黏性。[①]以出版领域为例,互联网的带宽决定了其向移动互联网迁移的速度,数字出版高网速传送的内容会获得更好的顾客体验,为数字内容的深化开发与推广提供了支持。随着带宽网速的改善和提升,无线网络逐渐会与有线互联网一样快捷,而手持、移动的便捷属性又使手机拥有PC 终端所无法比拟的优势,传统的 PC 终端商业模式将遭遇移动互联网带来的强大挑战,数字出版走向移动化将得到更多体现。

将来在 5G 甚或 6G 的推动之下,随着移动互联网将进一步全面覆盖,手机会引入更多的创新,会产生新的商业模式。当"手机的智能化、生活的手机化"潮流正奔涌向前时,实现适应移动互联网时代的战

---

① 参见中国电子商务研究中心:《中国移动互联网行业深度报告》,http://www.199it.com/archives/256419.html。

略调整,对有些业务立足 PC 端的文化企业无疑是一种不容小视的挑战。

(五)由同质竞争到品牌和数据经营

当前,文化产业领域的企业面临的直接危机包括同质化竞争(如动漫企业数量过多)和成本上升的双重压力。避免同质化竞争的做法包括拥有打造自主品牌、实现产品层次化和体现产品的独特性魅力等。而只有通过延长产业链、提升附加价值才能应对成本上升的挑战。

在文化产品的经营上,要注重品牌化和延长产业链的互相促进。以媒体拓展为例,电视媒体和新媒体的互动为产业发展创造了新的机遇,同时为产业链的完善提供了便利,产业链越长,品牌影响力越大;品牌影响力越大,产业链越长。有品牌效应就可以延长产业链,有明星和"粉丝"效应,收入就会更高,里面的广告植入就会更多,产业链就会延长。媒体的跨界整合可以带来资源的集约应用。比如《中国好声音》《中国好歌曲》一边电视演出,一边利用互联网平台进行全方位的推广。节目第一次表演的效果好,后面的口碑就快速建立,一周之后所有人都在讲好声音、好歌曲,这就有了融媒体或立体网络传播手段的运用。一个基本趋势是,一个节目要形成适用于不同平台的不同版本,就可以形成一个链条上的综合消费,从而实现内容方、平台方与顾客的共赢。

在 DT 时代,内容的创作、品牌的打造及提升与产业链扩展其实是一体的。大数据重新定义了品牌——"数据即品牌",即从企业品牌到"顾客—顾客"口口相传的品牌传递(如点击率、交易次数、好评、打赏等)。也就是说,企业品牌最有价值的资产变成了顾客评价和口碑,顾客评价在互联网上变现为一系列的数据。由此"数据即品牌"在 DT 时代有了全新的意义——顾客之间的认同和互动成为成就某个产品或企业品牌的最重要的杠杆。

(六) 由"在地"产业和"在场"产业到"在线"产业

一般而言,"在地"产业指的是那些历史流传下来的、物态的、不可移易的文化资源,以及那些地域性的、民间和民族性的、活态的文化空间(如民俗和非遗等),它属于潜在或非现实的"产业"。"在场"文化产业是对"在地"产业的进一步开发,通常是指生产和服务提供同时进行的文化服务业,主要是对在地文化资源的"创造性的展示",包括现代会展业、演艺业、影视业等。"在场"文化产业往往都是与"活动经济"联系紧密的产业类型,也可以说是文化旅游的"升级版"。如大型民族舞剧《丝路花雨》是我国最早和最成功的演艺作品,使得敦煌壁画中"飞天""反弹琵琶"等艺术形象传遍了世界。而"在线"文化产业是在DT时代对各种文化资源开发的高级形态,代表了文化科技融合的新趋势。

随着网络化、数字化和智能化的发展,现代文化已经普遍具有了"网络形态"和"数字形态",消费者可以通过各种数字化传媒手段,在任何时间、任何地点消费任何文化产品。这些消费形式包括:通过数字技术全息复制在地文化资源,供人们网上消费;通过数字技术模拟在地文化资源环境,强化人们文化消费的虚拟体验;发掘在地资源的故事素材,以动漫、纪录片或故事片等方式实现对在地文化资源的高端创造;建设文化遗产数字化研发与传播中心,由沉浸式新媒体群构成,依托强大的云计算服务中心,以特种电影为引领如球幕、巨幕、3D、4D等,以促进影视特效与动漫产业的发展,实现知识产权保护、利用、传播与共享,推进文化资源向文化产业转化。

在DT时代,在地产业、在场产业和在线产业之间的基本关系是:任何在地产业资源丰富的地区,如果没有强大的在线产业支持,都很难迅速实现从"文化资源"向"文化产业"的转变。反过来,如果一个地区在线文化产业发达,那么即使它的在地文化资源极为贫乏,也依然可以成为文化产业的巨无霸。所以,由"在地"产业、"在场"产业到

"在线"产业的转化,可以促进文化产业立体链条的形成,为文化企业业务的转型升级提供重要契机。

（七）由渠道到平台

一般而言,传统媒体重视渠道,新媒体重视平台。渠道（Channel）和平台（Platform）这两个概念其实代表着两种不同的运营思路,最终会导致完全不同的企业经营及融合方向。渠道在很大程度上是信息传播的一个通道,所谓渠道为王,就是当顾客只能接受这个信息获取的路径之时,顾客基本就被传播者所把控。渠道一般仅限于传播者和顾客之间的互动,而不是顾客和顾客之间的互动。渠道的典型特征是封闭性的,它强调对信息的结构化的有序控制——无论是控制顾客,还是控制信息,信息的传播必须是可控的。渠道的另一个特征是互相之间不兼容,一旦渠道 A 的信息和渠道 B 的信息可以互通,那么,渠道 A 就会因为无法控制渠道 B 而深感忧虑,反之亦然。①

在 DT 时代,互联网型的平台与传统媒体的渠道不同在于,平台可以承载很多渠道,并且平台上的信息显得混杂不堪。平台上的互动是网状的、多点对多点的。平台更关注如何承载更多的信息,以及如何让信息流动起来。在互联网型的平台上,信息或内容本身没有黄金和垃圾之分,判断为黄金或者垃圾完全取决于顾客的意愿。相对而言,广播电视电影领域甚至电信系统的从业者,通常都是浸淫渠道多年的人;而互联网领域的从业者,其思维一开始就是平台式的。在各种信息资源高效流动的 DT 时代,文化企业的真正合理的选择应是平台式的而不是渠道式的,因为从渠道的"有序"走向平台的"混杂"是必然的趋势。

（八）由价值链到价值网

根据梅特卡夫定律,网络价值与网络规模平方成正比。网络规模

---

① 魏武挥:《渠道和平台》,《21 世纪经济报道》2010 年 2 月 6 日。

主要有两点:其一是网络节点,其二是参与的顾客数。节点越多,顾客越多,网络价值越大。就整体而言,网络在线边界一直在不断扩大,最终让任何人、任何物在任何时间和任何地点,都永远在线,实时互动。联网之后,点和点之间通过阅读、收藏、转发、搜索、评价、点赞、打赏、购买等各种方式保持互动。节点之间数据流动越频繁、数据分享的程度越宽广,各个节点从网络获得的价值越大。在节点聚合的平台上,不仅 B 和 C 之间有互动,B 和 B、C 和 C 之间也有大量互动,进行数据交换。从 PC 互联网到移动互联网,大大降低了实时互动的成本和方便程度。顾客会随时随地记录他们的意愿或需求,企业可以根据这些意愿或需求不断地去改进产品,使企业经营和顾客诉求实现共同演进。例如,亚马逊的买家会通过其他买家的评价决定自己的购物决策,而卖家之间也可以结成商圈、商盟方式,共享数据,相互推荐顾客。如果平台无法提供这些深度的数据交换,买家和卖家只能以封闭而孤立的链状沟通结构,就不是一个网状沟通结构。

由链状沟通结构到网状沟通结构,落实到商业运营层面就是由价值链到价值网的变化。我们研究国内外的互联网文化产业发展可以看出,单纯的自营模式无法盈利,必须是多元化的商品组合。比如,亚马逊出版的"开放平台+数字发行+云服务"的盈利模式,更多关注商业模式的健康性和整体价值,提高竞争的门槛和技术含量,不仅要与竞争对手比拼内容体验,更要比拼配送、分发、物流、售后服务等软实力。当然,小微文化企业也可以借助互联网平台上进行价值网构建。比如,演艺企业可以采用线上直播与线下实体演出联动的模式(其实是 O2O 模式),或者以行业、地区、主题进行分类,针对不同顾客群体的需求提供个性化的服务以此来实现超越,并对反馈的数据信息进行挖掘、分析,更清楚了解顾客需求,对顾客关系进行更精细的管理,将更符合顾客需求的产品和服务推送给顾客群体(其实是个性化定制)。

在 DT 时代,企业的价值链逐步趋向解体,价值创造活动不断地外部化。在价值链的外部化过程中,伴随着价值链的商业化,释放出大量机会。比如,"粉丝"背后是营销与消费的一体化,伴随着交易行为的合作化,生产公司参与供应商的产品设计,消费者也可以一道参与产品的设计。过去价值链的线性设计与命令链变成了网络聚合与自组织。特别是在自媒体的平台上,无论是创意、研发、生产还是传播、营销、消费,都是一个大群体,人数众多,偏好各异,没有人可以命令和控制,靠的只能是自聚合和自组织。

在大数据推动之下,产业结构不再是线下垂直分布的一条条单向价值链,而是线上线下相互连接和交织的价值网。从宏观来看,互联网平台型企业成为"互联网+"产业结构的交通枢纽和调度中心,通过线上的消费者洞察和大数据分析,更好地服务于线下产业的设计生产和资源整合。从微观来看,"互联网+"则是一场C2B驱动的逆流而上的价值链渗透、改造和颠覆,从消费端开始沿价值链向纵深渗透,逐渐改造价值链中的各环节和各主体,从而产生了不同创新程度的产业主体之间的"网络型"商业模式。

这种新的商业价值网的重构,导致了企业边界和相关者角色越来越趋于模糊化,或者说,创意、管理与商业之间的界限越来越被打破了甚至消失了。未来的趋势是创意、管理与商业走向融合,企业与市场趋于一体:其一是方向性信息的爆发、开放与分享,丰富了企业可选择的连接与互动空间;其二是商业基本设施的完善,比如微博、微信、微视等,使得价值创造活动普及化、自助化、共享化;其三是对人的尊重,即尊重每个人的信息和知识,这才是与众多相关者连接与互动的入口。①

超越价值链,形成非线性的立体的价值网,关键在于企业为顾客创造更为丰富多样的体验价值,即通过顾客洞察、数据分析,发掘顾客潜在的体验需求,推进业务和产品创新,打造独特而丰富的产品或服务,实现顾客体验的飞跃,由此实现顾客规模的增长,实现企业整体价

---

① 刘昶:《互联时代的商业与管理重构》,《清华管理评论》2014年第3期。

值的升级。

(九)由项目型企业到整体价值型企业

经营企业的根本目的是不断提升企业的整体价值(或者实现整体价值放大),而企业的整体价值并不等于现有的可辨认资产的价值之和,它可能蕴含着一些有助于可辨认资产发挥更大作用的、难以量化的因素,特别是人们对于企业发展潜力和未来的市场预期。换句话说,企业是为未来实现价值,而不是当下,企业必须为未来而奋斗,主要看未来有没有成长性和市场地位,有没有持续的市场竞争力。像国内BAT等公司一直致力于企业整体价值的提升,现在已取得骄人的业绩。再如华谊兄弟公司投资并不仅仅计算某个项目的得失,而是着力于思考什么业务和结果对企业整体价值是最重要的。与之相反的情形,则是局限于做项目以及寻求短期回报的企业。例如,许多影视公司都热衷于今天投资一部电影,明天搞一项什么活动,整个企业运营都是在经营一个个项目(我们称之为项目型企业),并没有真正在经营企业,所以企业整体价值的商业模式并没有体现出来。

企业经营应以企业整体价值实现为商业模式创新的指向,形成综合集聚效应。以艺术类企业为例,具体说来,艺术类企业具有以下几个盈利环节和增长点:其一,提供专业化的文化产品交易服务。借助规模化平台,提供专业性的文化产品交易服务、交易会展和交流服务、艺术家以及作品推介服务、文化产品物流服务等。其二,与文化产业投资企业、文化金融服务企业等合作,开展资本运作并上市发展。其三,提供商业物业服务,如会议中心、培训中心和商务楼宇租赁等获取收入。其四,线上和线下规模化经营的扩展,通过核心内容和业务的扩展来提升专业化水平和附加价值。① 再如,音乐服务企业可以以音乐现场体验(LIVE)和参与为核心,打造系列产品,然后通过打造参与

---

① 陈少峰、张立波:《文化产业商业模式》,北京:北京大学出版社2011年版,第181页。

性和体验性的若干核心活动品牌,吸引本地和外地、线下和线上音乐爱好者和音乐消费者全面参与,形成集聚人气的氛围。以具有独特性的音乐产品及其产业链结构的商业模式,依托物理平台和虚拟平台,充分挖掘资源和潜力,形成音乐主题公园及其联动发展的商业模式。

总之,在 DT 时代,文化企业商业模式创新要顺势而为,实现由规模化制造到个性化定制、由平台为王到内容与平台的综合化、由资本并购到数据整合、由 PC 端到手机端、由同质竞争到品牌和数据经营、由"在地"产业和"在场"产业到"在线"产业、由渠道到平台、由价值链到价值网、由项目型企业到整体价值型企业等多层面的转型升级,才可能拥有自己更为持久的竞争优势。

三、重新定位与重组资源

在 DT 时代,文化企业应善用互联网的方法,用数据定义商业运营,将新的商业规则沉淀到企业运营系统中,实现经营模块化、自动化和流程化,企业管理由按资源分配渐变为按顾客需求分配。

(一) 重新定位

在当今这个着重"差异化"的时代,文化企业要想通过"差异化"战略来获取竞争优势,就必须学会选择。无论是业务结构还是产品或服务,都要做到有所为有所不为。通过大数据,可以系统地了解竞争对手、了解既有市场和顾客需求,开发或挖掘特色体验项目,形成差异化;投资和开发顾客认为是重要的产品或服务的差异化特征,同时避开行业锋芒,使企业的产品或服务与竞争对手之间的相似性越小,企业受竞争对手的影响也越小;根据创意内容运营的内在规律和特点,以企业为运作主体开发具有差异化的、可持续的、具有知识产权和品牌价值的项目,并形成无形资产积累和品牌沉淀。

从市场开发的角度看,顾客体验价值创造的实质是企业通过对一种新内容的创造和自身使命的调整实现了一种新的市场定位,由此进入新的蓝海领域。文化企业作为内容创造的主体,个性化、差异化的产品战略是企业得以生存和发展的前提条件。每一种个性化、差异化的产品战略,都源于对目标顾客的精准分析和定位。以大数据为基础的顾客分析和定位包括:其一,以行为、时间和空间三个维度,构建个体洞察;其二,以不间断、即时性的数据,捕捉最恰当的营销场景;其三,以群体的需求趋势,预测个体的需求走势。正因为大数据顾客分析和定位还原了人与生活之间的直接关联,才让个性化定制成为可能。

大数据对顾客定位的理解和把握不再是因果关系,而是相关关系。因果性和相关性最大的不同在于,因果性是基于追问为什么的线性逻辑,这种逻辑体现在商业上强调的是以产品为中心的经营;而相关性是基于重视关联的非线性逻辑,这种逻辑体现在商业上则是强调顾客的聚合。在因果逻辑中,顾客是由企业定义的,而相关逻辑中,则是企业由顾客定义。①

因此,所谓重新定位,可以具体考虑以下几种方式:第一,重新定位顾客和发现顾客需求。这里包含两个方面的含义:一是发现潜在的顾客,二是发现顾客的潜在需求。在互联网文化产业快速发展的今天,顾客需求不断发生变化,个性化、体验式需求趋势越来越明显。那么,如何来适应这些需求的变化,使得企业在同质化竞争日趋激烈的市场中立于不败之地?一方面,社交网络兴起,大量的 UGC(即顾客生成内容)内容、文本信息、图片、音频、视频等非结构化数据以及物联网的相关数据,加上移动互联网能更准确、更快地收集顾客的位置、生活信息等数据信息,可以给企业提供比较可靠的参考。另一方面,最重要的是注重对非顾客的挖掘。在文化企业竞争中,非顾客(non customer)越来越显得与顾客一样重要。规模最大的企业(政府垄断企业

---

① 阿里研究院:《互联网+:从 IT 到 DT》,北京:机械工业出版社 2015 版,第 72—73 页。

除外)的非顾客的数量也远远超过了它的顾客的数量。企业的市场占有率很少能够超过30%。因此,大多数企业的非顾客数量至少占潜在市场的70%①。然而,对非顾客有了解的企业非常少,知道他们为什么没有成为顾客的企业少之又少。因此,非顾客始终都是商业模式变革和创新的原动力。企业管理层的出发点不再是其自己的产品或服务,甚至也不是产品或服务的已知市场和最终用途。出发点应该落在顾客认定有价值的方面,出发点应该是这样的假设,即供应商不卖的,就是顾客需要的。顾客认为有价值的始终都与供应商认为有价值的或认为具有优质品质的方面存在相当大的出入。② 因此,借助大数据,企业可以更为理性地坚持顾客导向,做到优待老顾客、吸引新顾客、开发非顾客。

第二,重新定位产品或服务的实现方式。这种商业模式创新是围绕新的市场需求来对产品或服务的创新,但是这里所说的重新定义产品或服务,不是指在原有产品或服务的基础上进行的改进,而是在充分利用大数据对顾客行为进行分析的基础上向个性化时代过渡。移动互联网的商业模式不再是企业的孤军奋战,必须以联盟为载体。通过合作,聚合彼此价值链上的核心能力,创造更大的价值和形成更强的群体竞争力。这种创新的目的是通过降低分销环节中所增加的附加值,从而达到提高顾客体验价值的目的。移动互联网可使企业实时与顾客接触,使企业及时收集顾客的相关数据,经标准化后整合到联盟内的统一的信息共享平台上,再利用云计算,对海量数据进行分析,并根据顾客的规模及市场的竞争情况,组织协调联盟成员共同确定所提供的产品与服务的水平;在外部需求变动的情况下,企业利用云计算的预测分析功能挖掘顾客的多样化的扩展需求,大数据引致的联盟价值网络结点越多,资源的组合越多样化,由于信息产品或自助服务

---

① 〔美〕彼得·德鲁克:《21世纪的管理挑战》,朱雁斌译,北京:机械工业出版社2009年版,第25页。

② 同上。

的边际成本较低甚至接近于零,所以企业可以开发高附加值产品或增值产品以获得收入。大数据使有形的文化产品不再是实现价值的唯一载体,信息咨询、知识服务及其组合可形成完美的顾客解决方案,降低了企业向顾客交付产品或服务的复杂性,满足顾客潜在需求。大数据可使企业关注顾客的购买情境,在经营中发掘客户行为模式,运用决策支持系统和数据挖掘技术发现潜在顾客群,预测顾客行为模式,以获得丰富的顾客知识,通过对顾客知识的运用预测深度的业务发展趋势,可以开发出引领顾客需求的新颖的产品或新型服务,从而提高竞争能力。

第三,重新定位一个企业在产业链中的位置及其充当的角色。比如,改变创造和购买之间的混搭,一部分由自己创造,其他由合作者提供而进行购买。通过专注于价值链上企业最擅长且具有高附加价值的业务活动,而将其余业务活动外包出去,从而实现商业模式再造。对于缺乏大量渠道大数据和顾客大数据的小微文化企业,可以专注于内容的体验价值创造,这是实现持续成长的关键。文化产业经营在未来特别适合小而美的公司,它们需要在商业民主化的构建下产生一种自己独有的优势,在用多品牌运营的模式组建自己的势能。如洛可可的发展战略是在未来两到三年内成立一百家小而美的创意公司,产生一个小而美的势能。面对大数据,小微文化企业要找到提供差异化服务的点,收集大量的数据信息,从数据中找到新的价值并衍生出其他盈利方式。

在当今,"大众创业、万众创新"成为小微文化企业发展的新动力,催生了以微信、微博、微电影、微健身、微旅游、微产品、微店、微创新、微应用等为代表的"微"经济。作为小微文化企业,可以不必考虑自己独立建设一套大数据系统,而将企业的大数据建设外包给适合的服务商(如阿里云、腾讯云等),将企业本身的所有精力投入顾客内容体验的开发上。小微文化企业首先要做的不是追求大量的数据,而是首先具备大数据思维,提供差异化的在线内容服务,把注意力、精力投入顾客体验的开发上,在运营中积累独一无二的内容数据资产。真正想明白大数据的公司,都会在内容和服务上发力。任何一个小微文化企业都可以通过提供新颖的服务来获取不同的数据资产,大数据恰恰给小企业提供了难得的超越机会。

而大型文化企业则需成为规模化平台的聚合者,关键在于打造独特的网络空间和开放平台,整合内外部资源,形成价值创造的聚合效应。不光平台型文化企业具有这种条件(前面在"平台型商业模式"一节已进行分析),即使是内容立身的大企业亦可以向这个方向发展。比如,太阳马戏团的巨大数据库,共包含了世界上3万个著名艺术家的档案以及培训明星的全过程的记录。其中,为每一个新来的人才都建立一个文档,里面有录像带和星探的评语等。每一个档案都会不断更新,添加新的演出记录等新信息。数据库记录了天才们各种奇异的演技,如学过古典舞的支竿小丑,或会唱歌的柔术演员。数据库中初始的记录,来自于太阳马戏团独特的试演程序。表演者展示自己擅长的才艺,而来自各个领域(音乐、跳舞、杂技)的专家们,则给出相应分数,如身体指标(柔韧度)、精神指标(态度、激情)等。那些分数以及评价,会直接进入这些"明日之星"的数据库档案中。候选人表演完准备好的节目之后,评审团还会要求他们唱歌、跳舞、做体操,以及扮演小丑等。或者即兴地说出一个场景,让候选人描述家人的关系。这样做的目的,只想让表演者更真实地展现自己,以便在才能和性格之间寻求一个平衡点。

(二) 重组资源

所谓重组资源,就是用数据定义企业运营,从创造顾客体验价值出发,按顾客需求重新思考和配置各种有形和无形的资源。对于文化内容型企业而言,重组资源必须考虑如下几方面:其一,深度垂直。深度垂直而非浅尝辄止的内容型企业具备较大的成功可能性,深度垂直较为容易构建较高的竞争门槛,也容易吸附垂直领域的各种内容创意人才和资源。企业的定位应该是针对某个目标人群的某种需求深耕细作，成为这个领域最优秀的内容供应商或运营商。其二，社群观念。业务运营体系建立在获取、服务和发展顾客的基础之上，顾客通过某种方式形成社群组织，顾客之间、企业与顾客之间都可以借助这种方式形成深度持续的互动连接。例如，建立自己的运营平台（含官网、APP、微信公众号等），产品的开发围绕顾客需求来进行，产品的修改激发顾客参与，保持内容的日更/周更而非月更等。其三，创意集成化。单一的点子或偶然性的内容创新是不够的，有投资价值的内容型企业让创意持续可预见地产生，其中一个重要环节就是建立一套创意集成的机制，吸纳这个行业的优秀人才。内容创意永远会被下一个更好的创意超越，如果不能保持对市场的敏感，并构建出强大的创意收割能力，企业在下一个内容的竞争中可能就败下阵来。一个企业不可能垄断某种创意与创意生产，但可以以此为目标不断逼近。其四，全产业链经营。全产业链即同一个IP把它做成如游戏或者电影等的内在扩展形式，充分地挖掘IP的价值，更重要的是在这个门类里建立比较高的门槛。对顾客数据的获取和保留以满足顾客需求要具备全媒体的生产能力，内容型企业既要有自己主攻的媒体形态，也要提供视频的资料，还有提供大电影，还要提供社区化线下服务。

对于硬件制造类文化企业而言，其资源配置以及商业模式也要转型为以解决顾客体验需求的问题为中心。硬件制造类企业将不仅仅进行硬件的销售，而是通过提供售后服务和其他后续服务，来获取更多的附加价值，而带有内容或信息功能的系统逐渐成为硬件产品新的核心，意味着建立在个性化需求基础之上的规模定制将成为潮流。硬件制造类文化企业要在制造过程中尽可能多地植入内容要素，增加产品附加价值，拓展更多、更丰富的服务，提出更好、更完善的解决方案，满足消费者的个性化需求，逐步走"内容服务+软件制造+硬件生产"的一体化之路。以顾客为中心、以互联网为基础设施的个性化定制的C2B，其三大支撑就是个性化营销、柔性化生产和社会化协作。C2B需要形成 CBBS 的格局,即只有把 C(顾客需求)作为原点,把 B(渠道商、生产商)作为终点,并让 S(服务商)也参与其中,整个产业链条才能真正有效重构①。

(三)时间的延展和网络空间的延展

大数据所具有一系列的泛在性特征(包括时间泛在性和空间泛在性等),使得分布式的资源配置、协同型的价值网络和跨越空间的经济集合成为可能,从而打破了实体要素集合的概念,将内容资源、产业要素与技术条件进行有效整合。

1. 时间的延展

在 DT 时代,所有的体验本质上都是时间现象,由此,时间这个要素开始超越空间要素而成为竞争的核心要素,相应地,时间的竞争将超过空间的竞争。如何吸引用户花费时间,如何延展时间链条,如何帮用户省时间,如何有效地使用时间,如何优化有钱人的时间等,就成为企业塑造自己业务的基本方式。一旦时间开始成为企业竞争的核心要素,所遵循的游戏规则也就会发生变化。先有人,后有生意,先有需求,后有供应。这种新的模式大大降低了企业的经营成本。② 并且,时间成为终极战场,所有争夺时间的组织都是企业的竞争对手,商业的本质越来越呈现为反复的互动生成的时间现象。时间既是战场,也是货币和财富:提供内容,可以留住时间;提供服务,可以优化时间;让人上瘾,可以拖住时间;随机奖励,容易拉住时间;不确定的时间,可以实现不确定的获得,等等。

在 DT 时代,人们对于创意、内容等体验价值个性化需求越来越丰富,并且人们的个性化需求越来越容易发现和满足,所以,时间才有可能逐渐超过空间成为商业竞争中最核心的要素,商机也从空间转向时

---

① 阿里研究院:《互联网+:从 IT 到 DT》,北京:机械工业出版社 2015 版,第 46 页。
② 同上书,第 71 页。

间,由此企业经营将进入时间主导时代。比如,电影院、娱乐场所不再是简单的娱乐场所,而是"粉丝"的聚会和沟通之地。看电影,时间权衡可能成为重要因素,需要看到底值不值得花费时间。由此,企业的使命不是经营某个产品,而是经营"粉丝"的时间。当经营"粉丝"大于经营产品本身时,线上社区的地位就体现出来了,如通过O2O模式实现去渠道化,这种模式意味着经营"粉丝"就是经营人,经营人就是经营人的时间如何度过,由此,人的时间在某种程度上成为企业最有价值的竞争性资产。譬如,微信有一个基本价值观,一个好的产品是用完就走;消费者花的不仅是钱,而且是时间,整块时间的支付。微信已经牢牢抓住了八亿多顾客的心,并且正尝试将提供给顾客的价值从最初的通信和社交,拓展到游戏、娱乐、购物及与生活的一切,使腾讯从一家顾客规模巨大的公司,发展为赚钱机器。一个简单的事实是:顾客的时间和金钱有限,他们投入到微信上的多了,在阿里巴巴上的自然就少了。而相比阿里巴巴,微信似乎更具有成为娱乐无边界的移动互联网生活和工作平台的潜力,在顾客时间以及财富争夺战中可能会处于较为有利的位置。

2. 网络空间的延展

在时间要素越来越主导的时代,文化企业之间竞争,与其在实体空间上过多地纠结,不如在虚拟的网络空间上加紧布局。目前在大数据等互联网基础设施上展开的新一轮较量迫在眉睫。人们充分认识到了数据资源的重要性及其蕴含的商业价值,而支撑大数据的资源积累和利用的基础,正是云计算服务平台。云计算服务平台可以为海量数据的存储、处理、分析提供基础能力,平台之上存储与处理器靠近、数据交换更为便利等是难得的优势,计算资源的集中提供,将为大数据潜力的释放助力。在数据驱动之下,数据会决定企业生产什么,而不是企业决定生产什么。其中,一个明显的现象就是内容和软硬件的结合在网络空间的快速发展。比如亚马逊的Echo Show做得比较成功,成功背后的逻辑是它在这个内容上做了一些改造,而不仅仅是一个软硬件的解决方案。Echo Show 的重点就在"Show"上,它可以查看 YouTube、CNN 等网站上提供的视频,可以在屏幕上提示歌词;可以直接询问天气、日程、账单等。特别是 Echo Show 打造的视频通话,手机 Alexa 用户可以直接和 Echo Show 进行视频聊天,Alexa app 甚至也可以和所有的 Echo 用户进行语音通话,组建了一个新的对话网络。这是新的内容和软硬件的结合形式带来的人工智能提升的机会。

文化企业之间竞争,必将日益打破了物理空间的限制,逐渐延伸至互联网无边界的市场。譬如,任何一个有独特创意的个人,都可以通过移动互联网聚合同类,创造小众群体并为之服务,于是一家小公司就可以诞生了,甚至它可以无限小地生存,小到仅有一个人。当然,目前领先的平台型企业(如亚马逊、阿里巴巴、脸谱、腾讯、谷歌、百度等),通过加强国家和地区覆盖,已成为跨境经济的重要枢纽。通过跨境电商,不但可以加快中国文化走出去的步伐,而且可以达到减少文化贸易逆差的目的。对于国内市场日渐饱和的影视产业而言,通过"卖全球",让国内创意水平更高、创作生产能力利用更充分,更重要的是建立了国内外企业之间的联系纽带,国内影视企业更了解国外市场的需求特点,进而发展为从进口影片到出口影片,使进出口通过实现良性的正反馈而趋于平衡。

文化产业跨界的特点,也要求文化企业必须放宽眼界,积极参与全球竞争。世界经济日趋全球化,企业再也不能按照国家经济和国家疆界规定自己的经营范围,必须站在世界的高度,按行业和服务定义它们的经营范围。① 所有文化企业都必须将全球竞争力视为一项战略目标。必须以同行业内表现最优秀的企业为标准,只有这样才能在激烈竞争中立于不败之地。而在这一方面,网络空间的扩展可以大有作为。国家有必要建设基于互联网云存储和大数据技术的全球共享的全媒体的运营平台,让更多的国际专业人士和机构有机会参与到中

---

① 〔美〕彼得·德鲁克:《21 世纪的管理挑战》,朱雁斌译,北京:机械工业出版社 2009 年版,第 56 页。

国视听图文的制作和交易,开辟制作方、内容提供方、受众、媒体顾客、广告主等利益相关方共享互利的商业模式。它既是全球制作协作体系,也是制作人合作共享的体系、内容交易平台。大数据支撑起全球的基础设施,必须利用互联网、电子商务平台建立新一代、支付、物流、信用的基础设施,从底层实现全球文化贸易的自由和平等,同时也为文化企业成长壮大提供更开阔的市场环境。

四、产业链扩展与生态系统重构

评价一个文化企业商业模式最基础要素是看其业务或项目运营是否符合文化产业内在规律,是否具备规模效应、可复制性、产业延伸、可持续发展等特征。在 DT 时代,文化企业要进行商业模式创新,产业链扩展与生态系统重构显得尤为重要。

(一)注重产业链扩展

数据成为新产品和新商业模式的基石,关键是无限地再利用。大部分的数据价值在于它的使用,而不是占有本身。[①] 为此,企业不在于仅仅掌握庞大的数据,而在于对这些有意义的数据进行专业化处理。文化企业旨在通过为文化创意、为顾客创造效用,企业只有衔接上下游相关环节的产业主体以及横向的产业关联共同延展价值链,才能创造更大的效用。扩展内容大数据增值的产业链,要以资源的多次利用,即形成纵横交错的产业链形态的拓展经营和扩展收入为主。

产业链扩展,可以体现为资源共享的全产业链(如打造一部或者系列主题化电影,形成电影票房、电视、视频播出、游戏、舞台剧、主题公园、延伸产品)和产业布局形态的全产业链。前者提高效益和持续化品牌积累,后者可以吸引企业入驻并避免同质化(特别是同业务、同

[①] 〔英〕维克托·迈尔-舍恩伯格、肯尼思·库克耶:《大数据时代》,盛杨燕、周涛译,杭州:浙江人民出版社 2013 年版,第 156 页。

市场)竞争。一般说来,文化产品的初始研发投入成本高,但复制、生产、传播、衍生开发等后续的价值延伸增值的成本却非常低,因此,产业链条越长,文化创意的无形价值的开发和利用越充分,企业的利润就越大,回馈反哺内容创意研发的力度越大、积极性越高,企业的核心竞争力也越强。比如,在香港上市的星美传媒将艺人经纪公司千易收归旗下后,已形成集电影、院线、影视基地、广告和艺人经纪于一体的文化娱乐产业帝国。

产业链扩展,也可以通过对价值链或价值网进行创造性的要素组合。在电影、电视剧以及动漫卡通领域开始步入总产能过剩以及制作费用持续提升的时期,只有能够提供优质内容、及时延长产业链、打造综合传媒平台和渠道、整合行业及社会资源的公司,才能巩固自身的竞争优势。下面我们专门以网络 IP 为例来分析网络 IP 产业链扩展的具体方法。

(二)典型案例:网络 IP 扩展模式

在内容生产领域,传统上,被视为文化精英的小说作者将自己构思的内容在书籍、报纸、杂志等物态化载体上出版,并以稿酬作为主要收入来源。随着互联网和移动阅读设备的快速普及,网络小说是以"粉丝"受众偏好大数据为创作驱动。由此,以专业作家进行的内容和情感的单向传播,转变为创作者和广大受众平等、及时的双向交流;以专业的文学刊物作为主要阵地的小说生产机制已经被打破,越来越多的网络作家开始崭露头角,如顾漫、南派三叔、桐华等。刚开始创作或名气较小的作者一般先和网站签订协议,主要是靠流量收取版税,点击量是影响作者收入的重要因素。因而,作者会主动充分搜集和利用受众偏好大数据,吸取受众的反馈信息,并运用到后期的创作和开发中。在互联网时代,有着庞大"粉丝"群体的网络小说就是后期开发影视作品收入的先期保障。网络小说 IP 开发以受众为导向,核心目的是为了争夺受众的注意力,即必须注重受众的情感体验和价值追求。

开发影视作品的成功是受众体验得到满足的结果。

作者作为内容的创造者,是网络小说 IP 的源头活水。适合被影视开发的网络小说 IP 被创作出来以后一般有两种流向:一是作者始终自己掌握核心 IP,拥有"创作者+开发者"双重身份,全程参与产业开发;二是作者将 IP 授权给单独一家或多家影视制作公司进行开发,作者可能参与或不参与后期的产业开发。网络小说 IP 开发运作平台是起着基础作用的、可衍生其他相关影视文化产品的一种环境。一部好的网络小说 IP 被创作出来之后,要遵循一般影视剧产业开发的内在规律,同时更需要众多影视企业对内外资源的不断整合,跨平台地合作,引发受众对作品的持续关注。

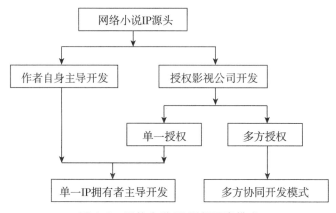

图 4-2　网络小说 IP 影视开发模式

1. 单一 IP 拥有者主导开发模式

(1) 作者主导的开发

一些网络小说作者认为,IP 如同一个需要从头到尾保持完整性的金字塔,自己的小说 IP 被割裂后无法更好协调联动开发;在网站发表的作品被影视公司购买以后,只能服从公司安排,对作品的影视开发并没有太多话语权。于是一些作家开始寻求身份的转变,亲自主导小说 IP 产业链的拓展,进军影视圈,直接参与影视剧的策划与开发,进而实现"从写作创造 IP 到跨界影视开发 IP"的转身。典型代表是桐华,桐华本名任海燕,其小说和影视版权曾被出口到韩国、泰国等国家。随着她的畅销小说《步步惊心》《最美的时光》《云中歌》等开发的电视剧被搬上荧屏,桐华的知名度日益提高。显然,在网站上创作完小说,等着影视公司上门买版权,然后将 IP 进行分散开发的模式已不满足很多像桐华这样名气较大的网络作家。于是她逐渐从幕后转至台前,转型成为影视公司的从业者,加盟梦幻星生园影视公司并担任该公司副总经理兼创意总监。她承担起网络小说 IP 的"生产者"和"开发者"的双重职责,与以导演吴锦源为代表的团队长期合作,已联合将自己的网络小说《金玉良缘》《抓住彩虹的男人》等作品制作成影视剧播出。值得一提的是,很多非网络作者也意识到独立版权的重要性,开始参与自己作品的影视产业开发,如郭敬明参与《小时代》系列电影的开发,联合腾讯做自己小说《爵迹》IP 的影视开发,后期甚至可能延伸至网页游戏、手机游戏以及实体化的一些相关开发。[①]

(2)获得单一授权的影视公司开发

基于网络小说的影视开发热潮,一些公司纷纷开始"囤积"网络小说 IP。由于影视剧是高投入、高风险、慢回报的开发项目,所以影视公司在获得 IP 之后往往会形成单一企业主导、选择与多家企业联合开发的模式。拥有网络小说核心 IP 的公司在出售版权时,有的还会要求对后续作品的相关开发进行分成,典型代表是《花千骨》IP"影视公司+视频网站"的影视产业开发模式。作者 Fresh 果果(真名江晨舟)将小说《花千骨》最先连载发表于晋江文学,2009 年成功出版,经过多年沉淀,积累了众多忠实"粉丝"。2013 年慈文传媒买下《花千骨》电视剧 100% 的版权,邀请原作者参与剧本改编,并联合爱奇艺及其他公司,进行一系列的产业化开发。

其一,拥有 IP 的影视企业主导开发。慈文传媒集团股份有限公司作为电视剧《花千骨》的独家出品公司,是该 IP 产业化开发的主导

---

① 参见《腾讯影业与郭敬明合作开发爵迹》,http://t.qianzhan.com/int/detail/150917-d6eba8a7.html。

者和最大的受益者。慈文传媒制作该剧的投资成本为 1.05 亿元,2014 年向湖南卫视出售首轮卫星电视播映权取得约 9300 万元的收入,以 7500 万元向爱奇艺出售该电视剧 5 年独家信息网络传播权,即公司单播出授权一项的总收入就高达 1.68 亿元。[①] 同时,掌握核心 IP 的慈文传媒将《花千骨》电影、舞台剧等的开发也提上日程,产业链不断延伸。此外,电视剧在电视台第二轮、第三轮等的后续授权播放也会给影视公司带来可观收入。

其二,联合其他企业加盟开发。爱奇艺在从慈文传媒拿到《花千骨》电视剧独家网络版权之后,与 PPS 游戏、天象互动、慈文传媒、君游网络等一起合作,打通电视剧、游戏、电商等领域,对《花千骨》IP 进行一系列的深度联合开发。首先,对电视剧独家信息网络传播的充分广告开发。《花千骨》在爱奇艺视频播放前的广告有时会从 15 秒到 60 秒、90 秒不等,同时电视剧侧边栏、分段花絮都是广告商争抢投放的目标,这种模式比传统电视台广告"招商先行"的模式更加灵活,广告开发也更加充分。其次,PPS 游戏与天象互动联合发行《花千骨》手游和页游,手游上架 App Store 之后排名免费榜和畅销榜双榜第一,其月流水收入超过 2 亿元。再次,基于双方投资五五分的合作,爱奇艺与慈文传媒共同拍摄网络自制剧《花千骨番外》,并于电视剧收官日趁热播映。最后,爱奇艺与版权方合作,负责《花千骨》周边商品线上线下的营销推广,登录爱奇艺商城可以购买剧中人物的配饰、毛绒公仔、游戏道具等商品。通过上述多维度深入的开发,爱奇艺探索了一条视频网站开发网络小说 IP 的泛娱乐影视产业链。

慈文传媒和爱奇艺等企业组成联盟,对网络小说《花千骨》核心 IP 全方位、立体化的开发与跨领域、多角度的商业合作,使得该小说的 IP 不单停留在一次性的版权交易,而是逐渐拓展到出版、影视、游戏产业,其周边产品也将逐渐被挖掘,被塑造成一个多元化、可持续发展的

---

① 参见《花千骨火爆整个暑假,揭秘最大受益者是谁》,http://www.shangc.net/news/n/67822_2.html。

文化品牌,为原作者和影视开发公司带来源源不断的丰厚回报,从而形成一条完整的跨领域发展的泛娱乐 IP 产业链和可借鉴的商业模式。

2. 多方授权的协同开发

企业协同效应又可以称为企业增效作用,即同一企业或多个企业之间,两个或两种以上的部分相加或组合在一起,所产生的作用大于各个部分单独应用时作用的总和。优质的网络小说 IP 是影视企业泛娱乐化产业布局的核心。在泛娱乐时代,一旦某部网络小说成为著名 IP 后,往往会被各大互联网、影视以及游戏公司争抢。对于优质 IP 而言,投资方不关注新旧,只看中是否有开发价值。购得优质网络小说版权之后,对其从电视剧到电影"一鱼两吃"等多重开发方式,仍然是目前影视制作公司项目运作的惯用手法。因为电视剧和电影作为不同的影视表现方式,呈现的不同作品肯定会有新鲜元素,就算是熟悉的内容情节,观众也会好奇有无新的东西注入,有的观众甚至乐于将两部作品进行分析比较。对于网络作家而言,基于网络小说 IP 的影视、游戏衍生品等开发产生的效益往往是原有作品的数十倍。所以在和出版社签订合同时,很多作者会单独另签一份数字版权合同,或者直接自己找另外的合作方签售数字版权、影视版权等。由于 IP 的火热和作者授权的混乱,使得一个热门的网络小说 IP 被多家影视公司进行多种开发,甚至争抢版权的情况时常发生,典型的代表是《何以笙箫默》IP 的影视开发。

(1) 电视+电影:影视作品协同开发

网络小说影视开发的产业链拓展,是同一种 IP 在不同空间和时间维度的重复延展使用。在空间上,网络小说的影视产业开发以 IP 为轴心,在纵向上使上下游各产业得以有机地连为一体;在横向上实现企业之间的协同合作,实现 IP 重复开发的价值增值。IP 与产业链各环节相互衔接,使整个产业链前后贯通为一体,不同企业之间可以实现整合或者战略性有机协同。在时间上,影视企业紧跟或引导受众的注意力,保持开发影视作品的时效性和话题性,通过一段时间大量人力和资本的投入,提升企业影视作品的知名度和美誉度。

电视剧《何以笙箫默》由上海剧酷文化传播有限公司出品,江苏卫视和东方卫视首播,安徽卫视、深圳卫视、韩国 MBC 电视台等进行多轮播放,最大限度地扩大了传播效果。电视剧版即将收官之际,由乐视影业出品的同名电影开拍。《何以笙箫默》电视剧和电影接连播映并不是偶然的,而是在中国目前影视市场急缺优秀的能够打动人心的好 IP 的情况下,众多影视公司充分开发已有网络小说 IP,协同延伸产业链、实现物尽其用的体现。核心 IP 一意多用,成功把小说的"点击率"、电视小荧屏积累的"收视率",转变成电影大银幕的"上座率"。

(2) 影视+电商:衍生品跨界开发

传统模式下,电视剧盈利主要是靠将作品卖给电视台、视频网站等,播出机构将电视剧的广告时间卖给广告主,赚取广告费。在 T2O (TV to Online)的模式中,观众边看电视边上网下单,为电商平台引入新用户流量的同时,也将观众变为消费者。这种模式打破了电视台以往单纯依靠硬广告和植入广告带来经济效益的模式,为电视剧未来多种盈利模式的探索提供了借鉴。电视剧《何以笙箫默》开启了电视剧和电商跨界合作的先河,其播出平台上海东方卫视联合阿里巴巴,观众只需要通过手机天猫客户端扫描电视台图标,就可以进入产品的天猫店铺,看到电视剧中钟汉良、唐嫣的同款服装,还提供互动购买优惠。《何以笙箫默》的"边看边买"商品比之前同样进行 T2O 模式在尝试的节目《女神的新衣》更为丰富,且不局限于服装商品,这让"边看边买"的全新体验式观剧成为可能。T2O 模式在提升该小说影视开发作品关注度的同时,使得根据小说中相关内容开发的一系列衍生品得到快速、大范围的传播,大大延伸了小说影视开发的产业链。

(三) 企业生态系统的重构

我在第三章分析商业模式的基本结构时谈到,商业模式是一个由若干层次分明而又相互联系的活动要素所组成的系统。这个系统可能越过了企业的边界,并使企业和它的商业伙伴共同创造价值,单个企业从中分享一部分价值。由此,文化企业之间的竞争由产品的竞争发展为商业模式的竞争,最终将体现为生态系统的竞争,能否建构一种良性运作的生态系统将决定商业模式的成败。

大数据并不是简单地颠覆传统业态和产品,而是利用新的理念、方法和手段创造一种新的企业生态系统。在DT时代,企业生态系统的资源边界、市场边界和契约边界越来越模糊,将形成以大数据为核心的业务融合与市场细分协同关系,需要重构内部价值网络和外部关系网络。① 当前大数据的复合化程度在加强,许多新业态的生存和发展更适合于企业生态系统。以如火如荼的VR为例,其实,VR的世界不只是一个单一的网络,而是一个由大量活动构件与多元参与者元素所构成的生态系统。具体地说,它是由内容提供商、基础设施提供商、网络服务提供商、网络接入服务提供商、数据服务使用者、数据服务提供商、触点服务、数据服务零售商、终端设备提供商等一系列的参与者共同构建的生态系统。善于跨界融合、多方协同的生态型企业在VR领域的竞争优势将比以往更为明显。譬如,VR使未来电影和游戏的商业模式日益趋同,游戏里买装备、买道具、买体验的思路很可能会淘汰看电影买门票、看贴片和植入广告的思路,这就要求一个优秀的游戏电影的企业必须深谙游戏的逻辑,反过来一个优秀的电影游戏企业也必须精通电影的语言。因此,建构与VR相匹配的企业生态系统,可以通过打造多媒体数字娱乐体验基地,以数字娱乐体验和明星互动带动数字技术服务和衍生品开发,延长数字文化的产业链,实现数字娱乐体验的技术与商业服务集聚的最大化。多媒体数字娱乐体验基地作为综合性文化旅游项目,可以进行"六位一体"的视频全媒体数字互动娱乐体验,具体包括:其一,数字娱乐表演和体验中心;其二,数字

---

① 李国杰:《大数据研究:未来科技及经济社会发展的重大战略领域》,《中国科学院院刊》2012年第6期。

娱乐技术和互联网、移动互联网平台技术、项目展示体验中心;其三,数字影像设备与企业数字技术展示中心;其四,移动互联网数字技术与内容体验—手机游戏和语音识别、互动技术体验中心;其五,创新性数字娱乐和社交产品硬件体验中心;其六,时尚发布、品牌展示与明星表演中心等等。

再比如,在互联网平台上,博物馆衍生产品开发的主体、资源、要素等将实现整合,形成包括主体层、价值层、产业层等在内的博物馆文物衍生产品开发生态圈,使开发者和消费者共同研发、生产文物衍生产品。文物衍生产品的开发投资者、资源提供者、平台支持者、创意设计者、产品生产者、市场营销者、大众消费者等在同一平台内相互连接,开发投资者根据文创产品情况提供相应的开发资金,各类博物馆通过文物资源数据库、资源云等将开发资源对外授权,平台支持者对各开发环节进行协调与监管,创意设计者对博物馆文物衍生产品进行内容、外观、包装等设计,产品生产者、市场营销者分别进行博物馆文物衍生产品的精细化生产和针对性销售,而大众消费者既是产品的最终消费者,也是产品研发设计的重要参与者。同时各方紧密联系,共同协作完成兼具社会文化效益和经济效益的文物衍生产品开发,以此达到产品研发设计、制作生产、销售消费等环节的有机结合,实现资金、资源、版权、创意、技术、管理等博物馆文化产品生产要素的自由流动、高效配置和平台集聚,推动博物馆文化产业链与互联网深度融合。以天猫文创衍生品平台为例,天猫通过整合梵高博物馆、中国国家博物馆等版权主体,木马设计集团等设计企业,天堂伞、雷柏科技等生产销售企业,再集合淘宝众筹、独家线上销售平台等,就此形成了以文化艺术授权合作为中心的博物馆文物衍生产品开发闭环,不仅为相关开发企业单位创造了良好的收益,也为市场提供了满意度高的优质博物馆文创产品,可谓多方共赢。

当前,以平台型模式主导的新型生态系统,成为互联网文化产业不断发展壮大的中坚力量。作为创新业务的开拓者,平台企业主导了各自领域新业务的发展范式,通过与众多合作伙伴的协同创新,为最终顾客提供了不断增强的功能和应用的新场景。比如,面向消费者服务的电子商务第三方交易平台淘宝网,在电子商务生态中发挥了重要作用。品牌商可以由代运营服务商帮助其在淘宝网上开店完成与消费者的交易,由IT服务商整合线上线下信息系统,由物流服务商负责货物运输和配送,由支付宝收回货款。淘宝作为交易平台,聚合了众多买方、卖方以及其他电子商务服务商,形成了大平台、小前端、充满活力的生态系统,体现了平台所主导的商业生态价值。

五、改变竞争规则

DT时代文化企业的竞争规则体系呈现如下特点:其一,分工体系更为精细化,越来越呈现为丰富多样的市场格局。其二,协作走向大规模、实时化和社会化,借助各种社交媒体或网络组织,大规模协作越来越普遍。其三,经济角色将发生重大变化,如顾客逐渐变为创作者、生产者、传播者、消费者甚至投资者,合而为一,企业逐渐转变为开放社区或平台,员工则逐渐转变为创意人员或者知识工作者。由此,新的特点决定了企业商业模式越来越呈现为竞争中有合作、合作中有竞争、竞争与合作合而为一的格局。

(一) 游戏规则的改变

当企业运营围绕小数据展开时,企业内的管理和企业之间的协作是单向传递的,而当大数据实现全方位和实时化覆盖时,企业内的管理和企业之间的协作就越来越像互联网一样,变成网状、并发和实时的协同关系。移动互联网的到来,使企业的商业环境发生了重大变化,企业的主动地位逐渐丧失,员工和顾客等个体则获得越来越大的主导权,并且是数据的主要来源。这一方面使企业要面对的数据具有自下而上、由外到内的特性,另一方面持有多元终端的员工和顾客所产生的数据类型,主要都是文本、图像、音频、视频等非结构化的数据,这从根本上改变了企业所拥有和需要运用的数据类型。① 这种非结构化数据驱动非结构化流程,即以顾客为中心的灵活动态的商业流程,需要新的竞争规则。

新的竞争规则的核心,是基于移动互联网的顾客行为模式的重建。如华谊兄弟和腾讯的合作,本质上也是希望构建基于数据打通平台的泛娱乐模式,这一切都是基于数据平台的价值。对于很多在阿里生态圈的传统企业而言,也会思考如何掌握数据,阿里平台的数据开放度也决定着传统企业的消费者数据构建的模式,但是,这也必将带动传统企业对于消费者数据实时获取的关注,百度、腾讯、京东等也都会在这个领域与阿里一样并驾齐驱,围绕消费者的企业智能市场决策系统的建立成为新的关注点。

虽然阿里巴巴早期基于 PC 积累起来的高黏度账户及其背后的顾客资产,但顾客建立新的账户及相关资产的壁垒已经降低,而类似微信这样的强应用的出现,又让顾客基于它建立新的个人资源探索和获得模式的回报大幅上升,因为它能为顾客节省更多的操作步骤和时间。当前,数量庞大的中小企业正蜂拥到微信上,顾客处于无时无刻不在线的状态,也提供了更多的推广和交易机会。甚至,一些商家已经在主动尝试如何利用微信来管理顾客关系和重塑其业务流程,包括促成订单产生。在它们看来,微信似乎是一个更加可控的生意平台,他们甚至能借助微信完成面向移动互联网的重构,而这一切目前仍然是免费的。随着越来越多的商家将微信作为其顾客关系管理和营销平台,也许 C2B 和 C2C 大都会最先在这里试水。

在很多情况下,商业模式创新不一定是在技术上的重大突破,而是在游戏规则上实现某种颠覆。一般而言,商业游戏规则都是由大公司制定,中小企业只能遵守和跟进,因为大公司在品牌、技术、人才、资

---

① 阿里研究院:《互联网+:从 IT 到 DT》,北京:机械工业出版社 2015 版,第 34 页。

金实力等方面是创业者以及中小企业无法抗衡的。中小企业盲目遵守和跟进,大都是死路一条,必须靠在某一点上实现突破,在某一方面改变游戏规则,从而在竞争巨头的夹缝中获得生存和发展的机会。

(二)由竞争到竞合

在 DT 时代,从企业独立运作到各方共同参与,大规模共享与协作走向主流,对原有的生产组织体系、企业边界以及劳动雇佣关系形成了新一轮的冲击。工业时代重视对资源的独家占有,DT 时代讲求对资源的使用和共享;工业时代强调价值链上下游的分工,DT 时代提倡价值网络上的交互与协同;工业时代注重内部研发,DT 时代拥抱众包的力量。因此,大规模协作实际上包含了共享经济、网络协同和众包合作这几方面的内容[1],文化企业正在从单一企业发展到企业联盟,相应地,需要组建基于共同创造、共同分享、众包等协同关系。

从信息经济正在生成的趋势上看,以云计算、大数据为代表的新基础设施,为创新的跨越式发展提供了可能,当单独一家企业无法掌握其所需资源时,共同创造、共同分享以及众包等逐渐成为所有企业不得不遵循的原则。共同创造(Co-create)是让企业生态系统中各成员企业、顾客、投资者、社会机构、政府组织等共同参与文化产品的开发和创造,从企业外部生态系统、供应链和顾客等获取信息来共创产品。比如,玩具企业巨头乐高基于在线订购允许顾客自己组装乐高套件的创意工场,以实现顾客参与玩具的开发。而共同分享(Co-share)就是让参与共同创造的合作伙伴一起分享产品开发和拓展带来的物质和精神成果,同时一个公司的发展离不开合作伙伴、利益相关方的帮助,必须与大家分享经营成果。以亚马逊为例,其云计算业务最初发展是为了更好地利用其闲置计算能力,对外提供公有云服务,开辟了新业务种类,实现了成本节约,对使用该服务的数十万顾客而言,减少了总体投入、加强了灵活性,因而共享为全社会实实在在地增加了

---

[1] 阿里研究院:《信息经济呈现十大浪潮》,《理论参考》2015 年第 3 期。

福利。顾客的个性化需求拉动了创意设计、生产,品牌商与制造商充分交流信息,以最精细化的管理和最快的反应速度来应对顾客需求,既提升了顾客综合体验,又保证了企业的生产效率,充分显示了网络协同的价值。共同创造与共同分享是互为因果的关系,只有共同付出努力,才有成果可以分享,每个企业的物质和精神成果才有保障。只有共同分享,才能进一步凝聚力量,实现持续创造和发展。

众包(Crowd-sourcing)是一个公司或机构把过去由员工执行的工作任务,以自由自愿的形式外包给非特定的大众群体的做法。众包模式的本质是通过大数据对离散、零乱的资源的有效利用,为企业做好内容策划、创意设计、生产、营销、知识产权评估等服务。在完成许多任务方面,人类的能力是优于自动化方法的;在众包时,可以通过利用人类智力来解决那些计算机无法单独解决好的问题。非常典型的众包例子是维基百科,它是一个由网络公民维护和更新的知识库,并且在规模上和深度上远远超越了传统编译的信息源如百科全书和词典。众包模式专注于设计出创新的方式来最大限度地利用人类智力。如Citizen 科学平台激发志愿者去解决科学问题,而诸如亚马逊的 Mechanical Turk 等有偿众包平台,则提供对所需要的人类智力的自动访问。通过短时间内收集大量标记训练数据和/或人机交互数据,该领域的工作促进了人工智能的其他分支学科的进步,包括计算机视觉和自然语言处理。基于人类和机器的不同能力和成本,目前的研究成果探索出了它们之间理想的任务分工。

众包从创意设计领域切入,悄然颠覆传统文化产业结构,已经对一些产业产生了颠覆性的影响。比如,一个跨国公司耗费几亿美元也无法解决的研发难题,被一个外行人在两周的时间内圆满完成;过去要数百美元一张的专业水准图片,现在只要一美元就可以买到。诸如 YouTube 这样的 UGC 网站,企业、组织的核心价值几乎完全来自顾客进行的创造,而且不产生任何直接成本。这种模式的成立有一个重要基础,那就是人们开始把创造当作一种娱乐,并享受因此带来的自我价值实现。

当今,众包理念愈发深入人心,不管是亚马逊旗下众包网站 Mechanical Turk,还是国内的猪八戒网、做到翻译网站,通过任务的众包,发包企业减少了支出,接包的个人也获得了灵活工作的机会。大数据催生一种新的众包形式,就是公司和顾客之间的边界被打破,顾客同时是产品的创作者、设计者和生产者,他们基于兴趣爱好或者实现自我的需要,一切为了创造而共享共生。比如,猪八戒网自成立以来,致力于为创业者提供一站式企业全生命周期服务,服务涵盖平面设计、开发建站、营销推广、文案策划、动画视频、工业设计、建筑设计八大类目。猪八戒网过去的商业模式是把交易规模做大之后收取佣金,按单收费,二八分成。近几年,猪八戒网建立"数据海洋+钻井平台"的新商业模式,拓展八戒知识产权、八戒金融、八戒工程、八戒印刷等钻井业务,深挖"1+N"业务,向更多"互联网+传统领域"渗透,通过把佣金免掉,使交易规模倍增,然后获得数据,在数据中进行挖掘,提供知识产权、印刷、金融、财税等服务来获得综合收入。

（三）建立联盟网络

从发展趋势上看,在 DT 时代企业之间的产品生产协作必须像互联网一样,要求网状、并发、实时的协同。企业组织逐渐呈现出纵向整合和横向联合的两种趋势。在纵向整合方面,大规模企业群体以供应链为纽带紧密联系起来,分工协作、互利共生,从而实现供应链向价值链、进而向生态链的转变;在横向联合方面,网络化商务模式改变了企业组织之间的竞争模式,使得地理上异地分布、组织上平等独立的多个企业,在谈判协商的基础上能够建立密切合作关系,形成动态的企业联盟。这种新型组织形式能够实现企业资源的优化、动态组合与共享。企业大规模协作正逐步走向主流,它将对原有的产品生产体系、企业边界形成巨大冲击,要求文化企业组建或者加入属于自己的产品联盟和企业联盟。联盟以大数据为支撑,基于价值链的分解,可将各个参与企业的价值片段有机整合起来,形成网络联盟,随着加入的网络节点越多,每个节点创造体验价值的能力越强①。

当今企业联盟的构建主要是通过合作实现"缺什么补什么",各种企业不再突出竞争关系,而更加关注资源的互补性或者共同开发。比如,腾讯购物零售平台没做好,就入资京东。再如,阿里公司投资光线,又投资华谊兄弟,华谊兄弟跟腾讯合作,又跟马云合作,还跟马明哲合作,其中最重要的就是要形成资源互补或者共同开发。华谊兄弟跟腾讯合作以后,就把腾讯"粉丝"跟华谊兄弟的明星做成星影联盟,一个点一个点合作,很多企业就形成无数个点,即企业联盟。企业联盟形成的新的产业链,换句话说,你有的资源没开发充分,跟我的资源进行对接就形成企业联盟,或以联盟的方式来呈现更加合理的产业结构。

联盟网络是商业模式创造价值、获取价值和分配价值的一种新型方式,联盟网络的创新可以产生有价值、难于模仿的异质资源,通过构建适宜的网络结构和提高联盟运作的效率可增强商业模式的竞争力。② 一方面是激活异质资源。大数据使联盟企业不断地创造资源,如拓展顾客群,使得顾客成为企业活力的核心资源;再如移动网络的应用所获得的位置信息和时间信息,都可能成为商业模式的创新资源。另一方面是构建有竞争力的价值网络。大数据的迅速发展为联盟各方建立了易于沟通的平台,云计算的应用使越来越多的企业能够以即时或快捷的方式获取信息,通过广泛的在线交流和人机交互,保证了信息的质量和信息的效用,通过将信息组合化和内在化,使联盟成员处于高信任度的合作环境中。

---

① Bughin J, Chui M, Manyika J. Clouds, "Big Data, and Smart Assets: Ten Tech-enabled Business Trends to Watch," *McKinsey Quarterly*, 2010(8).
② 王永生:《大数据时代的商业模式创新研究》,《南京财经大学学报》2013 年第 6 期。

第五章　基于大数据的传统文化企业转型策略

具有竞争力的商业模式关键在于对未来的把握,特别是符合产业趋势进而在未来拥有市场地位,因而商业模式具有竞争力是否直接影响企业核心竞争力的提升和可持续发展的实现。在 DT 时代,传统文化企业需要在战略谋划、业务拓展、产品更新等方面,与商业模式创新取得某种有效协调与合理平衡,特别是在社会生活、市场需求和产业环境发生重大变化时,企业应主动调整战略,并相应地进行产品、业务以及相应商业模式调整。本章选择文化产业各行业领域比较典型的影视企业、动漫企业、出版企业、硬件制造类文化企业为例,分别探讨传统文化企业如何着眼未来,突出重点,突破现有经营理念和业务模式,充分利用大数据进行商业模式创新以及转型发展。

一、影视企业的全产业链运营

影视产业是一个以故事创意为核心的内容产业,由编导、演员、投资人和其他专业人员等要素创造的影视产品是整个影视产业的基础。影视产业具有投资高、风险大、边际成本低、边际效益高的特点,必须依赖知识产权的经营维护,形成范围经济。因此,深入研究大数据与影视产业之间的关系,可能会给影视企业商业模式转型发展带来新的契机。

(一) 大数据与影视企业的结合

影视大数据,是指以网络为信息平台,在影视产品的创作、传播、接受等环节产生的海量信息以及对于这些信息进行存储、处理及展现等系统的总称,主要包括内容大数据、顾客大数据、渠道大数据三个方面。大数据与电影企业结合的必要性主要体现在以下几个方面。

第一,大数据与影视产业结合的条件逐步成熟。科技的不断进步,移动终端的信息处理能力的提升,促进了信息与顾客的交互界面更加具备黏性,实现了信息与顾客全方位全天候的互动,实际上人们的移动终端也就变成了一个信息记录仪,不仅可以采集到 PC 端所收集的一般性数据信息,而且可以记录更具个人化的数据信息,如顾客的位置信息、生活细节、消费倾向与消费习惯等。可以说在 DT 时代,每个人都是数据的生产者,数据充斥了整个人类生存的空间,这些数据基本上都可以与顾客的消费行为有所联系,大数据的商业价值和企业的营利收入几乎都直接挂钩,大数据分析使得企业逐步朝向合理化方向发展。所以,将大数据与电影企业相结合有助于电影企业的发展。

第二,影视企业自身的冲突性问题亟待解决。影视产业属于文化创意产业,影视企业所生产的影视产品是一种在市场竞争环境中具有感性化色彩的创意产品。创作人员所具有的艺术思维与制片人本身的商业思维存在着极大的冲突,若不善于把握二者之间的平衡,将可能导致影视产品的商业性过高而艺术性过低,或者艺术性过高而致商业性过低,这两类情况都不利于影视产品在市场中的发展。同时,在影视产业中经常出现影视演员的选择失误或角色的配对失败而致整部影视产品的收视率低或票房惨淡。而大数据可以对各类人员进行数据标签的分析,寻找最匹配的组合关系,从而保证影视产品的艺性,促进艺术产品在市场中不断发展。①

第三,大数据与影视企业的双赢价值。在 DT 时代,数据的重要性不言而喻,谁在市场中掌握了足够的数据,谁就有可能掌握未来,现在的数据采集就是为未来积累流动性的资产。因此,将 DT 时代产生的互联网数据用于数据分析可以降低电影企业投资的风险,可以减少电影企业在市场中的投资成本,扩大规模经济,提高影视产品的竞争力等。

(二) 基于大数据的影视企业的产业链创新

总体而言,大数据为影视企业商业模式带来了两个方面的改变:一是大数据促进影视企业业务模式的多元化,使企业能够通过数据分析来巩固和拓展市场中;二是大数据使电影企业向数据电影企业发展,大数据将影响影视产业链在市场中的每个环节,每一步的产品生产都将以数据分析为导向,数据预测前景好的影视产品将会得到更好的发展。因此,基于上述两点,我们主要以大数据对影视企业的第二个改变即影视产业链在市场中的变化作为切入点,并将影视产业链分为五大环节(影视投资环节、创作生产环节、发行环节、营销环节、播映环节),从每个环节来具体分析大数据对影视产业链所带来的改变,进而分析大数据对电影企业商业模式的影响。在影视产业链中运用大数据,将数据跟踪分析应用于影视产业链的各种核心资源,记录大量影视产品播出的情况评估,通过与市场需求变化相比对,将更加精准地分析观众的影视需求,更有针对性地开发影视产品。可以促进影视产品的创作生产过程标准化、专业化,使影视产品创作生产的每一个环节均具有可预知、可控制、可复制、可检验的特点,最终促进电影企业的良性发展。

---

① 戴志强:《影视大数据:影视互动体验与量化认知的根本》,《现代传播》2014 年第 9 期。

1. 影视投资

影视产品要在市场上获取成功,最重要的两个因素便是影视投入资金的充足和影视剧本的质量好坏,资金对于影视作品的重要性不言而喻。传统的电影企业往往会强调演员的选择和制作成本,而在 DT 时代,电影企业逐步意识到了影视前期开发环节资本运作的重要性,它可以为电影企业带来以下两个方面的改变。

一是大数据改变电影企业投资比重。通过大数据分析,可以从整体上预测一部电影的市场效果,投资的回报率多少等。① 比如,2013 年 7 月浙江华策影视股份有限公司投资 16 亿元并购上海克顿传媒公司,不仅是为了促进自身的战略调整、业务加强、品牌提升,更是看中了克顿传媒在大数据领域的领先性,为自身出品优秀剧目提供事前决策依据和事中分析保障,从而开拓以大数据为引导的影视市场。这一并购将有效建立起"数据挖掘+顾问研究+整合优化+全程控制"的智能化、工业化、标准化的生产体系,大大降低影视产品投资的风险和制作的成本,实现影视业务创造力与智能化的有机结合,推动影视生产模式的升级,这种系列化制作的思路在国内绝对处于创新前沿。

二是大数据促进影视行业投资背景的多样化。一方面,大数据的充分利用,让其他艺术类行业资本也开始进军影视剧领域,让影视行业的公司背景呈现多样化。② 另一方面,可借助大数据进行互动创作的资本尝试。比如,2014 年 4 月,阿里巴巴推出"娱乐宝",便是借助影视大数据进行互动创作的一次新的尝试。网民只要出资 100 元即可投资影视产品,可以通过投票来决定电影的制作人、导演、男主角、女主角等,同时可以享受剧组探班、主创见面会、明星签名照等,由此借以大数据来分析网民投资人的兴趣爱好,可以进一步实现影视观众的精确定位。"娱乐宝"让顾客参与到影视剧制作的上游环节,将剧作

---

① 徐方:《大数据时代下的影视业革新》,《西部广播电视》2014 年第 9 期。
② 同上。

利益与自身利益捆绑,让顾客产生前所未有的参与感。网民既是投资者,也是消费者,直接带动影片票房的增加。

2. 影视创作生产

影视产业链中最为复杂的便是影视产品的创作生产环节,其包括受众偏好与市场前景分析、剧本创作与选择、演员及拍摄团队、拍摄与制作、广告与植入等,DT 时代的到来将对整个生产环节产生颠覆性的影响。

一是受众偏好与市场前景分析。大数据记录并分析着受众的性格特点、影视消费习惯、影视搜索习惯、影视评价等网络踪迹信息,即电影企业基于顾客大数据可以分析出受众的影视偏好,将影视产品进行标签化分类,从而预测出即将生产的影视产品的市场前景。

二是剧本创作与选择。对于剧本创作而言,其具有极高的创意性和专业性,大数据并不能代替传统的创作行为,但借助大数据的力量可以捕捉观众对某些题材、故事的兴趣方向,通过语义分析对各类社区热门内容和已成功项目的讨论,实现文字评价和内容评估的量化,为剧本创作与优化提供和依据,从而影响剧本的内容。对于剧本选择而言,国内电影企业不断购买着网络小说的版权并改变制作成影视产品,这便是基于对互联网文学消费群体的数据分析,基本可以了解消费者的年龄、性别、兴趣、收入等信息,可以提高剧本选择的科学性。事实证明,网络受众多的文学作品在改编成影视剧之后,收视率和票房通常都会走高。比如,百度搜索、视频播放、顾客评论等多维度数据已经成为爱奇艺出品自制剧的重要参考指标。所以,基于网络大数据可以预测大众注意力的变化趋势,从而对剧本题材进行标签化的分析,最终提高剧本创作与选择的市场成功率。

三是剧组选择及优化成本。剧组主要以导演为主的拍摄团队、演员等,运用大数据可以对导演、演员等人物进行关键词化,并设立相关因子分数,一方面可以确定演员与演员之间、导演与演员之间以及整个剧组之间的匹配度,确立最适合的剧组。比如汤唯在电影《月满轩尼诗》中与张学友搭档,带着"性符号"(因在电影《色戒》中角色的缘故)的女神汤唯,与带着"好父亲"大众标签的张学友匹配度非常低,是导致电影故事难以打动观众、票房惨淡的一大原因。另一方面可以降低制作成本,可以促进影视产品拍摄的配比结构更加合理。比如:电视剧《爱情公寓3》和《爱情公寓4》通过利用大数据对所有的演员性价比进行评估,使其在演员选择上"只选对的,不选贵的"。《爱情公寓4》导演韦正表示,演员花费并不多,拍摄的配比结构很合理。①

四是影视拍摄与制作。总体而言,一方面,在此阶段可以通过发布预告片等线上线下宣传活动,对社交媒体上的相关数据进行分析,制作者可以与观众更加及时地进行互动交流,清楚地洞察到观众需求及态度变化,从而对剧本内容、拍摄计划等进行修改。另一方面,通过对观众与影视作品之间一种积极的互动过程的分析,将其作为下一次影视创作的起点,提高观众对影视内容的参与度,从而提高观众对影视作品的黏性。影视产品可分为电视剧和电影两大类,大数据对影视拍摄与制作较其影响力而言,对于电视剧的影响更为深入些。比如:在电视剧拍摄中可以采取边拍边播的方式,通过大数据分析观众收视行为,如分析观众想在何处暂停、回放、快进以及评论和搜索请求等,找出观众的兴趣点与需求点②,进而指导下一集的制作;如在拍摄《来自星星的你》时,不少观众提出男主角都教授的衣着过于单调,制作组便尝试性地为男主角增加了些衣服,满足了观众的需求。

五是影视广告植入。在传统时代,影视制作方需要去寻找与剧本的内容和目标受众相适应的广告主。而在DT时代,转变了植入式广告的思维,由广告主本身对数据进行精确分析,主动去寻找与产品、顾客相适应的影视产品。这种影视广告植入的方式迎合了受众的喜好,更加精准直接。同时,在此基础上广告主还可以进行时间点营销,精确顾客需求的时间点,及时巧妙地推送广告,满足每个顾客当时的需

---

① 陈波、张雷:《基于大数据的影视剧制播模式创新》,《电视研究》2014年第4期。
② 同上注。

求,并通过适时适量的方式,提升顾客购买欲,最终精确有效推进了广告的成功转化率。

3. 影视发行

在影视产业链中,传统的发行环节开始于剧本确定时,由制片方将剧本发给播出平台的采购人员,再由采购人员根据其播出平台的定位及自身经验对剧本、演员选择等提供参考意见;待到影视项目拍摄制作完成,制片方再把样片寄给(或是通过参加行业展会)各大播出平台,播出平台将根据样片质量,最终决定是否购买。① 这一传统发行方式有着极大的弊端:整个发行周期较长,涉及的播出平台网络过大,极易造成人力、物力、财力的浪费。

而大数据逐渐改变着影视发行的流程,一方面促进其发行环节具有针对性,通过对各大播出平台的数据分析,可以更好地了解每个平台的播出偏好和收视偏好,在拍摄之前就可以瞄准某些平台有的放矢地组织生产,将会大大提高发行交易的成功率。另一方面,大数据下的影视发行渠道将扩宽,在传统的影视产品发布平台中,电视台和电影院线是首选,视频网站没有同步播出的权利,待前两者播出之后,尤其是电影下线之后,视频网站才有发布的权利。而在大数据的影响下,视频网站一方面不仅可以同步播出,而且还可以率先播出,推出了网络影视发行收益的新模式,以观众点播量决定分成金额。另一方面,视频网站可以打造自制剧,反向输出给各大传统电视台、电影院线。比如,2013 年乐视网宣称联合电影企业创新发行模式,将影视剧率先在互联网上发行,然后再到电视台发行;爱奇艺突破传统购买版权的单一模式,发布了国内首个"网络院线"电影发行收益新模式,推出每部电影 7 个月的付费窗口期,窗口期内以顾客点播量决定分成金额。

---

① 陈波、张雷:《基于大数据的影视剧制播模式创新》,《电视研究》2014 年第 4 期。

4. 影视营销

营销环节是影视产品在市场中的关键性环节,营销效果的好坏直接影响着影视产品市场的成功与否,尤其是在海量的数据中如何更成功地对影视产品进行营销非常重要,因此大数据下的营销环节主要有三个方面的改变。

一是大数据促进营销决策导向。将大数据技术运用到影视营销中,可以更为彻底地寻找到影视产品的目标消费者以及他们的消费偏好、媒介接触特征等,并区分其在性别、年龄、收入、工作、消费偏好等各方面的差异,从而洞悉潜在的消费者,并基于这些信息调整电视台、电影院线、网络平台的发行方针和后续项目开发的决策过程。①

二是大数据促进产品精准营销。基于新媒体平台的大数据,可以实现精准营销,达到覆盖目标观众广告投放。电影企业持续和观众进行互动,收集观众的各方面信息,主动为观众推送电视剧、电影,从而用智能化推送改变企业和消费者的传统被动式的关系。比如:根据视频网站的视频播放数据,对观众进行年龄段的划分,完全可以掌握每个年龄段的观众在某一时段中最爱观看的视频,从而主动推送相关题材的影视产品,实现影视产品的精准化营销。

三是大数据促进影视舆论口碑控制。在影视产业链中,不论是最初的资本运作还是最后的播映环节,大数据促进影视口碑的控制更加具有时效性和针对性。大数据技术可以全程监控相关影视数据,随时可以作出应急反应。比如,通过社交平台、视频网站、电子商务平台,以及百度指数、谷歌指数等,提高影视营销的能动性、预见性、时效性、针对性,调整营销的策略。

5. 影视播映

电影企业的影视产品主要有电视剧和电影,影视播映即电视剧在各大平台的播出以及电影在各大院线的上映,这涉及播映的时间即档

---

① 陈波、张雷:《基于大数据的影视剧制播模式创新》,《电视研究》2014年第4期。

期的问题。大数据可以用三个方面的数据来指导一部影视作品挑选播映的档期,即近三年的电视收视率或历史票房数据、可能在同档期播映的作品以及影视作品目标群体的注意力趋势信息,基于这三点可以判断影视作品播映风险,从而确保影视档期选择的合理性。以电影为例,首先一部电影的排片率能够直接影响到票房的收入,运用大数据对即将上映电影的搜索量、评分、关注度、影评人期待程度、同档期竞争对手情况以及过去一年同类型影片票房等综合数据进行深入挖掘,根据分析结果为排片提供决策依据。其次,大数据下的最明显的改变便是在线票务网站的快速发展。在线票务网站主要以低价的商业模式逐步积累并吸引顾客,随着其在市场中的占有量不断增大,可以凭借对顾客数据的把握,深度分析顾客群体的基本属性、对电影的消费偏好、地域偏好甚至是可以精确到特定顾客的观影频率等价值含量极高的数据,从而促进电影选择最合理的档期。

6. 信息反馈

在传统的影视产业链中,由于影视反馈环节并未得到良好发展,而致影视作品与观众基本是一种单向的、被动式的关系。而在 DT 时代,则强调一种在影视"接受"下主动参与的反馈环节。所谓影视接受,即观众与影视作品之间一种积极的互动过程,接受并不是影视活动的终点,它包括适应和交流两重意义,是观众同创作者互动的过程,是下一次影视创作的起点,同时也是最下游衍生品开发的起点。① 比如,在线票务网站的评分制度等反馈体系,反映了观众的最真实的心理,基于此进行的信息分析可以从电影末端 O2O 模式在海量的大数据优势下,实现由末端信息反馈改变电影由前期的投资到播映的整个影视产业链的过程。这种颠覆式重构电影产业的未来,商业利益比之票房上的收入更为诱人。

---

① 戴志强:《影视大数据:影视互动体验与量化认知的根本》,《现代传播》2014 年第 9 期。

(三)大数据背景下影视企业发展的反思

大数据对影视行业的影响日渐深入,从美国的政治剧《纸牌屋》到中国的《小时代》电影系列再到韩国的《来自星星的你》,等等,这些影视剧的成功背后都离不开大数据。大数据为影视企业带来了新的发展机遇,改变了影视企业在影视生产链中的生产模式,渗入了影视产品的每一个环节,但同样也需要认识到大数据下的影视企业发展并不是一劳永逸,因此,影视企业必须正确认识与对待大数据,善于把握与反思大数据的运用。

1. 数据的具体分析和挖掘

以电影为例,一方面,国内电影市场中近三分之二的银幕是在近三年之内才出现的,电影院线的大量观众基本上是近五年才开始逐渐养成去电影院观影的兴趣。同时,国内电影市场的数据信息收集工作起步较晚,大量数据存在缺失,数据分析的结果并不完全准确。因此,国内的电影市场很难通过现有技术、数据等进行监测,同样,在国外市场也存在着由于目前技术的局限性而不能完全把握电影市场的走向,这些现象的出现表明仍然需要时间培养国民在影院观影的习惯,不断修正对市场数据的理解,完善大数据对影视市场的分析。另一方面,消费者本身对于自身需求往往存在着盲目性的特点,在寻找到特定产品前,消费者往往不知道自己是要寻找什么样的产品。正如亨利·福特的名言:当你问消费者需要什么产品时,他们会说请给我一匹跑得更快的马。这时候基于消费者的数据分析可能会导致不合理的结果,消费者的盲目性会对大数据的准确性产生一定的影响。

2. 商业环境与预期效益间的落差

一方面,作为文化创意产业,影视产业决定了创作者均带有一定的艺术因子,但优秀的影视产品并不只具有艺术性,而且需要艺术性与商业性进行有效的结合。过分强调大数据的分析结果,只用理性的数据对待感性的创意作品,会干扰创作者的创作艺术性和导演的个人风格,会导致影视产品的风格模糊甚至不伦不类,降低影视作品的吸引力,影响其艺术性。另一方面,结合大数据的分析计算,可以全方位定位并细分观众,及时把握观众行为爱好,为其量身定做影视内容,可以提高影视作品的成功率。在国内,围绕大数据推进影视投资还不够成熟,存在一定风险。以互联网视频为例,国内视频网站的内容由资本的兴趣决定,但是国内的视频付费市场并不成熟,目前的主要盈利模式还是广告投放,很难完全以顾客为中心决定影视剧的"配置"。只有付费收视覆盖成本,多屏融合加速之后,视频服务才能突破网络计算机的范畴,成为"客厅文化",才有可能实现由数据说了算的定制服务。

3. 数据应用的盲点

大数据已经开始影响着影视产业链的每个环节,但国内影视市场缺乏透明度,数据真实性、公信力不高[1],电视台收视率、电影院线票房、视频网站的流量与点击率等都存在着虚假成分,从而带来数据分析和挖掘较为困难。比如网络环境的匿名性导致水军、枪手泛滥,其所进行的消费者反馈如影视打分、影视评论等不仅是无效的,而且存在一定的误导性,这些数据的盲点都增加了数据分析的难度。

总之,基于大数据可以有效地控制影视投资的风险,优化影视生产的流程,开拓多元化的发行环节,实现影视精准营销,选择最佳播映档期,促进各方取得更大规模的效益,开拓互联网下数字化文化产业市场的环境。大数据服务于电影企业的最终目的,是将大数据覆盖于资本运作、生产环节、发行环节、营销环节、播映环节的影视产业链,将有效打破目前传统的 B2B 商业模式,实现内容大数据、顾客大数据、渠道大数据的循环联动,促进影视产业链整体升级。

---

[1] 姚尧:《大数据重构影视业》,《中国经济信息》2013 年第 16 期。

二、动漫企业的大数据营销

在动漫企业转型发展过程中,内容和平台融合发展是非常重要的方向,而动漫营销是实现内容和平台融合的基本手段和方式。动漫营销是动漫企业以内容创意和知识产权为核心,通过图书、杂志、电视、电影、音像制品、剧目演出和网络新媒体等表现形式和渠道,将动漫作品在市场上推广、上映,并进行与动漫相关的服饰、玩具、游戏等衍生产品开发和延伸的经营活动。

(一) 大数据对动漫营销的影响

营销的演变大致经历了从生产营销、产品营销、推销营销、市场营销、社会营销、数据营销等几个过程。进入互联网时代后,营销以数据营销为主,基于大数据的营销对传统动漫企业的营销策略有着重大的影响和冲击,主要表现在它影响了动漫企业传统的营销渠道、组织、方式和管理。

1. 营销渠道

我国已经取代日本成为世界第一动漫生产大国,然而由于营销力度和模式等问题的困扰,很多优秀的动漫作品得不到市场的认可,或是口碑和收益有着很大的背离,所以中国动漫企业必须注重产品的营销推广。动漫营销对于动漫企业的发展具有重要意义,是沟通动漫生产与动漫消费的桥梁,企业通过营销才能把动漫产品顺利的转移到消费者手中。通过全面系统的营销,动漫企业一方面可以合理安排动漫作品的制作、销售和后期经验总结,实现企业的科学管理和利润最大化;另一方面可以生产出符合受众需求的动漫产品,使消费者获得所需的动漫乐趣,提升消费者的幸福指数,获得外部社会效益。

动漫企业传统营销主要是投入大量资金,靠借助如漫画杂志、电视、户外广告等和代理商、经销商等的外部销售渠道。互联网提供了动漫企业与受众及时、精确交流的通道,企业可以了解潜在消费者的需求和习惯,了解其感兴趣的产品和服务,进而企业则可以根据受众的数据和信息反馈对动漫作品进行改进,推出新产品。基于大数据动漫企业可以进行O2O、T2O互动营销,比如在动漫衍生品包装设计上加二维码以便直接进行品牌追踪和多次购买;电视台在播放动漫作品的同时提供作品中的相关玩具或者道具链接,实现衍生品的T2O快速销售。在DT时代,企业成为最大的自媒体,有很多自有的渠道来进行营销。

2. 营销组织

动漫企业传统营销需要投入大量人力,基于大数据的营销使得企业沟通和经营管理依赖网络数据作为主要的渠道与信息源。这给动漫企业带来的影响主要是营销人员和营销组织机构的减少。数据分析部门将取代传统的营销决策机构,成为动漫企业营销的核心部门,懂得大数据的人才将会成为企业营销部门的核心人物。这些影响与变化改变了动漫企业内部营销的结构体系,将促使企业内部组织的调整,而且企业营销组织的技术性和专业性将得到进一步提升。

3. 营销方式

动漫企业传统的营销方式主要是在报纸、杂志、电视等媒体上做广告,向受众传递企业产品的信息,再以各种各样的调查方式来了解受众的需求。由于动漫产品的受众多是儿童,信息的搜集很困难,并且信息的发送和反馈之间存在着时滞。营销部门不能及时地得到受众的反馈,因而企业就不能及时调整缺乏效率的营销方式,从而影响了企业的整体经营。大数据改变了过去动漫企业品牌依靠强势媒介的传播方式,基于大数据营销的所有工作将会围绕着数据采集、分析、处理而展开,其核心工作是通过对海量数据的分析找出市场和顾客偏好,总结出被人们忽略的相关关系。动漫企业可以用搜集到的大数据把传统同质化、大规模的营销转变为个性化、一对一的营销,如微博、微信推送。

4. 营销管理

在动漫企业传统的营销管理中,不同部门的多个人员负责企业营销的各个环节。基于大数据的营销与传统营销最大的区别在于,顾客从被动的作品接受者,转为积极参与各个环节的创作者;以企业为中心的价值创造思维转向企业与顾客共同创造价值的思维。大数据营销使动漫企业内部各部门之间充分利用海量的数据和先进的技术,对整个营销活动进行实时的监控,并进行不断的调整。如动漫企业可以将受众需求、衍生品的产品性能、价格等信息及时汇总,分析整合后将实时数据传送到生产、销售第一线,通过大数据实现企业营销管理的科学化和高效化。

(二) 基于大数据的动漫企业营销活动

动漫产业是一个复合型产业,需要整合从创作到零售终端等每一个环节。中国发展动漫产业,并不缺乏创意、资金、技术人才,而是商业模式环节有问题,重创作而轻营销,只有创作、运营双轮驱动,我国动漫产业才能更好更快地发展。大数据在动漫产业链的各个环节都有重要作用,其分析预测功能在动漫产品的营销环节尤为重要,有利于动漫企业实施全面、精准营销。

1. 产品策略

动漫营销的对象主要有电视动画片、动漫电影、动漫书籍、玩具衍生产品等有形商品和动漫节、动漫展会、动漫 Cosplay 互动活动等。动漫营销是一个有机的整体,它涉及动漫作品的制作、宣传推广、衍生品的开发与销售等各个方面。大数据可以运用到动漫作品和衍生产品创作和组合开发的整个环节之中。

第一,作品创作前的预测分析。对之前市场大数据分析可以为动漫作品创作前的预测提供支撑。动漫产品具有高风险、高投入、慢回报的特征,此外,由于资产专用性和进入壁垒的存在,贸然进入或开发新的动漫题材或领域,会使企业面临很大的风险。因此,动漫企业在决定制作一部新的动画片、大电影或者开发一款新的动漫游戏之前,可以先根据大数据了解目前市场上的行情,对市场竞争环境和消费者需求进行分析;对作品内容题材进行制作风险的评估和未来盈利的预测,减少动漫投资的盲目性,然后再进行动漫产品的设计和开发,提高动漫企业的投资回报率。

第二,作品创作过程的监督和纠偏。动漫企业通过分析搜集的大数据,可以对动漫作品的创作过程进行监督和纠偏。动漫企业利用大数据可以随时了解市场动向和消费者需求的变化,根据需求进行动画片、电影和衍生品的开发,对从形象设计到产品制作的整个生产流程进行实时监督和控制,了解每个环节的最新进展情况,快速地发现异常环节,进行有针对性的微调和改进,从而提高产品的市场认可度,最大程度地提升营销效果。根据百度贴吧、网络社区等搜集的数据,杭州玄机科技信息技术有限公司(以下简称玄机科技)发现主线故事中一位配角"粉丝"众多,人气很高。于是,在2014年电影播出之前,公司在网络上推出了以高人气配角为主人公的3集番外篇《空山鸟语》,在电影开播前3个月每月播一集。这样在不影响主要情节的发展的前提下,弥补了人物"粉丝"的遗憾,也为动画电影的营销推广起到了市场预热的作用。

第三,作品完成后的推广和反馈。动漫企业在作品完成后的推广、反馈和再预测中可以使用顾客群体大数据和企业运营大数据。传统市场调查收集到的数据具有滞后性,而基于大数据的信息却是实时更新且比较客观和详细的。对未来的预测功能是目前业界对大数据最看重的价值之一,因此,动漫企业可以根据大数据的信息反馈,对企业产品和衍生品及时做出战略调整。

2. 受众定位

第一,受众群体精准化。无论什么题材的动漫作品,受众的年龄定位很重要。动漫企业的受众很大一部分是低龄儿童,儿童消费者的真实需求具有隐蔽性、复杂性、多变性和依赖性，利用历史的、静态的、结构化的数据，动漫企业很难获得顾客的真实需求。大数据对受众的分析可以在瞬间完成，使动漫企业可以精准识别他们的真实需求和潜在需求，有助于动漫企业真正地认识了解受众，实现精准化的价值信息传递。

玄机科技的代表作《秦时明月之万里长城》主要通过优酷和土豆在线播放，截至2015年1月，第四部在优酷的总播放次数已经达到2.9亿次，玄机科技基于播放数据的分析和整合，及时进行了营销策略的调整。从图5-1可知，"秦迷"以男性为主，因此公司在其后的新动漫作品中更加注重武打和侠义元素的植入；"秦迷"网络受众年龄中22岁以上的观众占到了48%，因此公司决定以后的作品内容继续致力于走青年成熟路线，定位于青少年和成人；其网络受众人群中，学历为高中/技校以上人群占79.6%，因次公司决定仍坚持致力于打造高端精品、有文化内涵的动漫作品。

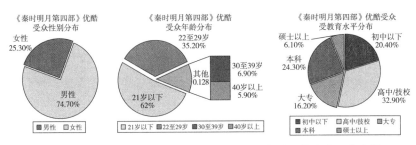

图5-1 《秦时明月之万里长城》优酷受众性别、年龄和教育水平分布情况

资料来源：根据相关数据整合分析。

动漫企业除了提供好的作品之外，还必须为观众提供更多的体验，满足人们更高层次的需求，从而增强顾客的满意度与忠诚度。基于大数据企业可以了解动漫爱好者的潜在喜好，进行有针对性的营销推广。如《秦时明月》就根据网络数据邀请全国最具人气的7位Coser（角色表演者）来表演《秦时明月》的Cosplay（角色），受到广大"秦迷"的热烈欢迎。

第二,受众位置精确化。与以往国产动画主要的营销活动集中在一线城市不同,上海淘米网络科技有限公司(以下简称淘米公司)通过分析大数据发现,二、三线城市的儿童网络社区注册顾客不断增加,于是在上映动画大电影《赛尔号》之前,淘米公司联合光线传媒主动将营销和路演活动的主要阵地由一线大城市转向二、三线城市电影市场;此外根据网络搜索排名和社区口碑等数据的反映,淘米公司带着电影中人气高的主角人偶到地推活动现场与家长和小朋友互动,都受到了热烈的欢迎,营销获得了巨大的成功。

3. 渠道策略

动漫作品的宣传和播出渠道主要有电视台、在线视频网站和制成大电影后的电影院线。对于大多数动漫公司而言,在电视台进行播放是主要的渠道。但在这个渠道里,动漫企业的议价权实在太少,以至几乎大部分动漫公司在发行阶段无法收回成本。而一部成功的动画片就必须依靠渠道获得市场认同后,才能继续靠发行的成功来获得日后利润更大的衍生品市场。动漫企业可以利用大数据高效地设计和开展多渠道营销活动,即依据对产品或地理市场等大数据进行系统分析之后分配营销资源,而不再仅仅依据历史经营业绩。

中国的电视台一般主要播放的动画片是给低幼儿看的,因此定位低幼儿受众的动漫企业通过大数据分析可知哪个是最受欢迎的电视或网络播出平台,然后再进行发行和营销渠道的选择和布局。青青树动漫科技有限公司"《魁拔》系列"是面向青年人群的,青青树公司以前选择直接到影院上映动画大电影。实践证明,大部分人群不怎么进影院观看动画片,而且影院排片方也对国产动画电影存在偏见,不会将其排在适合大人看的场次。电视台和电影院线的暂时失利让青青树公司开始探索新的渠道出路。《魁拔 3》虽然整体票房不尽如人意,但好评不断,在豆瓣的评分为 8.1,在优酷上高达 9.5。通过对《魁拔》网络大数据的分析整理,青青树公司发现这些好的口碑大都来自网络视频播出平台。截止到 2014 年 12 月,《魁拔 3》在优酷和土豆的累计播出量已经达到 3300 多万,其中土豆网 1730 多万,优酷网为 1610 多万,优酷设备中,移动端占到 75.2%。

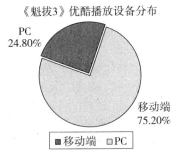

图 5-2 《魁拔 3》优酷播放设备分布

因此,青青树公司调整了企业的营销和发行渠道,决定停止《魁拔 4》在电影院线的上映,抓住新媒体和网络视频平台,紧紧跟着观众走,先通过与视频网站等的合作,尤其是和移动互联网的合作与融合,打响作品的品牌,然后再进行后续产业链的深入挖掘。

4. 价格策略

动漫企业借助先进的大数据库技术、网络通信技术等手段,根据庞杂的受众大数据,按照纵横多角度的方式对企业的顾客群体准确分析,甄别出核心目标顾客,并且准确传达产品信息,建立稳定的企业忠实"粉丝"和受众群,实现顾客增加。如淘米公司根据网络大数据将其游戏产品的在线顾客,按照是否付费、付费额度、在线时长、时段分布等进行细分,然后有重点地进行动漫游戏产品的推送,根据不同受众群体分类制定不同的价格策略和产品组合。此外,动漫企业可以根据受众购买记录大数据调整衍生品的价格,也可以利用大数据对动漫衍生品的价格进行全球比较,极大地提高了定价的合理性。

5. 竞争策略

在竞争日益激烈的今天,动漫企业之间的竞争尤为残酷。以淘米公司为例,淘米公司在纽约成功上市以后,很多新企业开始进入儿童互联网市场,开拓儿童娱乐领域。如腾讯推出的免费虚拟游戏《洛克王国》和淘米公司的《摩尔世界》《赛尔号》很相似,运营策略也是线上与线下并举,这造成了淘米营收的下降。如何基于以往的运行大数据,对市场上已有的竞争者和潜在进入者的威胁进行分析把握,对动漫企业自身未来的运行模式进行预测,从而提前进行战略部署或者加以利用、调整,使得企业在竞争中占得先机,这关系到很多企业生死存亡的问题。如果企业结合大数据可以对自身的产业链进行深入细致的 SWOT 分析,明确自身产业链的状况进而找到改进商业模式的切入点,就有机会冲出红海,开拓一片新的蓝海。

(三) 善用大数据改变业务模式

大数据对于合理布局动漫企业的营销活动进而提升经营水平有着重要意义,但也应该看到大数据开发利用中存在的一些问题。如有了大数据,企业就能预测消费者的行为,有时并十分准确,这就诱使企业依据预测而非实际行为来对消费者评价和采取行动,而其结果可能是存在偏差或事与愿违;过分依赖大数据也使企业的市场洞察力和自由选择的能力降低等。然而大数据的不利影响并不是大数据本身的缺陷,而是企业滥用大数据导致的结果,大数据为企业提供更多的是一种参考而不是代替企业做决定。

大数据体现的是数据的数量多、数据类型丰富,其重在不断的积累、强在细致的分析、好在对前景的预测。动漫企业应该积极拥抱大数据,充分利用大数据来改变业务模式,通过将大数据信息与动漫作品、受众和市场环境结合,对数据关系进行深入挖掘,才能最终将数据更好地用于企业业务活动的每一环节,达到业务模式的创新和企业价值的最大化。

三、出版企业的转型:以数字出版为中心

随着人们生活方式的变迁和技术条件的变化,传统出版行业萎缩的趋势还在持续,这是不以人的意志为转移的。DT 时代的内容出版

更加强调顾客驱动、社群需求、共同创造和顾客社群的运营,因而出版企业需要积极适应移动阅读与数字化技术融合的趋势以开辟新的市场空间。

(一) 商业模式转型升级的方向

数字化技术革新和快速发展使得人类接受信息和进行阅读的习惯发生改变,知识的定义和边界也相应发生改变,由此数字出版在全球范围内都得到了蓬勃发展。特别是在大数据的推动下,数字出版的顾客需求及消费市场在迅速成长,出版企业经营正在发生几方面的深刻变化:其一,内容创作转向定制化、多终端开发,使一种内容得以在纸质书、电子书阅读器、PC、平板电脑、手机上立体呈现;其二,投送平台由数据库营销走向知识服务以及全产业链的各个环节;其三,传播渠道由网络传播走向多层次、立体化渠道并存;其四,云计算、数字内容加工转换技术迅速发展和应用。因此,数字出版新业态绝不仅仅是出版内容的数字化、出版发行的网络化、出版管理的信息化,而是一次系统的、全面的商业模式转型升级,至少体现在以下几个方面。

第一,适应阅读方式的变化。出版行业变化的深刻原因是人们的生活方式和阅读习惯的变化。据《2017未来媒体趋势报告》分析,随着移动互联网的发展,未来是"快读"和"悦读"的时代。移动终端已经发展出了大量高黏性且仍呈增长态势的顾客,因此信息传播需要碎片化,提升移动终端的顾客体验。同时,高质量的信息内容推送是吸引顾客的关键,高质量的适合顾客阅读的信息才会得到高关注度、高转发量。[1] 移动智能设备将成为未来传播新宠,基于移动智能终端的传播将会成为信息传播的主流方式。智能家电、智能手表、智能手环、智能眼镜、头戴设备等多种可移动智能设备构建起智能家居生态系统,一方面增加了信息传播渠道,提升了信息传播速率;另一方面,为

---

[1] 参见〔美〕皮埃罗·斯加鲁菲:《2017未来媒体趋势报告》,http://www.useit.com.cn/thread-13707-1-1.html。

顾客生产内容,参与到媒体内容生产创造了条件。

数字化阅读是以读者个人为中心,使广大读者能够接收除了文字、图片以外的多媒体阅读方式,进一步提升如下体验需求:个性化的内容需求,内容的高效提供,基于兴趣爱好形成的内容等。相应地,数字出版作为基于数字内容的一种服务,它应按顺序满足几个层面:其一,应满足对内容的个性化需求;其二,表现的手法应是数字化和即时化传播;其三,基于阅读的综合化服务。好的读物完全可以通过声音和图像得到有效的传递,加上足够多的受众,如何开发声音和图像是非常重要的。

第二,进行企业经营战略调整。出版企业应从传统的追求规模经济的战略逐步向追求范围经济的战略转移,根据不同业态而采取不同的定位和经营方式。传统上,大众出版、教材教辅出版依然遵循规模经济的范式,以销量超群而取胜;专业出版如音乐、美术、古籍等则会遵循范围经济的范式,以品种丰富而取胜。① 传统出版业态奉行"二八定律":80%的利润通常来自20%的图书品种,而其余80%的图书品种只能提供20%的利润。而在新业态中,如亚马逊的单品种销售成本远低于传统出版企业,甚至没有真正的库存,所以能够极大地丰富销售品种,为读者提供更多样化的选择,如果它销售的是电子书,则支付和配送成本几乎可以忽略不计,这就可以把长尾理论发挥到极致。谷歌的 Adwords 和苹果的 iTunes 下载服务都属于这种情况。随着战略的调整,企业需在版权资源、渠道资源、品牌资源等方面做出细化管理。版权资源管理方面,梳理既有版权,编制管理流程,制定版权发展规划,明确重点版权,提前做出市场预警,尽可能地获取各类数字版权;渠道资源方面,有定期的市场分析,对重点产品有详尽的营销方案,对渠道建设要有设计、有布局;品牌资源管理上,则要对既有的品牌产品做出分析,如它们的生命周期、开放性、市场影响力、读者群等

---

① 李学谦:《从指尖游戏到心灵阅读》,《出版广角》2012年第11期。

做透彻研究,对整体品牌要有工作方案。

第三,拓展纵横交错的产业链条。在产业链的延伸方面,新业态的业务边界要比传统业态宽阔得多。在创作环节,出版企业已经越来越多、越来越主动地承担部分"作者"的角色,包括策划主题、组织撰写定位明确的图书如在线工具书。在制作环节,许多出版企业已经将并购目光瞄准小型技术公司,意在获取数字产品的制作技术和专利。在零售环节,一些出版企业已不再满足于单纯依赖外部渠道,开始经营自己的网店和实体店,网络服务商也开始注重销售数据的分析和整理,以实现服务增值或干脆将这些销售数据出售给传统出版企业。在横向发展上,出版企业纷纷适度多元化经营,业务结构以内容为轴心,向典藏、影视、动漫、教育培训、艺术品经营、会展、电子商务等多种领域拓展。总之,在新业态下,内容数据和渠道数据已经成为市场竞争的关键要素,数据管理和应用必须作为出版企业的核心工作之一。

(二)数字出版的基本商业模式

数字出版是出版企业商业模式变革的核心。数字阅读消费需求日益旺盛,数字出版规模不断扩大,数字出版产品形态日益丰富,促进出版企业加快商业模式转型升级的步伐,其主要表现在:其一,集群式发展促产业链融合。随着数字出版产业的迅猛发展,政府批复成立了多种类型的与数字出版相关的产业基地,集群式发展已初步呈现。同时,不少传统出版企业加速数字化转型、整合内容和技术资源,加速推动传统出版与数字出版的深度融合,加速推动多种传播载体的整合,加速数字化生产方式及传播方式的改造①。其二,多形态终端促复合式出版。全球范围内以电子阅读器、平板电脑及智能手机为代表的三大移动数字阅读终端销量出现大幅度增长,为数字出版创立了良好的硬件基础与阅读条件。当前,很多优质内容得以在纸质书、电子书阅

---

① 陈永东:《数字出版创新商业模式新解》,《出版广角》2012年第10期。

读器、PC、平板电脑及手机上复合式呈现,全面覆盖不同的数字阅读人群。其三,娱乐化内容消费突出。2011—2015年网络游戏连续五年销售收入位于数字出版产业收入前三名,表明数字出版的娱乐化内容消费非常突出;特别是手机报纸、手机期刊、手机小说及手机游戏等不断攀升,也说明移动互联网大发展背景下的手机出版市场潜力巨大。其四,碎片化内容消费流行。随着生活工作节奏的加快,时间被"碎片化",伴随而来的是阅读的碎片化。同时,各类移动终端的普及也加速了碎片化阅读的发展,如微信、微博、微视及电子阅读等,都呈现出碎片化的特点。

当今,数字出版商业模式最具代表的当属亚马逊、苹果、谷歌、爱思唯尔和赛伦纸五大模式①,国内数字出版企业受这五大模式的影响最大。其一是亚马逊模式。亚马逊以销售阅读终端(Kindle)及电子图书同步进行,相互促进。它更侧重于电子图书的销售,有自己独特的平台,有硬件终端,有较成熟的分成模式。国内的汉王、盛大、当当及京东等多数是以模仿亚马逊模式为主。亚马逊正在凭借其渠道优势企图摆脱传统出版商,对传统出版商形成强大冲击。其二是苹果模式。苹果是一种较综合的模式,它在技术、平台及营销等多方面全方位地涉入数字出版,特别是其应用商店模式开创了数字内容消费的先河,其在平台、终端、开放内容接口及分成方式都较为成熟。目前,更多的互联网企业的介入,多数都是在借鉴苹果。其三是谷歌模式。谷歌既有"数字图书馆",又有应用商店模式。其中,在数字图书馆模式中,谷歌非常注重与出版商的合作,只提取10%的分成。谷歌应用商店利益在其它开放操作系统安卓的风靡,使得它已建立起了与苹果旗鼓相当的应用程序商店。其四是爱思唯尔模式。该模式是典型的"专业数据库"模式,以整合与销售电子资源数据库出版物为主。国内电

---

① 苹果、谷歌、亚马逊都相继建立了独立于传统出版体系之外的平台,包括苹果的APP商店、谷歌安卓的Play Store、亚马逊的Kindle平台。参见郝振省:《2011—2012中国数字出版产业年度报告》,北京:中国书籍出版社2012版。

子资源、电子期刊等专业数据库拥有企业,以模仿爱思唯尔为主。该模式的关键在于其拥有资源的不可替代价值。其五是赛伦纸模式。赛伦纸模式的定位是传统出版中纸的替代品。该模式将电子阅读器成本与权利人应获得的版税共同计算进"电子书"的成本。电子书按本销售和遵循纸书的码洋定价原则,考虑消费者的利益,设计出多方共赢的商用模式。该模式仍保留了大部分传统的图书出版模式,较好地解决了电子图书定价、版税、发行等问题。

(三) 大数据推动数字出版商业模式创新

数字出版是集内容与技术于一体的产业,大数据应用于终端、应用于平台、应用于渠道、应用于内容本身,带动商业模式不断创新,其创新趋势体现在如下两个方面:其一,云服务提供资源、平台、应用等基础服务。一方面,云服务可以在为数字出版产业达成合作联盟,统一行业标准,完善产业链分工,优化存储、高效利用和使用资源、提供更好和更便捷的服务。另一方面,通过数字出版云计算平台的搭建,整合文化及数字出版业现有信息化应用系统,建设高效内容提供商、系统集成商、终端设备提供商、顾客、监管者等为主要角色的出版云生态系统,完善产业生态,从根本上推动数字出版业的信息化水平。其二,数字终端走向网络化和智能化。移动网络实现万物互联之后,一切具备屏功能的产品,皆有可能成为数字终端。数字终端技术推动终端产品不断走向智能化,终端操控从键盘、鼠标到触控、音控、体感,人机交互设计不断深入。未来终端不再仅以键盘、屏幕和指令等传统形态存在,而开始向人工智能领域深入拓展。由于数字终端的网络化和多功能化,终端性能融合已成为重要趋势,数字出版跨平台应用越来越普遍,智能手机、平板电脑及智能电视这三个产业将走向融合。比如,智能语音在数字终端中的应用使数字产品不再只是冷冰冰的机器,拥有"对话"能力的数字终端将成为消费新宠。MEMS 传感技术有望成为标配,目前 MEMS 传感技术开发者正在尝试着将更多的传感应用加入到数字终端中,智能手机、平板电脑、游戏、智能电视、个人健身等市场都将成为这一市场多元化的驱动力,在影像、声音、位置、方向、加速度等方面的开发上,有巨大的应用空间。因此,在 DT 时代,出版企业需要借助大数据来创新商业模式,在如下方面寻求突破和变革。

第一,以创造体验价值为指向,重视数字内容体系的建设。传统出版是有限内容、有限媒介(纸质)、有限传播形式的固化生产流程,内容是通过单一的图书或者最多通过二次循环方式产生新的商业价值。在 DT 时代,知识不再以单一的图书形式存在,而是一种数字内容体系。如 Kindle 平台,读者可以通过个人图书馆从海量图书中挑选感兴趣的章节阅读;通过知识链接从一本书跳跃到维基百科或者其他图书;通过智能内容扫描选择性阅读,打破图书的线性叙事结构;可以在欣赏音乐电影之余浏览图书,也可能从电影观影、新闻浏览中切换到图书章节的阅读等。如今,随着当当网、京东商城、亚马逊中国、云中书城等企业的进入,有关电子书的分成方案、定价机制、电子阅读器与实体内容的无缝链接、便捷的下载与支付等都在逐步完善,配以相关背景资料、音视频文件等也将成为数字内容生产的趋势,阅读不仅是阅读,还将成为一种交互、沉浸式的体验过程。[①] 出版企业都在纷纷寻求与新技术的融合或者数字化转型,不能仅仅考虑技术的工具性或者强调内容的重要性,更应重视由内容带给顾客新颖而丰富的体验价值。

第二,用大数据进行内容的多次开发与衍生拓展。传统出版是以单体"书"为核心载体,一本书的书名和版权成为读者认知的核心,也是商业模式的基础,但是在大数据时代,数字出版则以内在产业链扩展来实现其附加价值,内容出版需要转向 1 种内容、n 种媒介、n 种传播形式,从而实现融媒体的出版链,真正用技术创造出新产品和新价值。这其中,顾客的参与变得更加重要,互联网可以让全球的受众都

---

① 郝振省:《2011—2012 中国数字出版产业年度报告》,北京:中国书籍出版社 2012 版,第 23 页。

能针对同一话题展开讨论和知识的构建。随着社会化媒体的发展,个人通过博客、微博、微信等平台发表自己的作品,个人既是内容的消费者,又是内容的生产者和传播者。因此,需要建立以读者、作者、编者协同或共同创作的平台,进行内容创作、多次开发和多次增值,实现效益最大化,作者、编者、读者完全可以全线打通,让一本书(或系列书)在众包模式下不断自我更新、自我成长。

第三,用大数据挖掘社群的内容和兴趣需求。在大数据系统下,以前被忽略的"小众需求"也能创造新的价值,出版可以更加细分、专业和灵活,更加准确地把握小众的阅读需求,利用大数据分析可以快速完成知识的提纯,内容的拓展和链接,以形成新的针对社群的内容出版产品。从某种角度思考,与其空泛地做一本可能适合1000万人读的书,不如精心地做给具体的100万人。在未来的社群中,90后和00后对于信息内容接受方式值得深入研究,他们的需求将改变内容提供的方式和产品形式,例如视频化、移动化以及参与感的结合;年轻人喜欢的弹幕技术,不仅仅在电影屏幕,在很多资讯的移动APP上也应用该技术。

第四,企业从出版商转型为阅读和知识综合服务的提供商。出版内容大数据从生成来源角度,可以分为顾客生成内容(UGC)、专业人士生成的专业数据(PGC)、设备采集生成内容(DGC)等。这些内容可以通过信息技术进行融合后创造新的内容。出版企业则需要逐步放弃以往单纯以内容增值为目标的二次出版模式,强调在真正理解内容的基础上,修订、补充、追加知识,深入挖掘各种顾客或读者研究和学习的需求,并把出版看成是对读者提供知识服务的过程。未来,所有的出版社要思考如何"从内容出版和发行商向阅读和知识服务综合提供商"的转型,要提供给读者更加个性化的服务,改变"先生产后销售"的线性、单向度经营模式。

第五,用大数据创建内容与电子商务融合的机制。在传统出版平台中,有很多销售的大数据,这些数据在数字化时代,不仅可以指导选题,而且在数字阅读中的顾客行为数据,还可以进一步把握读者需求。例如,京东推出的"京东出版"系列图书,基于对1700万顾客的销售数据分析,选择出一批顾客需求大、呼声高的选题,实现产销一体化。当当网通过十余年间积累的顾客购买行为数据和评论数据来与作者合作推出新图书产品。在数字阅读领域,顾客在阅读终端的所有行为,包括在什么时间,在什么地方,看了哪本书的哪一页,甚至每一页的停留时间等信息,都可以通过大数据技术精准获取,这样就可以掌握读者的阅读行为趋势和偏好,同时还可以通过顾客本身的社群关系、兴趣偏好、情绪脉动等数据挖掘能力来过滤顾客价值,并通过顾客行为数据来判断目标顾客是否精准、内容商应该生产什么内容、洞悉顾客的消费趋势,通过顾客行为的大数据,通过一些新技术的介质如二维码等方式,在电子商务平台上完成针对内容相关性的消费者的产品销售行为与服务。

第六,通过大数据解决出版发行过程中的供求供需矛盾。采用数据处理技术、数字印刷技术,将出版物信息存储在计算机系统中,根据需要随时直接印刷成书,可以省去制版等中间环节,能够一册起印、即需即印。由此,基于对读者需求的准确把握,图书出版企业根据相对准确的市场需求,主动地提供特定形式、内容、数量的图书。根据每位读者的个性化需求,收集相关内容,出版物可以是纸本书也可以是电子文本。从产业链整合角度,打破编辑、印刷、发行之间的界限,使内容创作后的加工和传播过程形成一个有机体,加速传统出版的转型升级以及产业链上下游之间的竞争和融合。

第七,通过大数据探索推广内容出版的众筹模式。内容出版的众筹是"互联网+出版"的产物,也是建立在社交媒介基础上的大数据与内容出版相互融合的新业态。以知乎和中信出版社共同策划出版的《创业时,我们在知乎聊什么?》为例,该书的出版过程包含了美团网的众筹出版尝试、上市前在亚马逊的图书预售、知乎社区内的社交推广、社交媒体晒单分享等多介质、多渠道的"共同出版"。将来,许多图书可以利用名人或者自媒体火爆的优势，由作者或者编辑在互联网上招募"粉丝"，出版内容、前期加工制作甚至传播方式等都可以通过众筹的方式完成。

四、硬件制造类文化企业的转型：以苹果公司为例

作为一个立足于硬件制造类的跨界型文化企业，苹果公司整个业务结构的"产业文化化"的转型过程值得关注。通观苹果公司的发展历程，其成功背后除了乔布斯领导下的产品创新和技术创新，更为重要的是隐藏在产品创新和技术创新背后的商业模式创新。甚至可以说，苹果公司之所以改变了许多行业的格局，是因为其核心秘密可能就在于其商业模式的创新。

（一）创造顾客体验价值最重要

一个成功的商业模式，最根本的就是能够不断提供独特而丰富的顾客体验价值。对于苹果公司而言，顾客体验价值一般被认为是苹果公司为人们提供超出同业的最新技术。自从乔布斯重归苹果之后，开始重新审视顾客体验价值，破除技术型思维，兼收并蓄，将先进的技术、绝妙的创意、丰富的内容和出众的营销技巧相结合，以"创造顾客"的方式开发市场的蓝海。乔布斯说："有些人说：'消费者想要什么就给他们什么。'但那不是我的方式。我们的责任是提前一步搞清楚他们将来想要什么。……人们不知道想要什么，直到你把它摆在他们面前。正因如此，我从不依靠市场研究。我们的任务是读懂还没落到纸面上的东西。"[①]

从2000年开始，苹果连出重拳推出iPod、iTunes、iPhone、iPad等"i"系列产品，先后改变了传统音乐、电影、电视、手机、电脑和出版等

---

① 〔美〕沃尔特·艾萨克森：《史蒂夫·乔布斯传》，管延圻等译，北京：中信出版社2011年版，第612页。

若干行业,建立了这些行业的新规则和新秩序,而苹果自己也因为掌握了创意、软件、硬件和服务的产业关键环节,从而成为一统众多行业江山的霸主。但是仔细研究会发现,苹果的产品并不是刻意强调技术,苹果也往往不是业界第一个吃螃蟹的人。例如,最早推出数字音乐播放器的公司并不是苹果,而是一家名为"钻石多媒体"的公司,早在1998年就推出了数字音乐播放器,比苹果公司早了整整3年。但是,能够在合适的时机将合适的技术以最适合消费者体验的方式设计出来,从而为顾客带来不可替代的体验价值。这就是苹果与其竞争对手有所不同的地方。

苹果公司成功的真正秘诀在哪里?关键在于把好的创意、好的内容、好的软件装在好的硬件里,实现"有中生优",为顾客创造更为丰富和独特的体验价值。首先在于"i"的理念。苹果公司开发出 i 系列产品,与乔布斯对艺术的敏感性和产业发展趋势的深刻理解和领悟密不可分。"i"意味着什么?它代表互动(interact)、互联网(Internet)、信息(information)和我(I),同时"i"还具有 individual(个体)、instruct(指导)、inspire(赋予灵感)的丰富意涵,这其中蕴含人们生活方式变化和产业发展的基本走向。在苹果推出其第一款名称以"i"打头的产品 iMac 时,乔布斯表示 iMac 是互联网燃起的激情与 Macintosh 的简单设计的一种结合,以后推出了 iPod、iPhone 以及 iPad,综合了"i"以上各个方面。

其次在创意设计方面。以 iMac 为例,以前的电脑都是灰褐色的、立体的,乔布斯第一次把电脑做成彩色的、流线型的,那是第一次改变——看起来很简单,只是把颜色和形状改了,但适应时尚的设计却改变了人们的生活认知及理念。再以 iPod 为例,iPod 时尚而唯美的设计,新颖的数字内容的娱乐方式,加上完整的价格体系,覆盖高、中、低端的产品线,出色的营销方案,苹果的品牌形象达到了空前高度。作为时尚新宠,iPod 吸引了各界的关注,在推出该产品不到 6 年的时间,iPod 累计销售量已经接近 1.1 亿台,更有超过 1000 家公司皈依到

iPod门下。到第6代iPod亮相,iPod已经稳固地成为全球化商业和群体性流行趋势的引领者。另外,苹果推出的每一代iPod、iPhone、iPad被顾客作为艺术品来收藏,就像是LV那样的奢侈品一样,甚至拥有一个苹果产品已经成为某个人时尚、有品位、有社会地位的一种象征,从中可以看出它的创意设计的魅力和魔力。

当然,体验价值的创造更为重要的是在文化和科技的整合方面。苹果把人文、艺术和科技做了有机结合,以消费为导向做产品开发,重视市场驱动力。正如乔布斯所言,生产伟大产品的激情会推着去追求完美,去把最好的硬件、软件以及内容都整合在一起。尤为突出的是,苹果改变了手机的传统功能,由通信功能转向综合娱乐功能。例如,iPhone将移动电话、可触摸宽屏以及移动互联网设备这三种产品完美地融为一体,成为最大的媒体终端和娱乐终端。

(二)由产品上升为商业模式

善于由产品经营上升为商业模式,是苹果公司商业模式创新的重要方式。乔布斯为苹果公司打造一系列平台,包括图书下载的平台、音乐下载的平台、软件下载的平台以及硬件平台。苹果至少有三种平台:第一种是以内容为主的下载平台,如iTunes是全世界一个最大的下载平台,下载音乐、电影、电视剧、图书(包括各种教材)等。第二种是以软件为主的下载平台,像App Store到2013年3月底,其下载量已经突破了350亿次。第三种就是硬件平台,苹果公司卖给你硬件,你就只能下载它的内容才能有效使用,这就变成了一个平台,内容消费者都变成了平台的消费者。因此,以打造平台为核心,苹果公司的盈利形成多个渠道:一是卖硬件获得的一次性高额利润,这是目前苹果凭借其品牌影响力获取基础利润的来源。二是卖音乐、影视、图书等内容和应用程序获得的重复性持续利润,这是苹果公司最经常、最主要的利润来源。三是运营平台的相关报酬。这几种盈利方式不断互相加强,形成良性循环。为了更加明晰的理解,我们可以作如下择要分析。

第一，手机平台。我们知道，许多手机卖掉一次就结束了，后面还得花钱来维修。苹果的手机不是这样，苹果是跟电信运营商捆绑，它把手机送给电信运营商，电信运营商把手机送给消费者，消费者提前预付两年的话费。苹果公司靠什么收入？靠它跟电信运营商分成，在手机上所产生的话费和所有的收入，意味着苹果公司变成电信运营商，它不是卖手机了，它的收入是流量，消费者玩手机的时候产生流量，它跟电信分成，就变成电信运营商。电信运营商是服务型的企业，当然它的利润比硬件制造企业要高很多。苹果公司一开始的时候本来并不卖手机，后来手机实在太火了它才单独卖。消费者只要一辈子在这个手机上产生内容消费，苹果就跟运营商一辈子分成，所以就变成永久性的收入。诺基亚卖手机是一次性的收入，而苹果变成永久性的收入。其次，苹果手机主要功能是娱乐，但是它送给你的时候，免费通话的比较多，娱乐的免费的很少。为了让消费者多掏钱去玩，它专门开了一个 App Store 应用软件商店，让顾客下载。下载的时候要两头付费，下载的时候要付钱，下载完了之后玩的时候还要付钱。比如下载的时候付钱，苹果公司收 30% 的服务费；下载的越多，流量就越大，公司分成就越多；下载的越多，服务的收入就越多，两头收入，这就是苹果的盈利模式。一个手机变成一个赚钱的平台，它的手机给它带来的盈利远比手机的通话功能带来的要多好多倍。

第二，iTunes 网上音乐商店。从 20 世纪 90 年代末开始，非法共享音乐的行为泛滥，苹果公司看到了这个趋势。由于技术上允许每个人自由地下载数码音乐，而不需要支付 19 美元买一张普通的 CD，因而数码音乐流行趋势非常明显。2001 年初苹果推出的 iPod 数码音乐播放器大获成功，iPod 需求不断上升，从一个侧面反映了这种趋势。顺应这个重要的潮流，苹果公司在 2003 年开设了 iTunes 网上音乐商店（网络付费音乐下载系统），提供了数字音乐下载服务，一举击败索尼公司的 Walkman 系列成为全球占有率第一的便携式音乐播放器，随后推出的数个iPod系列产品更加巩固了苹果在商业数字音乐市场不可动摇的地位。苹果创新了数字音乐的商业模式,网站直接购买版权,或者经过权利人许可,通过为消费者提供免费正版音乐获取流量,并将广告收入和权利人分享。通过与5大主要音乐制作公司宝丽金、百代、索尼、环球和华纳签订协议,iTunes在网上提供合法的、便利的、一站式的音乐下载服务。在iTunes上,顾客可以自由浏览多达20万首歌曲,免费听30秒钟的样板,单独下载一首歌要99美分,一张专辑的价格为9.99美元。iTunes还提供了免费的多重下载服务,在保证音乐质量的同时,为顾客提供便利的浏览、搜索功能。而且,iTunes的音乐编辑还将原本在唱片店里才会有的一些附加功能引进来,包括最佳发型乐队、最佳爱情歌曲、员工至爱、名人推荐和歌曲排行榜。顾客被iTunes吸引过来了,而唱片公司和艺术家也都获利。在iTunes上,顾客每下载一首歌,他们可以获得价格的65%,通过这种方式他们终于可以从数码下载的狂潮中盈利了。目前,iTunes音乐商店顾客平均每个星期下载的歌曲超过250万首。苹果的iTunes打开了数码音乐的蓝海市场,而且也为已经非常畅销的iPod播放器提供了新的优势。①随着其他网上音乐商店的进入,苹果面临着新的挑战,苹果将继续关注大众市场的发展,而不是仅仅将眼光放在高端市场。2005—2012年,iTunes音乐下载服务的收入一直保持较高增长,单店是全世界所有零售店当中营业额最高。即使在iPod销售量减缓的2009年,音乐下载服务的收入仍然增长21%,收入总额升至40.36亿美元,在音乐类服务板块中的收入占比也从2005年的16.4%上升到33.3%。依托其综合优势,苹果公司于2015年6月在110个国家和地区推出音乐流媒体服务Apple Music,仅一年半时间其付费订阅用户就突破2000万。

第三,其他App Store应用软件商店。苹果iPhone、iPad之所以能

---

① 〔韩〕W.钱·金、〔美〕勒妮·莫博涅:《蓝海战略》,吉宓译,北京:商务印书馆2010年版,第88—89页。

够迅速占领市场,主要原因是其应用商店 App Store 能够提供大量软件供顾客选择。传统的手机软件销售主要通过终端厂商的内置,存在较高的商务成本,而苹果的 App Store 使手机软件销售"戴尔化",通过电子化的方式实现交易成本的下降。只有存在大批乐于购买应用软件和内容的顾客,才能够确保开发者的盈利。相应地,由于有高销量的支持,那些应用程序也更有价值,也就更能促进新程序和软件的开发,拉动更多更好的内容进入苹果的供应链。由于时尚而唯美的设计,以及超过 10 万计的音乐和应用程序的支持,无论是 iPod、iPhone 还是 iPad,都要比同类竞争产品的利润高很多。App Store 已经为顾客提供了超过数百亿次的免费下载,付费软件的下载比例约 19%,平均价格为 1.49 美元。苹果从顾客的每次下载中可以获得 29 美分的分成。从 2008 年上线以来,App Store 既为第三方软件开发商带来 10 多亿美元收入,也为苹果增收约 4.28 亿美元。总之,"iPod 时代,苹果推出 iTunes 音乐商店,为音乐下载解决了收费问题,顾客们乖乖掏钱,苹果公司在帮助数字音乐赚钱的同时,自己的收益也不少。iPhone 时代,苹果 App Store 为程序员们的代码解决了收费问题,其实也是让更多的程序员为苹果赚钱。更重要的是,苹果打通了移动互联网盈利的路径,从一名硬件设备供应商的角色调到了移动互联网平台,通过维系顾客和应用商店之间的通道,多出一条源源不断的财路。"①

第四,不断挖掘潜在的数据价值。苹果跟电信运营商合作,把通信业变成一个新媒体产业和泛娱乐产业。特别是在 iPod、iPhone、iPad、iCloud、iWatch 等陆续推出之后,苹果公司在与运营商签订的合同中规定运营商提供给它海量的有用数据。通过来自多个运营商提供的大数据,苹果公司所得到的关于顾客体验的数据比任何一个运营商都要多。因此,苹果公司的规模效益越来越体现在各种渠道数据、顾客数据和内容数据的积累和挖掘上,而不是固有资产或者硬

---

① 黄金萍:《iPad 给谁带来惊喜》,《南方周末》2010 年 2 月 4 日。

件上。

第五,综合化运营。苹果公司能够称霸世界文化科技企业的原因,绝不在于它为评论者所称道的时尚设计,也不在于表面上的明星产品创新,最关键的是,苹果创造了一个属于新时代的综合化的商业模式。正是商业模式的改变让苹果改变了过去传统电脑厂商的狭隘思维,成为移动互联网时代的领航者。最新的理念、最好的创意、最丰富的内容、最先进的科技、完善的服务等融为一体,让苹果产品已经成为一个全世界著名的品牌,一种时尚。过去一直小众和封闭的苹果如今不仅完成了大众化的转身,而且自成一体,牢牢掌控核心资源和核心能力后对内开放,对外封闭。苹果控制了产业中最核心的,也是利润最高的创意设计、渠道和品牌营销环节。因此,苹果"帝国"的壮大也意味着苹果的盈利能力越强,从而在业内强者越强。

第六,闭环型的产业链条。苹果的硬件和操作系统以及 iTunes、App Store 等平台只适用于苹果产品自身,对外界的厂商实行技术封闭。也正是基于这种封闭,乔布斯才营造了一个独立的苹果王国。比如,iPad 是一个对顾客来说更加封闭的产品,就连芯片都刻上了苹果自己的烙印。获取 iPad 应用程序的唯一途径是向苹果购买;电影、电视、音乐、书籍等娱乐也不例外,就连 iPad 本身也只在苹果实体店里销售才有保障。这是一个完全由苹果掌控的、从头到尾的闭环模式,有人说这是苹果封闭王国中的最后一块砖。过去的一般规律是:一款伟大的产品诞生后不久,新的竞争者就会加入并搅乱市场,市场积累一定热度,各大巨头纷纷进入,一个成熟且饱和的市场就此诞生。但苹果却打破了这条铁律,iPad 创造,iPad 传播,iPad 普及,最后 iPad 垄断。当然,闭环型运营是一把双刃剑,其利弊得失取决于其企业主体自身的创新活力,在此不作赘论。

最后,鼓励创新的公司制度和企业文化,可以确保苹果公司的产品创新具有可复制性和可扩展性,从而不断开发出类似于 iPhone 和 iPad 这样的产品,也确保苹果能够不断地开辟新的产业领域及业态,并将自己的创新商业模式复制到这些领域。

(三) 对硬件制造类文化企业的启示

乔布斯曾说过,活着就是要改变世界。由于乔布斯,手机不再是手机,电脑也不再是电脑,音乐不再是音乐。乔布斯对常识的颠覆、对人们娱乐方式的改变,让整个业界都忙于追赶。对生活方式的洞察,对人们审美趋向的超前领悟,让苹果所创造的电子产品成了不折不扣的综合娱乐终端和时尚艺术品。从苹果公司的成功案例中,我们获得一些具有深远意义的启发。

第一,人文、艺术和科技的融合是重要的发展趋势。苹果公司推出的"i"系列产品,从 iPod 到 iPhone、iCloud、iWatch,都是文化内容和科技融合创新的产物。因为它是将天马行空的创意落实到现代生活中,创造了新的体验需求,从而掀起了新的消费潮流,成为近年来最重要的生活方式,改变了不知多少人的生活方式。如果说牛顿的万有引力的物理定律的突破改变了人类对客观世界的认识,那么乔布斯的苹果,则是改变了人们的生活方式,也改变了人和自己的关系、人和工作的关系。它不仅创造了巨大的利润,让苹果的股价节节上升,也创造了一种全新的世界观——在苹果的世界里,一切都变得更方便和自在,一切也变得可能和轻松。

乔布斯既懂人文,又懂科技,或者说是一个兼具文化+科技的商业天才。而与乔布斯相似的另一个人——詹姆斯·卡梅隆则是具有科技气质的艺术家。试想,一个动画电影需要的多种要素,从动画电影行业的发展规律和经验来看,成功的案例全都是在讲故事,虽然其技术很重要,但是讲故事的能力不可缺乏。如果不会讲故事,只有在制造紧张,在技术里面不断打斗,没有感情、没有情节,一部动画电影是不可能成功的。

第二,以打造平台为核心的平台型商业模式是成就大企业的关键。在进入移动互联网时代后,文化产业领域的企业正在全面迈向新经济轨道,其重点不再仅仅依赖于对于顾客的功能性需求的支持,甚至也不仅仅依赖于对于一般信息获取的功能性需求的满足,而是越来越多地表现为借助平台型商业模式创新,通过对顾客的一系列行为支持,通过开拓双边互动模式,从中探寻新的出路。移动互联网时代的平台化演进不仅是实现且有自身价值扩展的手段,同时也暗合了娱乐、媒体、文化、体育等诸多相关产业的现实要求。平台化带来的资源汇聚极大释放、延展了产业的价值,使这个产业具有无与伦比的弹性与发展空间。例如,苹果公司的 iTunes 可供顾客使用下载的乐曲高达数百万首,囊括了数千家唱片公司的作品。我们前面分析到,iPod、iTunes、iPhone、iPad、iWatch 以及 iMovie、iBook、iChant、iCloud 等不断给人们带来惊喜,使人乐意不断掏钱,培育了忠诚的"粉丝"和顾客群体,这是成就大企业的基石。现在发展速度比较快的企业,都跟互联网和大数据思维密切相关,实际上是一种平台型模式。

第三,注重企业整体价值的提升。企业经营的目标(或本质)是实现企业整体价值最大化。就此而言,它需要寻找盈利的切入点,使具体的商业模式具有可行性。而企业家经营企业关键是以创新精神(或某种"创造性的破坏"精神),把做企业作为自己的终生事业。"我的激情所在是打造一家可以传世的公司,这家公司里的人动力十足地创造伟大的产品。其他一切都是第二位的。当然,能赚钱很棒,因为那样你才能够制造伟大的产品。但是动力来自产品,而不是利润。"[①]有人说,做企业,细节决定成败。其实,细节即"正确地做事情"强调的是执行力,但关键问题却在于战略——到底做什么,战略才是最为根本的。"战略决定成败"和"细节决定成败"两者不是矛盾的,而是存在逻辑上的先后顺序。先要战略对了,然后再强调细节和执行力,两者共同决定事业的成功。例如,索尼没有及时进入移动互联网,没有及时进入时尚的电子产品的领域,所以索尼在战略上出现了很多问题。

[①] 〔美〕沃尔特·艾萨克森:《史蒂夫·乔布斯传》,管延圻等译,北京:中信出版社 2011 年版,第 612 页。

苹果公司经营与产业趋势的战略思考以及互联网和大数据思维相关，这都跟苹果公司、皮克斯和乔布斯本人以及他的继任人等有一定的关系。

　　第四，整合全世界的资源特别是人力资源为我所用。乔布斯的苹果公司实际上把全世界最好的资源，包括中国的劳动力、订单生产以及中国台湾代工企业的管理方法等都为其服务。苹果公司的核心资源不仅在于它拥有一个出类拔萃的 CEO，而且还在于有一大批业界领先、非常有创新能力和完美精神的产品设计和开发人员。要知道，适应乔布斯工作风格和严酷要求，产品设计和开发人员必须得忍受乔布斯的吹毛求疵，一遍遍地修改产品，甚至是彻底否定，必须得忍受乔布斯略嫌粗鲁的语言方式，必须得跟上乔布斯这个艺术家的跳跃思维。乔布斯曾要求一位设计师在设计新的电脑时，外表不能看到一颗螺丝。后来，设计出的模型里有一颗螺丝稍微露了出来，结果乔布斯立刻就把那位设计师开除了。乔布斯总是抓住核心人员，而苹果总是拥有或控制着所有的核心创意和技术。一名刚进入苹果公司的设计师年薪在 20 万美元左右，比行业平均水平高 50%。数十年的人才积累，使得苹果公司的精英们为消费者设计了傻瓜般的优秀产品。

　　第五，顺应硬件产品由单一功能向时尚娱乐多媒体娱乐终端转换的趋势。也就是说，硬件产品已经不再像过去只靠功能价值制胜，而是靠综合化的体验价值制胜，只有内容与软件、硬件的综合化才能大大提升顾客的体验价值。苹果公司的 iPod、iPhone、iPad 等产品还在持续做，一代一代升级，实际上是围绕新媒体环境下年轻一代消费者及其生活方式的变化以及不断创造其体验需求而展开的。以硬件制造类产品立身的文化企业需要高度关注新一代的消费者及其生活方式的变化，特别是新媒体环境下网生代消费者及其娱乐方式的变化，充分利用大数据和关系链，在软件+硬件的基础上嫁接或植入适合的内容如游戏、音乐、视频、体育、社交、购物、学习等以及综合化的服务如下载内容、在线观看和交易、金融服务等，从而在内容+软件+硬件一体化的运营之中,使人们体验像社交娱乐一样的感受。另外,数字娱乐硬件产品贵精不贵多。就智能手机整体市场占有率而言,苹果还没有绝对称霸,它只提供一种产品 iPhone,还不能和种类繁多的 Android 手机媲美,但迄今来看,其品牌影响力和利润率却是无与伦比的。

第六章 基于大数据的文化产业项目运营案例

商业模式创新应注重利用社交平台以及第三方网络交易平台拥有的各种互动数据(含结构性、半结构性和非结构性数据),这些数据对文化产业项目降低市场中供需双方的信息不对称、提升运营效率、提高体验价值、增加企业利润等都具有关键性的作用,同时也为文化企业借助项目调整业务结构以及转型发展提供了某种的市场机遇。本章通过几个典型项目的运营来具体分析并验证大数据对文化产业项目商业模式创新的支撑作用。

一、微信摇电视:T20 的新标配[①]

微信摇电视的商业模式是一个涉及多方利益主体的复合型模式,它以"红包"为切入点,利用微信的社交功能、第三方支付功能和电子商务功能打通了电视内容观看、互动、广告、销售等整个产业链,在此过程中将电视的受众转化为顾客并将顾客数据沉淀下来,通过大数据

---

① 本案例得益于笔者与唐敏敏反复研讨的"电视企业商业模式创新案例",其前期部分成果参见《微信摇电视:"互联网+"时代电视商业模式转型》(载《中国文化产业年度发展报告 2016》,北京大学出版社 2016 年版)以及《从微信摇电视大数据时代电视商业模式的创新》(载《声屏世界》2016 年第 8 期)。

分析优化电视内容、提高广告回报率,实现电视相关商品、视频内容的O2O业务,颠覆了传统的"二次售卖"商业模式,转而升级为"电视+社交+电子商务"的闭环模式。

(一) 基本背景

首先,随着互联网的普及和电视开机率的下降,从由电视作为观看的终端转变为由电视观看和网络观看的双峰并峙,网络和电视的互动趋于更加紧密。这体现在通过网络视频观看电视剧的人群日益扩大。年轻人在很多时候都是通过视频网站观看电视剧的,而且这种趋势有增无减。这是人们娱乐方式的巨大转变。人们开始把固定在家里的电视机前的观看方式转化为不拘时间的网络观看,而这种观看的终端也常常是各种移动终端。这些新的终端可以让人们自由地选择时间观看电视剧。而网络业对电视发挥重要的影响,网络中的议论、评价和聚焦都会对电视剧和电视节目的口碑有重大的影响;网络的语言和文化潮流随着年轻人的影响而对电视施加影响。现在网络观看已经成为电视剧的重要的观看方式。由于网络的视频的发展和对于网络版权保护的强化,网站也有意愿加大对于电视剧的投入。电视剧也就从传统的卖片模式向更复杂的收益方式转化,网站的支撑也逐渐开始引人注目。网站未来介入电视剧的制作过程也只是时间问题。这其实也在迅速地改变电视剧的一般观看习惯,同时为原来非电视剧观众的人群加入其中提供了条件。电视剧开始有了更为广阔的空间,而将来的电视剧的形态和运作模式也将由于这样的变化而有其新的路径。

其次,青少年观众群对于电视产业的影响越来越大。由于电视节目现在已经不再是固定在电视面前按固定时间段观看,因此一批新的观众开始基于网络条件介入电视节目的观看,他们对于电视节目的需求的影响巨大。一是80后、90后甚至00后的观众开始对于电视剧有了影响力和发言权。过去,电视的观众一直是年龄偏大的人。他们对于电视的忠诚度最高,对于收视的影响力最大。现在80后、90后、00后年轻人的影响一直在扩大,这种扩大近几年来一直在进行中,湖南、东方、浙江、江苏等卫视的影响力实际上都来自青少年观众。可以说,这些卫视虽然也有传统的观众,但年轻观众的"增量"才是它们实现增长的关键因素。电视传统的"黄金时间"段,如晚8点档在某种程度上是主流观众的天下,而像晚间10点以后原来不受重视的时间现在受到了越来越多的关注。青少年的购买力和消费意愿远远高于中年以上的人群,他们是广告主关注的对象。在中国这样的电视环境之下,这一点实际上有着关键性的作用。电视广告在很大程度上应该是着眼于青少年的,因此从节目形态到编排都受到年轻人的影响。这一转变会长远地在电视领域中发挥作用。年轻人的趣味和要求必然地投射在电视节目之中。二是电视节目这些年来的"中产化"的走向,正在由于中国的"城乡一体化"的趋势明显,三四线城市的中产化的快速进展对于电视节目发展形成新的影响。这形成了对于中等收入者生活的持续关注,而许多娱乐类型也是适应他们的想象和期望的。

(二)微信摇电视的发展

"微信摇电视"是微信与电视台合作的整体互动解决方案,支持电视台节目的实时互动、在线购物、内容运营、效果统计等。微信摇电视打出"改变观看电视的方式"这一宣传语,其发展大致经历了湖北卫视开启首摇、羊年春晚激发狼性、平台开放步入常态三个阶段,如今已渐渐成为各大电视台的新标配。

1. 湖北卫视:开启首摇

"微信摇一摇"全新电视互动模式最早于2014年6月29日在全国范围内由湖北卫视启动首摇。自2014年6月29日19点40分起,观众在收看湖北卫视真人秀节目《如果·爱》的同时,只要手机微信摇一摇,并进入歌曲就可以实时识别出正在收看的节目,可摇出与电视节目有关页面,参与节目互动,如答对手机互动页面上的问题,就可以进入抽奖转盘环节参与抽奖。湖北卫视为观众准备了钻石吊坠、柳岩同款黄金戒指等奖品。此外,还有明星速配测试——观众在互动页面上选择自己的性别、星座、属相,就可以测试出与自己喜欢明星的速配指数,更可将各种互动页面、节目信息等分享好友及朋友圈共同参与。

湖北广电与腾讯微信联手打造"中国电视第一摇",开启了电视互动的新革命,真正弥补了电视媒体与观众沟通、交流、互动的短板,更拉近了电视与观众之间的距离,也是传统媒体与新媒体深度融合的开始。

2. 羊年春晚:激发狼性

中央电视台春节联欢晚会的广告招标会上卖出了2015年羊年春晚"新媒体独家合作"的广告资源竞价,腾讯微信以人民币5303万元中标。双方的合作方式即为"摇一摇+电视":央视羊年春晚位于最上层,向腾讯收取合作费用;微信位于中层,提供互动平台并招商;赞助企业位于下层,提供现金红包和代金券红包。其流程大致为:在2015年春晚现场,主持人口播或者屏幕提示邀请观众一起摇微信抢红包,顾客抢到的红包显示"×××企业给你发了一个红包"。其中,红包包括5亿现金红包和30亿的代金券红包,来自微信招商的赞助商。顾客摇到红包后,需要分享到微信群或者朋友圈等多种社交传播渠道,邀请好友帮拆才能获得红包;抢到现金红包需要银行卡绑定微信支付才能提现,抢到代金券红包则可通过指定渠道进行消费。据腾讯官方统计,除夕当日红包总收发量10.1亿次,摇一摇总数为110亿次,在春晚峰值达到8.1亿次/分钟,覆盖全球185个国家的微信顾客。

2015年央视春晚结束后,微信"摇电视"测试功能于大年初一低调上线。大年初一开始,北京卫视、湖南卫视、江苏卫视等地方卫视春晚就已经了成为"摇电视"的尝鲜者。据悉,参与过各地方卫视春晚摇一摇电视互动的顾客数有1.6亿,其中北京卫视和湖南卫视的PV(点击量)均过亿。①

3. 平台开放:步入常态

2015年3月31日,"微信摇电视"平台正式开放注册,电视台和节目方通过 yao.weixin.qq.com 提交资质、接入信号以及签订协议后,便可开通"摇电视"功能,从而与观众展开互动。至此,电视台与微信的合作模式也日渐成熟:电视台/节目方负责招商并设置互动内容,广告主支付广告费并提供现金红包和代金券红包,微信免费提供互动平台服务。微信摇电视平台有两种账号类型:频道和节目方——频道账号针对整体合作的电视台,可以配置频道全天的互动;节目方账号(包括电视台内部单位和节目版权公司)针对合作频道的单个或多个节目,互动时间仅限于该节目播出的时间段。其互动流程一般为:播放前针对节目设置相应的手机互动环节、开发页面、配置活动;播放中口播或者屏幕引导号召顾客参与;播放后后台自动汇总呈现顾客互动数据。其互动内容有两种:一种是内容互动,如央视春晚明星语音拜年、朋友祝福贺卡、春晚节目单、参与上传全家福等;另一种是广告互动,即品牌专属红包,如顾客抢到的红包显示"×××企业给你发了一个红包"。顾客摇到红包后,需要分享到微信群或者朋友圈等多种社交传播渠道,邀请好友帮拆才能获得红包;抢到现金红包可以存入钱包消费或者提现,抢到代金券红包则可通过指定渠道如电子商务进行消费。

据2015年6月16日中国传媒大学互联网信息研究院发布的《中国电视媒体跨屏互动融合创新趋势》,截止到2015年5月底,摇电视上线的电视台超过60个,上线节目数超过110个,渗透到包括综艺、晚会、活动、体育等几乎所有节目形态;累计覆盖顾客超过1亿(不含2015年央视春晚当天),参与过摇电视互动的顾客已达1.8亿。

---

① 祖薇:《微信"摇电视":电视的遥控器、微信的摇钱树》,《北京青年报》2015年3月12日。

(三) 微信摇电视的大数据应用

微信摇电视通过移动终端实现了互联网与电视的深度融合,以跨屏互动的形式把受众转化为顾客,从而为获取顾客数据做好了准备,进而通过数据分析和应用把移动第二屏作为挖掘顾客商业价值的核心终端,开展广告、付费、电子商务等互联网化的电视运营。

1. 微信助电视获取顾客数据

电视媒体有着丰富的内容资源,在节目首播时能在第一时间吸引观众的注意力。在吸引了观众的注意力以后,如何积累并经营顾客数据成了首要解决的问题。电视一般采取"二次售卖"的商业模式,即电视台投资制作或购买节目吸引观众收看,并将观众收看广告的时间售卖给广告主,从广告主那里获取广告费。这种模式可以称为收视率经济,其特点为:第一,电视的受众具有一次性,每次售卖受众之前需要重新聚集一次受众,因此其盈利能力主要依靠收视率。第二,电视和受众的关系是割裂的,一是节目缺乏互动性,二是电视台传导给广告主的不是消费者,而是受众。受众不转变为顾客,便没有商业价值,也不利于广电盈利模式的开拓发展。而互联网商业经济的特点是得顾客者得天下,即通过核心产品来聚集永久性顾客,然后通过延伸业务从这些永久性顾客身上挖掘商业价值,包括直接价值如增值服务和间接价值如广告。这种经济称为流量经济。流量经济其实不可怕,电视媒体接触受众上亿,如果可以固化下来,就能转化为永久性的顾客。这时,电视媒体就可以通过延伸业务从这些永久性顾客身上挖掘商业价值。

电视摇一摇的出现为解决这一问题提供了途径。对于电视台来说,从网站的跟帖、调查、评论,到移动端的交互式体验,乃至大数据分析与挖掘,没有"鼠标和键盘"就不可能有顾客的主动行为与顾客间的交互,媒体就依然只能"我播你看"。事实上,"鼠标和键盘"就在观众手里,因为50%以上的观众在收视时手里并不是遥控器(也不是电脑),而是手机。① 传统电视与微信摇一摇的合作,通过 LBS 等大数据精准分析,对移动顾客进行更精细化的识别,进而充分挖掘数据背后的商业价值。DT 时代数据的重要性毋庸讳言,而"摇电视"的开通,在增加顾客数量、提升顾客活跃度的同时,也让运营商获取了大量数据,这对于进一步分析数据和使用数据提供了支持。也就是说,在微信摇电视中,微信相当于电视的鼠标和键盘,帮助电视实现了从电视观众到顾客的转化、交互式体验和大数据分析等功能。微信摇电视改变了电视的流量聚集和流量转移方法,实现了联系顾客和沉淀顾客数据。

2. 大数据助电视内容新运营

微信摇电视把跨屏互动和微信服务号累积起来的顾客数据用于电视内容的推广、互动和优化调整,在一定程度上通过获取实时收视数据实现了"直播同步"。

一是在节目播出之前,利用微信渠道和微信红包进行品牌传播和内容推广。经过近几年的发展,微信无疑成了移动互联网的主入口,拥有数亿熟人的数据资产,加速了电视内容病毒式的广度与深度传播;而顾客要参与微信摇电视互动抢红包,必须打开电视机,成为节目收视观众,参与顾客越多,节目收看观众数也会越多。微信摇电视的四大功能——红包功能、预约功能、通知功能和一键关注功能,可以实现电视节目的推广宣传。如东方卫视《女神新装》在 2015 年 8 月 8 日开播之前,节目方就在宣传造势中就打出了首播当晚"广告主和微信派发出近一亿元的天价卡券和微信红包""所有女神新装都以一折预售"的噱头,提前勾起了观众的观看和购买欲望。

二是在节目播出的过程中,通过双屏互动增强电视黏性。微信摇电视将传统的电视媒体接入了移动互联网,可以实现观众与节目、观众与观众的双向实时互动,这种互动方式与以往的短信互动相比,更

---

① 王强:《"摇一摇+电视","+"出了一个全新的传播体系》,《广电独家》2015 年 5 月 2 日。

具便捷性,互动形式也更加丰富多样,容易引发群体效应。第一,微信摇电视最大的特点就是场景化和互动体验,提高了受众/顾客的参与感和体验感,这也是互联网企业最具优势的地方。第二,微信摇电视的另一创新是用红包勾起了人们"爱占便宜"的心理:人们对于"免费"的东西总是非常积极的,小小的红包里面虽然只有几块钱,却扭转了顾客对传统广告的不良感官,甚至由反感转为争抢,将他们黏在电视跟前。正如上文所说,2015年央视春晚微信摇电视互动中,除夕当晚红包总收发量10.1亿次,摇一摇总数为110亿次,在春晚峰值达到8.1亿次/分钟。第三,实现社交关系链传播。在节目中最吸引人的环节合理地设置互动内容,吸引更多的顾客在朋友圈等社交媒体进行主动分享,从而吸引年轻人回到电视屏幕前。在2014年CCTV5的世界杯转播中,顾客可以轻松将比赛视频分享到微信朋友圈,相关视频获得了上万次转发,直接为节目收视率做出了贡献。又如江苏卫视2015年开年综艺《超级战队》利用微信摇电视充分整合微信资源实现深度互动,首期收视率1.2%,为同时段第一。

三是在内容生产方面,大数据变革了电视节目的生产模式和生产流程,在一定程度上实现了"制播同步"。一般情况下,电视节目的内容框架在播出前就已确定,在播出过程中进行调整和改变并不常见。而由于微信摇电视使得实时收视数据、对节目内容的实时反馈的获取和分析越来越容易实现,因此在播出过程中随时根据数据分析报告对节目内容作出"微调"甚至"转向"成为可能。北京电视台在省级电视台中开创性地做了微信矩阵,全台建设150个微信电视,全台整合操作,一键发布,所有顾客"粉丝"互动方式全部聚合在电视台的后台。在北京台春晚录制过程之中,网友对节目的互动点评,不仅影响了录制过程,还影响了节目组织和编排方式。通过数据的挖掘,北京台首次明确参与电视互动具体性别比例和节目类型:男性占到64%,女性占到37%;手机顾客、观众参与度最高的节目形式是娱乐类,其后是资讯类、生活服务类、体育类、影视剧。虽然此次并非完全"制播同步",

但的确对电视内容生产起到了微调的作用,可以预见以内容生产、调整与播出、反馈融为一体的"制播同步"模式将成为 DT 时代电视内容生产的常态。①

此外,在节目播出后,电视进一步利用顾客数据优化调整电视节目内容。微信摇电视不仅可以在节目播出过程中随时获取顾客反馈,决定节目走向;而且每个参与互动的顾客行为都将以数据的形式沉淀下来:性别比例、地理位置、年龄分布、感兴趣的节目类型等,甚至于卡券、优惠券等的使用数据,为节目拍摄、后期制作以及宣传推广等环节提供重要的参考依据。

3. 大数据助广告营销新探索

"我知道我的广告费被浪费了一半,却不知道浪费在哪儿。"这句在广告界颇为流行的话道出了广告主的无奈:广告淹没在宽泛的投放对象中,高额成本不一定换来对等的回报。在海量家庭观众面前,如何精准抓住潜在顾客成为电视广告业的痛点。微信摇电视的广告形式主要是"品牌专属红包",包括现金红包和代金券红包。广告主发红包并非"钱多人傻",其背后有着巨大的营销价值:经营观众,挖掘"摇晃者"的信息资源,追踪他们的个人喜好,定位观众群的每一个人,直接把营销广告预算聚焦在红包投入,实现电视广告的精准投放。具体体现在以下三个方面。

一是利用红包有效提升广告主的品牌曝光度。首先,电视传统的广告投放形式为广告主花钱买广告位,受众有没有看到其广告信息是不得而知的。而在微信红包的发放过程中,广告商以红包的形式直接将营销费用(红包)投递到顾客身上:顾客收了现金红包和代金券红包,也就证明顾客看到了"×××企业给你发了一个红包"的信息和企业的 LOGO,有效提升了广告主的品牌曝光度。以湖南卫视 2015 年春晚为例,提供百万现金红包的品牌赞助商容园美,其 LOGO 在整场晚会

---

① 史安斌、刘滢:《颠覆与重构:大数据对电视业的影响》,《新闻记者》2014 年第 3 期。

中展现次数高达1.23亿,官方微店的入口也有千万次的点击①。其次,顾客摇到红包后,需要分享到微信群或者朋友圈等多种社交传播渠道,邀请好友帮拆才能获得红包,更是加速了红包的"裂变式"推广,使电视节目和广告商的推广方式化被动为主动。如2015年《女神新装》播出时,节目组和微信合作在最吸引人的拍卖环节设置了"一折购衣"的摇一摇优惠,吸引更多的观众在微信朋友圈主动分享关于"女神"的信息,由此引发的推广效果更加精准且有效。

二是代金券红包以"促销广告""广告电子商务"的广告形式,对单纯的电视内容消费者进行了过滤,使有意向的产品消费者得以一站式购买,大大提升了广告的回报率,使顾客价值得以变现。电视传统的植入广告大体有实物类植入和语言类植入两种形式,如央视春晚小品《捐助》中的"国窖"礼盒和赵本山提及的"搜狗"。在这种广告模式下,电视台导给广告主的不是消费者,而是观众,转化率并不高,效果也有限。而微信摇电视的"促销广告""广告电子商务"等广告形式,使商业广告的意向群体直接购买商品。代金券红包相当于促销广告,可通过线下消费或者广告商的网上商店进行消费;通过摇一摇直接摇到广告对应的产品则相当于"广告电子商务",如微信与辽宁宜佳购物频道合作,若顾客对购物频道中的商品感兴趣,只要使用微信摇电视,即可查看并且快速完成在线下单购买电视屏幕中展示的商品。这样,商家的广告已不仅是"广告与营销",而是"电子商务与销售",即T2O(TV to Online/Offline),完成了"受众和消费者"重合。在开发电视节目盈利模式的探索中,电视台借助T2O模式,将注意力直接转化为经济效益,将顾客转化为消费者,实现顾客价值的变现。

三是挖掘顾客数据价值,实现定向广告和精准营销。电视节目播放后,微信摇电视后台会自动汇总呈现顾客互动数据。频道方或者节

---

① 祖薇:《微信"摇电视":电视的遥控器、微信的摇钱树》,《北京青年报》2015年3月12日。

目方可以从顾客的摇电视行为中提取出地理位置、观看时长、节目喜爱度等数据,为电视节目的营销模式提供选择依据,使其有的放矢地进行优惠活动、优惠券等信息推送,为不同的人群准备不同的互动方式,实现不同金额的现金红包、代金券红包的精准化推送,提升营销效果。如湖北综合频道在"三八"节通过微信摇电视向女性观众发红包,女性观众可摇出红包,男性观众摇出的则是"对不起,今天不是你的节日,请通知她",充分利用了微信的性别归类,在观众摇电视的瞬间进行了数据处理和页面分类,有效提高了广告投放精度而减少营销费用的浪费,满足了商家广告价值最大化的需求。

(四)大数据助推电视商业模式创新

电视媒体应首先圈住顾客,再提供有针对性的个性化服务:首先通过与互联网、社交媒体、电子商务平台等的合作获取并沉淀顾客数据,然后运用大数据精准洞察顾客的个性化需求、挖掘顾客的行为习惯和爱好,对电视内容、广告投放进行针对性地调整和优化,并根据数据分析延伸电视产业链以满足其个性化需求。

1. 电视+互联网:获取顾客数据

大数据应用的前提是盘活数据资源、建立起完整的数据库,这样才能精准科学地把握顾客行为。"摇电视"功能为电视提供了不少高价值"大数据"。电视媒体可以从顾客的"摇电视"行为中提取出地理位置、观看时长、节目喜爱度等数据,数据可服务于商业营销模式的创新,也可为电视节目的营销模式提供选择依据,精准地为不同的人群准备不同的互动方式,提升营销效果;此外在微信上搜集的数据还可用于电视节目本身的优化调整。

社交媒体、电子商务平台拥有庞大的顾客群,并可依据顾客行为建立强大的数据库,一方面可以依据顾客收视行为帮助节目制作方找出节目中的问题,从而提高节目质量并为顾客提供内容推荐;另一方面可以做到以受众为目标,利用数据跟踪和技术分析,直接捕捉目标消费者,按照其需求直接将产品推送到个人,这无疑会大大增加目标的精准性。因此,建议电视媒体加强与互联网如社交媒体、电子商务平台的充分合作,取得共赢。

2. 电视+社交:创造体验价值

大数据的生命在于进行时,是"动态"而非"静态",因此需要改变电视单向度传播的模式。微信摇电视实现了新的电视交互模式,提升了顾客的观看体验、互动体验和购买体验。传统电视节目与观众互动较弱,一直是其短板,而"摇电视"打破了电视和观众"分离"的困境,重新搭建了电视与顾客之间的桥梁,看似简单的互动,却带来了极高的顾客参与数和活跃度,有利于提升观众参与感。微信团队表示,他们将不断完善微信连接电视媒体和顾客的能力,让电视节目与观众互动的方式更便捷有趣,未来会衍生出更多传统电视与新媒体互动的新玩法。

随着微博、微信、自媒体等移动社交媒体的兴起,电视第二屏的伴随型互动收视越来越成为电视媒体发展的必然。2013年跨屏互动的人数为34%,2014年增加至45%,近一半的观众每天都在使用社交媒体。电视通过与移动社交的融合,可强化参与感,实现社交关系链传播,延伸电视屏;真实连接观众,沉淀顾客关系,累计顾客规模。正如小米CEO雷军所说,通过顾客参与能够做出好产品,而且一个好产品通过顾客的口碑是能够被传递的①。正是参与感和体验价值带来了人流量和顾客数据,从而为电视后期的商业化运营打好基础。

3. 电视+电子商务:实现顾客变现

改变广告模式,其实就是改变电视的盈利模式。电视广告转化方式为:把广告信息告知给观众;观众看到广告后,若感兴趣,则去实体店购买或者上网搜索产品和相关信息网购。2011年看到电视广告而上网搜索相关产品或信息的人数比率为24%,2014年为28%,可见电视广告的转化率很低。微信摇电视的出现,能够通过LBS等大数据精

---

① 黎万强:《参与感:小米口碑营销内部手册》,北京:中信出版社2014年版,第128页。

准分析，对移动顾客进行更精细化的识别，进而充分挖掘数据背后的商业价值。顾客在"摇一摇"电视的时候，也直接把自己同广告商连接在了一起，广告商可以直接将营销费用（红包）精准地投递到顾客身上，满足了商家作为广告主让广告价值最大化的需求，还精准地监控到每笔营销费用所带来的转化率。

当下，电子商务已经成为大众习惯的消费方式。电视与移动电子商务相结合，通过边看边买的模式，可以直接链接到电子商务平台购买广告中的商品。而通过数据分析，就能引导潜在消费者实现一站式购买，将注意力直接转化为经济效益，提供电视屏的新商业化可能。电视通过与电子商务的合作，不仅可以打通电视、社交、电子商务（广告商）三位一体的商业模式通道，而且庞大的观众参与数据和顾客黏度大幅提高意味着将进一步带来巨大的潜在商业价值：电视台通过节目冠名、赞助广告获益；腾讯微信通过从电视节目中获得流量入口获益；广告主和电子商务平台通过电视节目引流实现品牌曝光和产品销售；节目制作方则通过版权和广告获益。

随着互联网及移动互联网的崛起，电视媒体传统的"二次售卖"商业模式正面临着来自新媒体的内容与广告两个方面的强烈冲击，其主流媒体的地位正在被边缘化。微信摇电视开创了初步变革：不仅提供给顾客更便捷的观看体验和服务、将顾客的行为数据沉淀下来，通过大数据分析优化了电视内容、提高了广告回报率、实现了电视社交化电子商务化的，更是把电视媒体与互联网融合，使电视内容的商业价值得到提升、电视产业的生态链条形成闭环，进而为电视行业的转型带来了新契机。

二、《小时代4》：大数据与电影的融合

电影《小时代4》作为该系列正片的收官作品终以4.88亿元票房圆满落幕，该系列的累计票房也达到了17.94亿元，打破内地系列电影

三部曲的怪圈,创下华语系列电影票房的新记录,为国内电影市场作出了重要贡献。《小时代4》的成功受益于大数据的精准分析与运作:推动影片最大范围覆盖目标顾客,使信息得到了有效传达;促使目标顾客向消费者的转变,为电影奠定了消费基础;说服了院线提高排片比,推动消费者向影院导流等等。其成功运作的经验值得电影业各方去学习借鉴,以大数据来指导电影的全程制作、宣发的模式也成为当下电影业取得进一步发展的突破口,推动着电影业迎来新的发展契机。

(一) 电影《小时代》系列

电影《小时代》系列是根据中国青春文学先锋人物郭敬明的同名小说改编而成,由作者本人跨界担任编剧及导演,该系列电影作品被誉为"中国第一部青少年现象'粉丝'电影",虽作品本身饱受争议,但却斩获了超高的票房,先后打破国内电影的多项记录,在市场上取得了巨大成功。《小时代》所采用的营销、发行等手段一度成为电影界争相研究并学习的典范,以"大数据"来指导电影的全程制作、宣发的模式也成为当下电影业取得进一步发展的突破口。

1.《小时代1—3》票房基础

《小时代》系列图书共三部,自2008年连载后历时五年创作,已伴随读者走过八年时间,经过多次修订和再版,原著本身多次蝉联图书销售排行榜冠军,尤其是在80后90后群体中占有巨大的市场份额,积累了大量的忠实"粉丝"群体。

《小时代》系列电影于2013年被搬上荧幕,在《小时代4:灵魂尽头》①上映之前已成功推出前三部作品,票房成绩分别为4.84亿元、2.96亿元、5.21亿元,累计电影票房收入超过13亿元,该系列电影

---

① 《小时代4:灵魂尽头》为《小时代4》,《小时代3:刺金时代》为《小时代3》,《小时代:青木时代》为《小时代2》,《小时代》第一部为《小时代1》。

上映后在内容方面引起了极大的社会争议,在票房与市场方面获得了非凡的成功,成为电影界乃至社会重要的研究对象。

2.《小时代4》票房成绩

《小时代4》于2015年7月9日上映,首日票房高达1.07亿元,贡献了当日大盘73.1%的票房,上映两日票房破2亿元,其中首日全国排片率更是高达48.1%,刷新了国内2D电影的排片记录;首周票房突破4.4亿元,创造了该系列最高记录,在《栀子花开》《大圣归来》等众多热播影片同档期竞争下最终斩获4.88亿元票房[①]。由此,电影《小时代》系列的累计票房达到17.94亿元,打破内地电影三部曲的怪圈,创下华语系列电影票房的新记录,为国内电影市场作出了重要贡献,其影响力可见一斑。

表6-1 《小时代》系列相关数据

电影名称	首映时间	首日票房	最终票房	首日全国排片率	发行公司
《小时代》	2013.06.27	8000万（破记录）	4.8476亿	约45.01%（破记录）	大盛国际传媒（北京）有限公司 乐视影业（北京）有限公司
《小时代:青木时代》	2013.08.08	5000万	2.9660亿	约36%	乐视影业（北京）有限公司 深圳大盛国际传媒有限公司
《小时代3:刺金时代》	2014.07.17	1.1亿（破记录）	5.2153亿	约41.73%	乐视影业（北京）有限公司 浙江华策影视股份有限公司

---

① 数据来源于艺恩票房统计。

续表

电影名称	首映时间	首日票房	最终票房	首日全国排片率	发行公司
《小时代4：灵魂尽头》	2015.07.09	1.07亿	4.8817亿	约48.1%（破记录）	乐视影业（北京）有限公司 浙江华策影视股份有限公司
《小时代》系列累计票房			17.9406亿		

数据来源：艺恩票房数据整理。

（二）大数据运用

在国外，将大数据运用至影视业的最成功案例非 Netflix 公司在 2013 年推出的电视剧《纸牌屋》莫属；而在国内，《小时代》系列才是大数据指导下的重要赢家，是一部以顾客思维来指导生产的互联网电影产品。在整个系列中，《小时代1》和《小时代2》背后的大数据身影还稍显不成熟，而经过前两部电影作品的制作与宣发等经验地积累，《小时代3》与《小时代4》已经形成了较为成熟的大数据指导电影生产、运作的模式。尤其是《小时代4》联合了 BAT 互联网公司三巨头、微博社交平台、乐视影业，将电影业的大数据运用演绎得淋漓尽致。

1. 精准定位：顾客需求奠定制作走向

大数据的核心在于预测，在收集海量顾客数据的基础上分析其性别、年龄、地域以及消费偏好等标签化信息，从而分析顾客行为，预测顾客需求，进而准确把握顾客对影片的需求动向，指导影片的制作过程。

首先，据淘宝电影数据分析，《小时代4》观众群体以女性为主，占78%；25岁以下观众占购票群体总数的近70%；该类群体主要喜好喜剧片和爱情片，且线上购买转化率高。基于观众特点的分析，《小时代》系列一直秉承着俊男靓女的组合，荧屏颜值极高；且大量使用背景音乐、长镜头、慢镜头及特写镜头刻画人物角色形象并衬托奢华生活，将影片中爱情、友情以及各角色间激化的矛盾展现得淋漓尽致。

其次，《小时代4》在海量数据及运用经验的基础上，重点分析了目标观众对前三部影片中情节及演员的评价，根据观众的反馈信息决定影片的制作走向：保留并强化观众喜爱的场景，删减观众不满及批评的部分；增加受欢迎角色的戏份，弱化影片与观众共鸣度低的桥段；由于演员柯震东吸毒事件的不良影响，而据数据分析此人物角色已深入人心，且柯震东本身具有强烈的票房号召力，所以此角色并未替换演员，仅作弱化处理。类似的改进不胜枚举，制作方力求完善作品迎合顾客需求，打造观众爱看的电影，进而赢得票房市场。

2. 互动营销：社会化媒体赢取高关注

线下营销方面，自2015年5月25日《小时代4》由郭敬明携各大主演在北京举办主题发布会后，便正式开启了线下的宣传工作。5月下旬由郭敬明进行跑站式营销，其目的地均是基于一定数据基础的分析而来的重要目标票仓院校及城市；主演也在不同城市进行宣传与推广，吸引各家"粉丝"支持最后一部《小时代》系列正片的票房。线上营销方面，《小时代》四部曲一直将网络营销的主战场放至新浪微博平台，此次更是扩大至百度贴吧、QQ空间进行新一轮话题造势，由郭敬明为首的主创团队更是善于经营偶像和"粉丝"之间的关系，促使影片始终有着高话题量，获得着持续的"粉丝"关注。

（1）新浪微博话题吸睛

作为制片方，自《小时代4》于4月在新浪微博发布电影定档信息后，郭敬明的微博则以#小时代4定档709#采用多媒体形式成为电影信息的重要发布平台，并每隔一段时间不定期曝光剧照、海报、定妆照、视频等，让目标顾客直接且不停地接触到影片相关信息，确保了目标顾客对电影有着持续且狂热的关注，又能带动目标顾客自发地参与话题并引起讨论。据微博数据，《小时代4》在上映之前，单单新浪微博的关于#小时代4#的话题阅读量就达到了2.2亿人次，有31.3万人参与了讨论,话题关注"粉丝"有 1.4 万人。作为合作方,由百度糯米联合微博发起话题#一起做的姐妹花#有着近 2500 万的阅读量,吸引了 4.9 万人次进行讨论;而由淘宝电影联合微博发起话题#抢购小时代#,更是高达 1.8 亿人次阅读量,有着 18.2 万人次参与该话题地讨论。

由此,各方都将微博平台作为重要的话题宣传工具,以期大量的顾客关注和参与,利用社会化平台裂变式的传播力,不断拓展电影的社会影响范围,提高对目标观众的吸引力。

(2) 百度糯米"粉丝"互动

作为国内搜索行业的领航者,百度致力于实现人与服务的连接,因而百度的渠道大数据较 BAT 的淘宝和腾讯而言是最为丰富的。作为一个全面综合性平台,有着大数据、云计算、深度学习、NLP、LBS 等技术基础,可以充分挖掘顾客潜在需求,进而智能推荐、提高顾客体验,形成行业生态。

百度糯米有着百度大数据的天然优势,在《小时代 4》上映前期,据数据分析,作为全球最大的中文社区,百度贴吧的顾客与《小时代 4》的观众有着高度的重合性,仅在百度贴吧企业平台认证的"小时代电影吧中",便已有"11 万+吧友"关注,相关帖子近 160 万。基于对《小时代》系列"粉丝"的深刻洞察,百度糯米在百度贴吧和新浪微博发起"晒姐妹照赢与郭敬明同场观影"的线上活动,吸引了超 3500 万"粉丝"的关注,最终遴选出"南京四小凤"作为现场互动的"粉丝"代表。此次活动在微博、贴吧中参与者极其踊跃,话题也升至热门排行榜榜首,吸引了大量的人气为影片造势。百度糯米的此次线上线下成功宣传,也被誉赞为"社会化平台进行营销和'粉丝'互动的奇迹"。

(3) QQ 空间新媒体推广

《小时代 4》此次与腾讯的合作,主要是基于对 QQ 空间顾客的数据分析:据腾讯 2015 年第一季度周报显示,QQ 空间主要使用人群年龄在 18 岁至 35 岁之间,核心顾客群体是 18 岁至 25 岁,对青春片有着更高的关注和期待。另据《90 后观影报告》,以当下热门电影的讨论热度为基准,《小时代》系列热度排名第一。由此可知 QQ 空间的顾客正是《小时代》系列的主力消费群体。

具体来说,QQ 空间为《小时代 4》的宣传方式主要有三种:一是借助新浪微博进行话题造势,以#空间十年,我们的小时代#为主题,由微博顾客决定时代姐妹花中的一人登上海外滩大屏幕。二是空间广告宣传,首次推出视频动态广告,融入顾客使用场景中,并将其链接至腾讯入股的大众点评购票网站;同时在 QQ 空间和 QQ 音乐均开通电影购票通道,打通社交网站的购票平台,强化线上流量的转化。三是线上线下发布会的融合宣传,QQ 空间线上预热发布会,线下携手影片的众位明星举办发布会,搭建直播平台,连接明星与顾客两端。

QQ 空间此次携手《小时代 4》,主要是以空间作为新媒体推广平台,打通 QQ、QQ 音乐、天天 P 图等腾讯旗下多款产品,并联合大众点评作为流量变现渠道,将空间的社群属性充分开拓出来,精准定位年轻顾客群体,形成二次社交引爆推动票房,开拓了 QQ 空间＋电影的新模式。

3. 创新发行:互联网发行新模式

不论是互联网公司还是传统发行公司,在以大数据为基础进行电影业的发行创新时,最本质的都是将海量的数据信息运用大数据技术进行分析,从而在发行方面做到游刃有余、有的放矢,即首先以大数据确定目标顾客,再为其推荐最为适合的影片,进而以最受目标顾客欢迎的方式促进其向消费者的身份转变,并以此来说服院线提高排片比,最终保证电影的票房。因此,基于大数据强调的是在全产业链过程中造就"最恰当""最合适"的状态,让目标顾客获得满足,让电影业各方形成共赢。

《小时代 4》不仅积累了前三部电影从制作到发行的各类数据,而且制作方、发行方对该系列电影的运作也更为成熟。自华策影视于 2013 年 12 月以 1.8 亿元入股最世文化公司后,便成为《小时代 3》和《小时代 4》的发行方之一;乐视影业更是参与了《小时代》系列四部曲的全线发行。另外,由于2014年10月百度以10亿元曲线投资华策影视,百度旗下的票务平台百度糯米在此次也取得了《小时代4》的联合宣发权,而BAT的另一巨头阿里巴巴,其子公司阿里文化创意则参与了《小时代4》的制作,淘宝电影则争取了《小时代4》的独家互联网发行方的权利。《小时代4》此次大手笔联合各大发行方,不仅打破了业界的宣发传统,将大数据运用至电影业开拓着互联网发行的新模式,而且此次以BAT为首的各大互联网公司与《小时代4》的成功合作也预示着今后电影业的互联网背景将愈发浓厚。

(1) 百度糯米:联合宣发渗透片方上游

正如百度一直强调服务的特性,百度糯米与《小时代4》合作的成功性就在于其提供了恰当的服务满足了目标顾客的特色需求。从运作方式来说,百度糯米主要有两大动作:一是利用微博平台发起话题进行营销造势,引起目标群体的关注。二是百度糯米自身定位便是一个在线的本地生活服务商,此次更是着重发挥自身票务平台的特性,力图扩大在电影业在线票务的市场份额:以百度大数据为基础,联合百度搜索、手机百度、百度地图等各个平台作为重要的导流平台,不断地为百度糯米导入目标流量,如在百度搜索"小时代"便直接可了解《小时代4》在本地影片的排片情况,同时链接至百度糯米界面,即当目标顾客采用百度搜索引擎时,便可直接完成一键式购票、选座等,大大节省了顾客的时间,令行业其他竞争者望尘莫及。百度糯米作为联合发行方,相比传统影业的宣发公司有着太多的优势。此次不仅是百度糯米电影的一次成功运作,也是以联合宣发的身份渗透片方上游制作进行票房分账的一次开拓。

百度本身的大数据系统在国内大数据市场中的分量举足轻重,本身由搜索引擎起家,在技术方面的优势不言而喻,数据来源的样本也最为全面。此次百度以百度糯米单线服务于电影业,最大优势是背靠着百度大数据能精准地向目标顾客推送电影信息和服务,这正是制片方最为看重的一点。一方面精准推送赢得高流量转化率使得制片方盆满钵满,另一方面为目标顾客提供精准服务也使自身获得顾客青睐。百度目前也正以此为重要发力方向,于2015年6月30日宣布在未来三年对百度糯米追加投资200亿元,打造"会员+"战略,与院线共同建立会员系统,开创O2O新模式。

(2)淘宝电影:独家互联网发行保排片

阿里巴巴子公司阿里文化创意作为13家制片方之一,不仅使阿里参与了影片的上游制作,也促进了淘宝电影有权进行影片的独家互联网发行。

首先,在制作方面,阿里主要以"娱乐宝"众筹的方式,为影片募集了一定的资金,锁定了一定的观影群体,也提高了该群体对影片的忠诚度;此外,该群体的期望和建议的相关数据也反馈至制作方,为影片制作提供着顾客的反馈的互动信息。

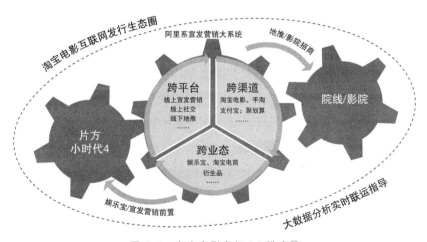

图 6-1　淘宝电影发行 2.0 模式①

其次,淘宝电影此次成功运作了《小时代4》的互联网发行,保证了影片在上映期间面对同档期34部影片②的强势竞争首日全国排片率仍达48.1%,刷新了国内2D电影的排片纪录,此举也被称为开启了

---

① 参见《小时代4开启互联网发行2.0时代研读报告》,http://www.entgroup.cn。
② 包括《捉妖记》《西游记之大圣归来》《栀子花开》《道士下山》《煎饼侠》等影片。

由平台战略迈入生态战略的互联网发行2.0模式。细究其互联网发行2.0模式,其成功的原因可以归纳为如下几个方面。

一是淘宝电影有着阿里大数据的基础。其早在2014年便利用"阿里系"多平台对《小时代》系列的关注人群进行全方位的数据提取和分析,对电影顾客进行基础信息的解析,以期有针对性地选择不同渠道作用于电影发行。此次淘宝电影在前三部电影的基础数据之上着重分析了三大方面:(1)确定目标顾客,分析其性别、消费能力等基础信息;(2)分析顾客观影决策的影响因素,如分析电影票价、观影习惯、消费偏好等;(3)根据前两项顾客数据制定最优的宣发策略,如对价格敏感的顾客推出"18.8元+送爆米花"的低价促销活动。由此精准定位目标观众,尤其是在保障核心"粉丝"群体消费之外,拓展外延观众进行电影消费,进而有效提高观影转化率。

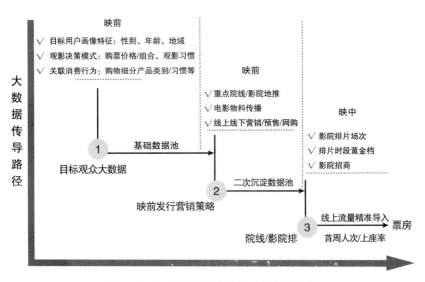

图6-2　淘宝电影大数据实时分析模式①

二是在具体的发行手段上,淘宝电影开创了线上线下并行的互联网发行新思路。据艺恩数据,《小时代4》的次日票房衰减指数为14.2%

---

① 参见《小时代4开启互联网发行2.0时代研读报告》,http://www.entgroup.cn。

达到影片系列的最低值,而《小时代3》的该指标为34.1%,低衰减指数也保证了总票房的产出,这主要利益于淘宝电影的预售模式:由淘宝电影借助大数据进行多渠道多平台合作,经过精准计算,在电影上映前20天率先联合新浪微博、支付宝、手机淘宝、聚划算等开启电影上映后3天的超前预售,三天售出电影票近50万张,至上映前售出近150万张,提前锁定超5000万元的票房。促进了互联网宣发迎来爆点,直接推动观影转化。这次预售保证了电影上映初期的票房,以数据说服了院线的高排片比,为总票房作出了重要贡献。

三是在线下方面,院线为影片争取排片资源。据艺恩数据,淘宝电影在预售的同时开展针对合作影院的招商活动,线下为 800—1000 家影院招商助力排片 40%—50%。影院可根据淘宝的大数据得知观影人流的集中时间段,以此来针对性安排产品和观众引流等方面,这既保证了院方的上座率,也极大提高了工作效率。如线上电影票预售的火爆也让院线感受到了票房潜力,由此来安排排片情况。据杭州UME国际影城数据,《小时代4》上映前影院预计排片4个厅,后根据淘宝的数据追加了2个厅,排片率上升50%;而且电影上映后3天内,通过淘宝电影票购票观影的顾客占总观影人数的六成以上。①

总之,国内外电影在各大黄金档期的战争持续发酵,众多影片的上映使得院线的排片率成为电影总票房的重要因素,院线本身也迫切需要一种方式来指导排片,而这正是大数据作用于发行的重要意义。

(3)乐视影业:同步影院登录会员频道

乐视影业作为《小时代》四部曲忠实的发行方,与艾瑞集团旗下的数据调查公司长期合作,更拥有着自身的数据中心,前三部电影的相关信息均被转化为数据导入至乐视影业的大数据系统中,成为乐视影业进行生态型运作的基础。

在《小时代》系列的发行中,乐视影业为电影宣传造势做出了诸多

---

① 参见《淘宝电影开启互联网发行 2.0 时代》,http://www.ccidnet.com/2015/0807/10009053.shtml。

努力。如作为《小时代》系列的所有视频物料的来源;开展电影票务预售活动;举办明星"粉丝"见面会,并由乐视网全程直播;售卖衍生品;乐视会员特权包场等等。而在此次《小时代4》的发行中,乐视网更是迈出了具有重要意义的一步,即于2015年7月30日,《小时代4》未放映前便实行同步影院会员频道,开展线上全球独播的战略。

一方面,传统电影的盈亏与否由院线票房所决定,而乐视此次以同步院线的方式是一次电影发行价值的延续,不仅为影片增加了消费者数量、拓宽了盈利渠道,而且也为院线绑架电影盈利的局面打开了缺口。另一方面,乐视一直强调建立生态模式,其"平台+内容+终端+应用"的垂直组合使其站在行业前沿,其以服务理念也使乐视会员地位举足轻重,会员体验得到重点提升:如多屏联动的播放体验、极致超清的观影体验、O2O会员权益联动等。此次乐视将《小时代4》同步至会员频道,不仅增加了乐视会员的体验价值,吸引着更多的潜在顾客转化为乐视会员或乐视生态链上的一员,而且也预示着乐视迈入用优质IP开启会员经营的时代,将引领互联网电影公司的未来走向。

(三)《小时代4》:大数据对电影业的借鉴

《小时代4》的成功受益于大数据的精准分析与运作,推动影片最大范围地覆盖目标顾客,使信息得到有效传达;促使目标顾客向消费者的转变,为电影奠定了消费基础;说服了院线提高排片比,推动消费者向影院导流等等。虽然电影的口碑极度二极化、饱受争议,但该系列在中国电影业还是具有重要意义,尤其作为国内电影市场中从制作到营销到发行全程均利用了大数据技术并且获得巨大成功的电影,其地位可见一斑。因此,《小时代4》的成功也势必会给中国电影业带来一定的改变,大数据作用于该影片的成功经验更是值得后来者不断学习与突破。

1. 获得数据,建立或联合互联网公司

电影业在DT时代中的重要突破口便是抓住大数据发展的机遇,

收集并分析顾客数据、确立目标顾客、定制化制片、精准有效宣传发行,最终再整合数据为下一次制片奠定基础。由此可见,在 DT 时代,得数据者得天下。数据已经悄然成为各行各业未来重要的砝码、无形的资产,数据积累俨然会成为各行各业重要的发力点。因此,电影业首先需要获得顾客数据,由制作方建立自己的数据库或联合以 BAT 为主的互联网公司借用其数据库基础,由此才能准确定位至目标顾客,进而有的放矢地促进影片制作与发行。

2. 分析数据,精准定位拓展顾客群体

随着移动互联网的发展,智能手机的普及,收集顾客数据相对容易且来源广阔,而如何在海量数据中进行分析并将其服务于各大行业则显得非常重要。对电影业来说,目前的数据的分析主要方向是:首先对影片进行自身定位,确定何类顾客可能会成为消费者;其次分析该类顾客的性别、年龄、消费水平、消费偏好等一些顾客观影消费的影响因素;然后制定合适的宣传与发行的策略;最后再收集顾客消费与否的数据及原因,为以后的电影积累经验。所以,在收集到海量数据的基础上必须做到准确定位目标顾客群体,不仅要保障忠实顾客的消费成功,还要拓展潜在顾客的消费,从而促进顾客流量转化为电影票房。

3. 善用数据,保障并提高院线排片率

数据分析之后最重要的是善用数据,成功的运作才能最终推动电影业更好地发展。由于电影产品本身是内容产品,是艺术产品,在内容制作方面大数据所能做到的便是发现好的剧本,由合适的演员来演绎,由合适的团队来打造,再由合适的发行方来发行。在这个数据影响过程中,大数据对内容方面的改变仅是细微的方面,并不会影响电影的重要架构;而处在下游的发行方受大数据的影响则更为深刻。

发行方的重点无非有二:一是最大范围地向目标顾客传递影片信息,并采取合适的营销方式进行宣传造势激发消费;二是以顾客的关注度和消费数据来说服院线提高排片率,由此降低电影上映后的票房衰减指数。这两大重点都在大数据技术的不断进步中得到了更好的开展,顾客数据来源于顾客,具有真实性;消费数据来源于市场,具有说服性。顾客在精准的推荐与购票优惠中获得良好体验,院线方也在数据的指导下正确地排片与引流,制作方、发行方在成功的宣传与发行攻势下会赢得票房,可谓是电影业已悄然向各方共赢的生态局面发展。

4. 突破数据,创新电影制作宣发模式

《小时代4》此次在大数据的运用方面有三大重要突破:一是由淘宝电影开启由平台战略迈入生态战略的互联网发行2.0模式;二是由乐视影业同步影院登录会员频道这一举措,不仅打开了院线绑架电影盈利局面的缺口,而且迈入了用优质IP开启会员经营的新时代;三是百度糯米的联合宣发参与上游制作,为互联网公司以此形式介入电影业做了一次成功尝试。这正是大数据作用于电影业最为重要的一点,即不断突破数据,创新电影制作、宣发的模式,推动数据为电影业带来更多的可能。

总而言之,大数据对《小时代》系列的作用主要体现在两个方面:一是以顾客关注度、人气等数据来预测影片上映时或将达到的票房,从而促使投资方出资、影院院线提高排片率等;二是根据顾客的基础数据对影片的制作、宣发模式进行调整、定制,迎合顾客的需求进而提高票房收益。从某种意义上,大数据之于电影业就是以数据为工具进而促进片方、院线、观众、平台等各方形成共赢,最终打造电影业的生态圈。

三、《十万个冷笑话》:大数据助推IP开发

大数据把人类认知的范围从"未知"拓展到了"可知",由"过去"可以把握"未来"。大数据的真正核心应用价值并不在于数据本身,也

不完全反映在公司的直接收入上,主要体现在利用数据为企业产品开发、内部管理模式、营销模式的驱动创新效应上等。《十万个冷笑话》由笔名"寒舞"的画手开始在"有妖气原创漫画梦工厂"网站上连载以来,不断进行产业化开发,成为中国第一个拥有从漫画到动画、到大电影、再到衍生品等完整 ACG(动画、漫画、游戏)链条的动漫品牌。"冷笑话"系列产品爆热的背后离不开大数据的创新应用。

(一) 基于 IP 的系列产品

《十万个冷笑话》2010 年由笔名"寒舞"的画手开始在"有妖气原创漫画梦工厂"[简称"有妖气"(U17)]的网站上连载,之后作者与"有妖气"基于《十万个冷笑话》的核心 IP 不断与其他企业联合进行产业化开发,使其成为中国第一个拥有从漫画到动画、到大电影、再到衍生品等完整 ACG 链条的动漫品牌。

1. 网络动漫系列

互联网媒体的兴起对动画产业的发展壮大产生了极大的影响,其中最为显著的特点是网络动漫的兴起和快速发展。2008 年,原创动漫网站开始兴起,先后出现了"纵横动漫""有妖气""腾讯动漫"等平台。网络动漫具有传播快、受众多、限制少、反馈快等特点,后在网络上迅速受到广泛关注,如今已经成为我国动漫产业的重要组成部分。

《十万个冷笑话》漫画 2010 年 6 月 28 日开始连载于"有妖气原创漫画梦工厂"网站,截止到 2015 年 8 月 15 日,"有妖气"网站上该漫画的总点击量已经突破 20 亿。基于漫画的高人气,在作者和"有妖气"的努力下被改编成网络动画,2012 年 7 月 11 日,时长约 5 分钟的动画版第一集《哪吒篇》在视频网站上连载播放,之后每月一集,每集约 5 分钟。

2. 电影和手游

在高人气的鼓励下,2013 年初,由"有妖气"、万达影视传媒有限公司以及上海炫动传播股份有限公司出品的《十万个冷笑话》大电影开始筹划。2014年12月31日开始首映的大电影成为开年首匹票房黑马，上映一天半便开始盈利，累计票房收入1.2亿元以上，是继《喜羊羊与灰太狼》和《熊出没》之后，第三个电影票房过亿元的国产动画品牌，被业内人士称为"中国电影史上第一部票房过亿的非低龄国产动漫"。在大电影上映的同时，由蓝港互动推出的同名手游也开始公测。

3. 舞台剧和周边产品

2014年9月25日，由"有妖气"联合盛大网络旗下线下文化内容商上海盛鲲网络公司共同出品打造的首部原创动漫舞台剧《十万个冷笑话》在上海上戏剧院展开首轮演出，该剧耗资500万元，是真正意义的互联网舞台剧。除了舞台剧之外，《十万个冷笑话》的图书和周边产品也深受"十万个冷笑话迷"的喜爱，包括：图书、毛绒公仔抱枕、大娃太乙真人男女短款钱包、女王大人/时光鸡发声钥匙扣挂件、有妖气五娃T恤、时光鸡移动电源、人物U盘、角色LED触屏防水手表、创意毛绒玩具盐袋抱枕等等。

（二）大数据与《十万个冷笑话》产业化开发

DT时代给动漫企业发展带来的变革不仅停留在网络技术层面，而且主要是实现动漫企业从创作到生产、营销、发行等全产业链与大数据信息挖掘和智能分析的高度精准融合。各方对大数据的充分挖掘、整合和创新利用使得《十万个冷笑话》从最初的漫画、动画、电影到周边产品进行的一系列、全方位的产业开发得以顺利高效展开。

1. 互动数据与动漫创作

（1）网站投票与漫画调整

《十万个冷笑话》漫画是一部充满二次元风格的典型"网生代"作品，为了更好地与读者对接，"有妖气"网站上会定期搜集一些与作品

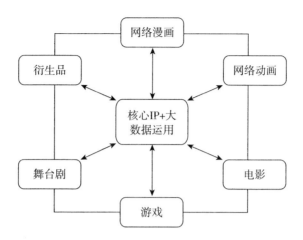

图 6-3 《十万个冷笑话》核心 IP 与大数据结合开发示意图

相关的投票信息,如"你们希望寒舞下次更新什么"等,读者可以进行选择投票表达自己的偏好,也可以通过评论的方式发表自己的意见。截止到 2015 年 8 月 15 日,有妖气网站上《十万个冷笑话》漫画的总点击量已经突破 20 亿,发起调查投票 774 个,有 39206 人发表留言和评论,作者和网站会根据大家反馈的信息数据进行漫画的修改或调整。

(2) 人气排名与动画制作

2012 年初,有妖气 COO 董志凌发现,"有妖气"已经聚集了近 1 万名漫画作者,并凭借近 5 万部作品吸引了众多"二次元""粉丝"。根据当时有妖气网站漫画人气排行榜上的排名和反馈数据,《十万个冷笑话》的画风简陋,却能跻身排行榜前列,说明它的故事足够吸引人。《十万个冷笑话》的吐槽风格、恶搞、无厘头正迎合了广大互联网青年顾客的需求,于是他认为《十万个冷笑话》的动画制作可行且前景广阔。随着互联网由 PC 端向移动端悄然改变,人们越来越碎片化的时间对短小精悍视频的需求剧增。"有妖气"认为供不应求的短视频市场大有可为,于是决定将《十万个冷笑话》的动画时间控制在每集 10 分钟之内。《十万个冷笑话》作为有妖气网站上第一个动画化的漫画,上线当天流量便突破 1000 万,冲至"有妖气"漫画流量榜首位。开播以来,《十万个冷笑话》两季 29 集的总播放量超过 18 亿,而这部制作成本极低的动画片,在第一季之后就创造了200%纯利润。

2. 反馈数据与票房黑马

(1)受众反馈与电影筹划

2013年年初,为回应"粉丝""5分钟太短"的反馈,《十万个冷笑话》大电影开始筹划。在电影筹备期,制片人陈洪伟看了大量二次元文化的资料,曾亲自调研,与许多90后大学生一起聊他们的生活、爱好,分析他们的兴趣点,在了解他们的文化和需求后,决定尽量用这一人群的语言和思维去制作这部电影[①]。

此外,《十万个冷笑话》作品本身的内容以及作品的运营方有妖气网站为观众提供互动的条件,观众在有妖气网站上热烈探讨互动,在百度贴吧上交流《十万个冷笑话》的帖子也达200多万条。作者"寒舞"和"有妖气"总经理周靖淇等不断与网上的创作者和观众交流,受众大量反馈的建议和数据为电影创作的进一步改进及作品推广的优化提供了很多有效资讯。2014年12月31日,被改编成电影的《十万个冷笑话》作为我国第一部诞生于互联网的动画片被搬上大银幕。

(2)调研反馈数据与营销布局

无论什么题材的电影,尽量精准的受众定位很重要。由于我国动漫电影的受众很大一部分是低龄儿童,其真实需求具有隐蔽性、复杂性、多变性,利用历史的、静态的数据,动漫企业很难获得受众真实的需求。大数据对受众的分析可以在瞬间完成,使动漫企业可以精准识别他们的真实需求和潜在需求,真正地认识了解受众,高效地设计和开展多渠道营销活动,实现精准化的价值信息传递。《十万个冷笑话》总共只有1500万元的制作和推广成本,其中宣传营销费用仅为287万元,却累计票房1.2亿元以上,大数据对《十万个冷笑话》电影的成功营销起到了重要作用。

---

① 董美圻:《一场电影彻底互联网化的代际实验》,https://www.aliyun.com/zixun/content/2_6_1874914.html。

一是营销阵地的确定。早期的市场调研数据让制片人陈洪伟确定在《十万个冷笑话》电影宣传渠道上,万达影业必须和 90 后最喜欢的社交平台合作,线上线下活动相结合。最终,他们选择了新浪、小米、苏宁等多家机构以联合出品方的身份助推《十万个冷笑话》大电影。电影在宣传中线上线下各种资源被打通。线上资源方面,充分借助新浪的新媒体资源在社交媒体上预热;将《十万个冷笑话》电影中的人物融入苏宁的 TVC 广告中,在全国 50 多个城市的分众和地铁广告推广,获得了最大范围的人群到达。此外,新浪与小米和格瓦拉的资源被打通,顾客在微博晒购自格瓦拉的电影票票根可以抽奖,奖品包括小米手机。线下活动方面,因为《十万个冷笑话》的"粉丝"在学生群体中的比例很高,所以除各种新媒体平台线上活动外,影片导演赶去全国的多个高校做宣讲,受到众多学生的欢迎。

二是营销对象的确定。在对调研数据分析时发现,在年轻观众里《十万个冷笑话》知名度很高,但是全看过的很少。于是,制作人员下定决心将《十万个冷笑话》定位为人群细分的族群电影,但不是小圈子化的"粉丝"电影。在尊重"粉丝"的前提下,针对广大"知道人群"进行营销推广。

三是营销话题的确定。《十万个冷笑话》影片制作到八成时,万达请来专业的电影调研机构"凡影"做了一次内测场。数据结果和指标显示:笑点和观众现场的反应与之前主创的想象有出入,但观众对广告植入表示是可以接受的。针对内测反馈数据,工作人员连夜开会,在分析调研结果之后,导演对影片进行了重新剪辑,甚至牺牲了一些自己喜欢的桥段。之后,制片人陈洪伟拿着《十万个冷笑话》影片的修改版又在北师大做了一场"点映"。内测时很多观众认为时光鸡是电影的男一号,因此之后的电影宣传重点便锁定在时光鸡上,三家共将近 100 人的新媒体创意团队负责制造热门话题和时光鸡表情套图等。

(3)众筹数据与续篇借鉴

影视众筹的核心在于获得"大数据"顾客。2013 年 3 月 26 日,

"有妖气"发布将制作《十万个冷笑话》电影版的消息,同时表示这将是中国首个众筹电影项目。众筹极大促进了《十万个冷笑话》电影的宣传和后期影视开发顾客数据的获得。截至 2013 年 8 月 16 日,在短短 5 个月的时间内,《十万个冷笑话》电影共吸引了 5431 人参与筹资活动,筹资金额达到 130 多万元①。很多投资人为了自己的收益,会拉上自己的朋友、家人买票去看该电影,这样一来,《十万个冷笑话》在上映之前获得投资者大量资金的同时,也锁定了庞大的观影人群。从漫画到动画,《十万个冷笑话》一直都拥有非常庞大的观众基础,通过有妖气网站平台,可以容易地获得相关的观众反馈和数据,但电影观众的消费习惯等"大数据"获取相对困难。通过众筹,《十万个冷笑话》积累了大量的社会人气和观影者数据,为接下来第二部《十万个冷笑话》大电影的创作和 2016 年的上映提供了重要参考材料。

3. 市场数据与游戏运作

(1) 偏好数据与游戏开发

2013 年是中国手游爆发年,手游产业规模突破一百亿元,玩家群体突破 2 亿,伴随行业快速发展以及移动终端的普及,手机游戏产业增长空间巨大。游戏风格偏好方面,分别有 46%、45% 的玩家更喜欢中国历史和武侠题材的游戏,除了中国风之外,有 30.62% 的玩家偏好萌系卡通题材游戏,25% 玩家喜爱日系动漫题材游戏。②

《十万个冷笑话》根植于网络的二次元题材风格和哪吒、李靖、葫芦娃、蛇精等玩家熟知的角色形象开发的游戏,十分符合中国手机游戏玩家的偏好风格。鉴于中国手游市场的特点,"有妖气"决定联合曾开发过《黎明之光》《神之刃》这样的成功产品的"妙趣游戏",进行《十万个冷笑话》手游的研发。

---

① 罗婷:《〈十万个冷笑话〉的商业发展模式及其启示》,《艺术百家》2014 年第 5 期。
② CNNIC:《2013 中国手游用户行为习惯调查报告》,http://www.askci.com/news/201312/26/2616234935114.shtml。

(2) 测试数据与游戏改进

2014年12月份,为了获取玩家体验数据信息,"有妖气"与蓝港互动联合制作发布的《十万个冷笑话》手游邀请近万名玩家参与代号为"丢皂行动"的首次测试。此次测试的游戏数据为后续游戏改进提供了一手材料。例如测试的时候是没有弹幕系统的,当时参与测试的所有玩家一致赞同加个吐槽系统,于是蓝港互动就和研发协商,最终这个系统成了最受玩家欢迎的系统之一。此外,测试的数据也为游戏的继续开发和成功上线提供了信心支持。首测显示:《十万个冷笑话》手游次日留存高达75%,五日留存高达54%,七日留存达到42%。这带给蓝港日后三平台(iOS、安卓以及WP三大平台)同步上线以极大的信心。蓝港互动的冯海利透露,从2014年到2015年年初多次封闭测试的过程中,蓝港重点搜集了玩家对引导和交互的意见,和研发一起修改提升,几次迭代下来,前10级的留存率提升了50%。最终,官方正版授权手游《十万个冷笑话》于2015年3月18日正式上线。

(3) 经验数据与游戏营销

根据CNNIC发布的《2015中国手游用户行为习惯调查报告》数据显示,80、90后是手机游戏的主要玩家,29岁以下占主要比例,在手游玩家学历方面,无论是手机单机游戏还是网络游戏,高中以上学历的顾客都是主要力量。90后是《十万个冷笑话》核心"粉丝"的年龄段,在深入分析已有数据和充分考虑市场变化的情况下,蓝港互动和星美影业合作进行校花广告牌进校园的地面推广。《十万个冷笑话》手游的广告设计选取了20所高校,每所高校选择一名女生作为模特,在京沪两地学校附近的公交站等地投放了2000块广告牌。通过有针对性的户外宣传和手机QQ、微信、应用宝等青年人聚集的网络平台进行全面推广,形成以大学生为主的《十万个冷笑话》手游核心群体。

蓝港互动从大数据分析得到的营销效果发现:一般周末和节假日活动,版本节点的大型活动效果都比较好,而在特殊活动中,结合时间点、社会热点、顾客习惯和产品特色而进行的精准性强的活动效果更加出色。于是元旦《十万个冷笑话》刚上线时便做了"摇一摇,接红包"这个活动,一共持续了三天时间,投入了300万元。在IOS平台上获取的数据显示,在活动期间,次日留存和三日留存数据翻番。蓝港互动分析以往推广活动大数据得到的经验是:过多的消息推送会让玩家觉得被打扰,难以接受,甚至降低对游戏本身的好感。于是在推送《十万个冷笑话》手游的时候,线上活动的频率长周期方面是在周末、节日、版本节点,每天的周期一般是中午、下班后和入睡前。通过一系列的营销活动,作为蓝港互动IPO之后发行的首作,《十万个冷笑话》手游取得了口碑和市场的双丰收。

4. 人气数据与衍生品开发

无论是《十万个冷笑话》的漫画还是动画,"软妹面孔壮汉身材"的哪吒始终都是人气超高的角色。截止到2015年8月15日,在优酷上播出的《十万个冷笑话》第一季12篇中,哪吒篇(3篇)的播放次数和顶赞次数最多,分别约为9026万和25.9万①。基于哪吒的高人气,在由长江文艺出版社出版的《十万个冷笑话》漫画图书中,收录的漫画内容分为六大章节,其中篇幅最大的便是人气最高的《哪吒篇》,将古代神话《哪吒闹海》进行了符合现代人阅读趣味的改编,深受广大读者的喜爱。"有妖气"在淘宝网上开有名为"有妖气周边乐园"的商铺,出售很多网络上高点击、高人气角色的相关产品,考虑到哪吒和时光鸡的高人气,商铺推出哪吒毛绒公仔抱枕、时光鸡发声钥匙扣挂件、时光鸡移动电源、时光鸡U盘等多种相关产品。

5. 喜好数据与舞台剧角色选择

《十万个冷笑话》舞台剧是我国原创网络动漫第一个舞台剧,2014年9月25日在上海首轮演出,演出过程中近400人参加现场弹幕吐槽,发送了近万条评论,开创了网络舞台剧虚拟现实互动第一例。

值得借鉴的是,该舞台剧在制作、演出全程引入大数据分析,出品

---

① 由中国网络视频指数统计的相关数据整合而来。

方和制作方根据 7300 万人次阅读喜好的大数据分析,从动画片近 10 个系列的上百个形象当中,挑选出最受欢迎的 4 个系列 10 多个形象呈现在舞台上,并根据顾客喜好挑选了由 SNH48 组合成员、沪上人气 DJ 阚晓君等领衔的演员队伍。① 该剧在大麦上海站、东方票务、格瓦拉等主要票务网站上推出后,关注度直线上升,很快成为当期近 50 台舞台剧演出首位。在上海首轮 6 场演出,上座率超 9 成,被多名知名漫画家和名 Coser 称为 Cosplay 神剧,成功树立起动漫产品 OTO 模式的典范。

(三)相关启示与反思

《十万个冷笑话》作为一个系列通过品牌化过程,在漫画、动画、电影、游戏等多个领域集中爆发。各方根据数据反馈、市场需要以及品牌规划做的综合布局,既赢得了市场,又获得了口碑,在实现核心 IP 价值最大化的同时,树立了我国动漫企业产业化开发的典范,对日后动漫产业的发展具有启示意义。

1. 动漫 IP 价值巨大

《十万个冷笑话》系列产品的 IP 来源于互联网,以二次元、吐槽等为主要风格,具有高度网络化和娱乐化的特征,是对传统国产动漫既定范式的颠覆,深受青少年甚至是中年人的喜爱。《十万个冷笑话》电影票房"破亿"使大家相信,一个好的动漫 IP 可以转换成巨大的生产力。

基于热门动漫 IP 进行产业化开发时,IP 的高知名度、广泛的影响力意味着有大量的"粉丝"基础,这些"粉丝"就成为日后开发系列产品营收的基本保障。参与《十万个冷笑话》投资、制作和宣发的何宇表示,每一部票房成功的动画电影背后,几乎都不乏动漫 IP 的能量驱动。为进一步完善企业的 IP 体系,延伸至互联网平台动漫版权业务,

---

① 邱俪华:《〈十万个冷笑话〉邀粉丝组团吐槽》,《新闻晨报》2014 年 9 月 16 日。

挖掘和开发更加优质的 IP,2015 年 8 月 12 日奥飞动漫宣布以 9.04 亿元,通过"现金+股票"的交易方式,购得上线"有妖气"的北京四月星空公司 100%股权。"有妖气"作为原创动漫网站,挖掘并培养了一批中国原创漫画的潜力作者,每月更新各种漫画达 5000 章节,拥有大量互联网动漫 IP 业务。据悉,此次收购成为中国动漫行业史上最大的并购案,未来企业对热门动漫 IP 的争夺将会更加激烈。

2. 成人动漫蓝海广阔

根据第 39 次《中国互联网络发展状况统计报告》发布的数据显示,我国网民以 10—39 岁年龄段为主要群体,比例达到 73%,其中,20—29 岁年龄段网民的比例为 30.3%,在整体网民中的占比最大,80后、90 后、00 后群体是网络活动的主要参与者①。爱奇艺注册顾客统计数据显示,2016 年观看百度检索量 TOP50 动漫作品的顾客年龄层分布中 25—30 岁这一年龄区间的观众占比最多,同时他们也是新媒体平台观看国产动画的主要人群。而从兴趣方面来看,喜欢在新媒体平台观看动漫的人群大部分为游戏爱好者。在 2016 年百度动漫检索量中,国产动漫检索量占比 65%,远超欧美和日本动漫,这充分说明国产动漫越来越受到关注。《十万个冷笑话》系列产品的成功再次表明:中国的成人动漫市场是一片前景广阔的蓝海。

3. 大数据与动漫的深度融合

大数据的核心是预测,基于全面数据的分析将更趋于客观化、精准化,谁掌握数据以及数据分析方法,谁就将在这个大数据时代胜出。② 大数据的合理运用为引导企业战略决策提供重要的依据,众多企业的经营业务得以更加顺利地开展,《十万个冷笑话》系列产品的成功开发便是最好的证明。

---

① 参见中国互联网络信息中心:第 39 次《中国互联网络发展状况统计报告》,http://media.people.com.cn/n1/2017/0123/c40606-29042485.html。

② 〔英〕维克托·迈尔-舍恩伯格、肯尼思·库克耶:《大数据时代》,盛杨燕、周涛译,杭州:浙江人民出版社 2013 年版,第 16 页。

不可否认，当前我国十分缺乏优秀的动漫作品，如《十万个冷笑话》这样风格独特、幽默诙谐、符合网络文化和青年顾客口味的动漫作品更是少之又少。国产动漫产业运作在我国还处在一个摸索阶段，需要及时根据市场的反馈信息来作相应调整和改进。基于目前动漫产业发展现状，在大数据的深刻影响下，动漫从业者应转变观念与做法。

首先，对于动漫创作者，要有敏锐的洞察力，基于对各种顾客互动数据和反馈数据分析进行创作，强化作品特点，在此基础上才能够让观众印象深刻，进而形成自身品牌特色。无论是《喜羊羊与灰太狼》《熊出没》还是《十万个冷笑话》，都因独特的风格而形成自己"粉丝"观众和品牌价值。

其次，对于动漫运营商而言，需要借助市场大数据和人气大数据，找准目标受众和推广重点，实现精准营销。具体说来，企业应及时抓住互联网技术所提供的发展机遇与大数据精准化分析所提供的工具支撑，通过跨媒体、跨平台、跨终端等方式实现动漫产业与相关数据间的高效匹配，将动漫作品的创作生产、传播推广与相关大数据充分对接融合，即对相关数据定期采集、整合、挖掘、分析，系统地为动漫作品从创作到营销的全过程提供精准服务。

最后，对于动漫周边产品开发和销售者，一方面要全面了解动漫受众的偏好数据和市场动态，根据顾客个性需求和市场环境开发出不同的动漫周边产品。另一方面，要搭建有针对性的营销体系，提高动漫形象的知名度和受众对动漫作品的关注度，最终实现动漫周边产品创作与市场的有机衔接。

总之，美国的漫威、迪士尼，日本的集英社等在动漫IP的产业化运作上早已轻车熟路，即在作品经过漫画、动画阶段的推广并获得成功后，作品进入改编电影和游戏的阶段，最后推出一系列周边产品。未来要建立如欧美和日韩等国家那样完整的动漫产业体系，需要首先对大数据做持续深入的挖掘和利用，建立可以基于动漫顾客的多样需求，并能提供与之最接近的产品和服务体系的现代动漫企业，进而重塑我国动漫产业。这一目标的实现不是某一个企业短时间、单方努力就可以实现的,而是需要多部门、多企业、多要素的协调与集合共生。基于 IP 开发的《十万个冷笑话》系列产品全方位的延伸,最大的价值在于综合地展现了一条清晰完整的、与大数据紧密结合的动漫产业链,它给了我国动漫企业一个积极肯定的信号——ACG 的产业运作模式在中国行得通。

四、"娱乐宝":"文化+金融"的新模式

"娱乐宝"是由作为最大的在线电子商务平台公司阿里巴巴联合金融机构打造的增值服务平台,顾客在该平台购买保险理财产品即有机会享有娱乐权益。"娱乐宝"依附于淘宝移动端,通过向消费者发售产品进行融资,所融资金配置为部分信托计划,投向于阿里娱乐集团旗下的文化产业项目,"娱乐宝"由此一度成为全球最大的 C2B 影视投资融资平台。

(一)基础平台建设

阿里巴巴拥有国内一流的电子商务平台和第三方支付平台,庞大的顾客规模、活跃的市场交易所产生的数据积累以及领先的技术开发水平,使其成为国内大数据开发最优渥的土壤,也为"娱乐宝"文化金融模式提供了基本条件。

1. 海量数据

整体而言,国内大部分公司对于大数据的探索还停留在数据的搜集和整理工作上,真正拥有优质海量数据并能进行数据分析的公司屈指可数。而阿里巴巴顾客数据覆盖十分广泛,截至 2015 年年底,集团旗下的淘宝网就已拥有注册会员近 6 亿,日活跃顾客超 1.5 亿人次,在线商品数量达到 13 亿,淘宝网和天猫平台的交易额总额超过了 1.8 万亿元。在阿里庞大的电子商务生态系统之下,电子商务平台上顾客的

每一个搜索、浏览、支付、咨询、评价等行为节点都会生成不同的数据。仅阿里巴巴集团旗下一个产品"阿里小贷",每天需要处理的数据就已经达到30PB(1PB约等于100万G),包括800亿个信息项,运算100多个数据模型。除了电子商务平台直接产生的业务交易数据,阿里近年来还通过重整搜索业务"一淘",收购数据属性公司CNZZ、友盟,接入高德、新浪、物流等多个信息源等途径实现顾客数据的多维度化,这些丰富多元的海量数据,是集团大数据战略的重要基石。

数据堆积的本身并不能产生产值,产生产值的是数据分析的结果。随着科技的进步,技术已经不再是大数据普及的障碍,通过易于操作的数据产品,大数据正逐渐走下精英神坛,成为提高商业运作效率、方便大众生活的重要工具。借助数据产品,大数据进入全民应用阶段,阿里巴巴集团所开发的数据产品,以便于操作的商品化趋势引领着电子商务发展的新风尚。

2. 数据的开放和共享

互联网平台上的原始数据是无序的、碎片化的,数据的采集、清洗、流式或实时计算、数据落地都是以技术作为支撑的。大数据开发一个绕不开的问题就是技术积累,数据的质量、数据的安全、数据的运营都是以技术手段的发展为依托的。相对于同样拥有海量数据的传统线下公司和电信部门,阿里的技术水平和云计算能力一直是业界的翘楚,先进技术水平和雄厚的资金支持,为阿里大数据开发和运营提供了强有力的后台支持。虽然阿里技术领先,但技术对于阿里只是一种解决问题的工具,也正因为如此,阿里巴巴才能够摆脱DT时代空谈概念的俗套,业务驱动技术创新成为其大数据开发的一大法宝。

相比较传统的线下交易,电子商务所产生的数据更容易被沉淀和利用,若离开了线上平台这一前提,那么数据将分布在不同的数据中心,数据的应用、集成和获取的难度都极高,以线上平台为依托的互联网基因,是阿里巴巴大数据运作的重要优势。作为一个平台企业,阿里巴巴把互联网精神发挥到了极致,通过为买卖双方提供畅通的信息，满足不同层级的消费者和创业者需求以实现自身的发展，使阿里一路脚踏实地行进。对于致力于做平台服务业的阿里，云计算和大数据从来都不是目的，而是解决问题的工具，这种清晰明了的定位，使得阿里在互联网的惊涛骇浪中保持足够的清醒。中国许多企业同样拥有庞大的数据，如三大运营商手中就拥有海量的短信、语音及顾客数据，但受政策和技术限制，大部分运营公司都不被允许，也没有能力去开发这些数据。

不同于传统的生产资料，基于互联网的数据是可以被无限次使用的，而且是越用越丰富，这也是阿里要进行数据开放的重要前提。开放的互联网精神是阿里能够在线上线下对接中游刃有余的重要保障，DT时代的关键不在于分析数据，而在于分享数据。这种开放、共享的互联网基因，使阿里巴巴走在了大数据探索的时代前列。

现在电子商务平台群雄并起，市场竞争进入白热化，如何最大化满足顾客需求，提高平台黏性，是包括阿里巴巴在内所有电子商务需要关注的重点。随着互联网和电子商务的普及，购物人群的逐步成熟，购物习惯有了很大的变化，搜索也越来越碎片化，大数据分析所造就的个性化推送，成为提高顾客满意度的一种重要途径。淘宝推出"千人千面"计划，本质上就是依靠淘宝网庞大的数据库，构建出买家的兴趣模型，进行定向推广。它能从细分类目中抓取那些特征与买家兴趣点匹配的推广宝贝，展现在目标顾客浏览的网页上，实现精准营销。个性化推送并不是阿里的独创，如百度广告会根据顾客的一次搜索推送相应类别的广告，相比较这些简单的同类推送，阿里大数据库可以根据顾客以往购买的物品、浏览习惯精准定位，推送更可能被顾客需要的产品。

（二）"娱乐宝"引发文化融资革命

阿里巴巴的大数据积累、分析和应用，为数期"娱乐宝"的顺利推出和高效运营奠定了良好的平台基础和信用依据。

1."娱乐宝"的推出

2014年3月26日,阿里巴巴第一期"娱乐宝"推出,在上线之前便引起社会各界广泛关注,此时更是风生水起。此次,阿里巴巴选择与国华人寿合作,作为一款保险理财产品,"娱乐宝"的学名是"国华华瑞1号终身寿险(投资连结型)A款产品"。顾客只要出资100元即可投资预定的影视剧作品,预期年化收益7%,并有机会享受主创见面会、剧组探班、拍摄地旅游等娱乐体验。作为"娱乐宝"第一期上线的投资项目,《小时代3》《小时代4》《狼图腾》《非法操作》四部电影拥有了全新的影视运作模式。首期四个项目总投资额为7300万元人民币,其中,电影项目投资额为100元/份,游戏项目的投资额为50元/份,每个项目每人限购十份,有数十万人通过娱乐宝参与到影视娱乐投资中。从前期预约人数来看,"娱乐宝"在广东、浙江、江苏三地最受欢迎,广东的预约人数高达19570人,浙江的预约人数为18847人。自3月31日上午10点"娱乐宝"对接的保险理财产品正式售卖以来,郭敬明导演的《小时代3》《小时代4》以18万人次的超高预约人气惊艳亮相。

"娱乐宝"第二期2014年6月10日正式发售,电影投资门槛仍旧是100元/份,但投资上限却提升至了2000元(第一期的上限是1000元),总投资额达9200万元人民币,主要投资《露水红颜》《绝命逃亡》《边缘线》《老男孩》《魁拔3》等五部电影。第三期2014年9月15日正式发售,1亿元的总投资额度将全部投向东方卫视的一档综艺节目《中国梦之声》,这是"娱乐宝"第一次投资综艺节目,也是东方卫视第一次接受来自互联网的节目制作资金。第四期12月12日正式开卖,100元起购,每人限购10份,预期年化收益6.50%。此次参与活动的有两部影片,一部是《有一个地方只有我们知道》,另一部是《爸爸的假期》,融资总额4000万。第五期2015年1月9日发售,第一次专门为一部电影《天将雄师》开设一期,仅用2.5天时间就将3000万元一抢而空,刷新了单期项目最快售完的纪录。第六期2015年3月27日发售,为《咱们结婚吧》《马上天下》融资 4000 万。第七期 4 月 9 日为《万物生长》《临时演员》《赤道》三部电影的售卖上线,1 小时内 3000 万售罄。总之,"娱乐宝"率领众"粉丝"在互联网与影视业的跨界融合中脱颖而出,点燃娱乐的新爆点。

2. "娱乐宝"开启文化众筹的新模式

"娱乐宝"的购买方式一般分为两种,一种是预约过的顾客可以通过手机淘宝首页焦点图进入娱乐宝购买页面,通过聚划算页面进行购买;另一种是没有预约的顾客,可以在规定时间购买。

从具体运营看,"娱乐宝"本质上是一种文化众筹模式,它的成功无疑开创了文化融资新时代,使得文化项目筹资越来越平民化和大众化,启动了更加便捷的直接融资渠道。相比从银行、投资机构融资,向社会融资资金来源更容易。"娱乐宝"联通了民间资本和文化产业,开辟了一条更加便捷、高效的文化产业融资新渠道,网民可以在手机淘宝中的"娱乐宝"预约界面选择感兴趣的项目进行"投资"。相对于众筹不能向投资者许诺资金上的收益,"娱乐宝"可提供预期资金收益,在某种程度上规避了投资风险。

传统的电影产业链一般为"生产制作—发行营销—影院放映—衍生电影产品开发",而"娱乐宝"让预期观众参与到产品的设计环节,改变了传统电影的拍摄按照"定剧本—拍摄—出电影"的套路。在电影制作过程中,顾客可利用互联网或探班活动与制片商互动、设计、出谋划策、提供剧本修改创意等。特别是"娱乐宝"打通了生产与消费的环节,依据观众喜好和口味制作电影,大大降低了产品的市场风险。网民不仅可以"用钱投票",表达对某个影视项目导演、演员、剧本的喜好程度,而且可以参与改写影视剧及电视节目制作。

"娱乐宝"成功之处还在于,其极富参与感的低门槛集资方式不仅制造了噱头,并且将"娱乐宝"的投资人转变为潜在的消费者。除了满足参与者的"出品人"心理之外,还为顾客创造了新的体验价值,如剧组探班、主创见面会、电影点映会门票、明星签名照等。相对于投资本身微不足道的盈利,剧组探班、参与"粉丝"见面会、电影点映会门票及电影方独家发行的电子杂志、明星签名照对于投资"娱乐宝"的顾客而言更有吸引力。除此之外,后期更将可能推出更加诱人的顾客参与体验。虽然这种权益并非所有投资者都可以获得,但足够吸引喜爱这部电影的人参与到"娱乐宝"中。对于一部动辄投资上亿元的电影,普通投资者本身是不可能有机会参与其中的,而通过"娱乐宝",更多普通投资者似乎有机会参与其中。在很大程度上,娱乐宝成功之处就是通过淘宝平台让喜欢电影的影迷有充分的参与感,利用低投资门槛来扩大普通民众的营销范围,从而让更多人参与进来。也许在未来,"娱乐宝"之类产品的"粉丝"权益力度会大大增加,除了明星签名照、观看发布会等,还会让"粉丝"和明星同台,帮"粉丝"圆梦。这将吸纳更多用户参与到娱乐产业中来,帮助更多的影视黑马和娱乐新星脱颖而出。

"娱乐宝"主要用互联网思维做电影,重新审视现有文化产业的产品运营模式,打破了文化产业封闭、僵化的固有模式,根植于互联网开放、共享、共赢的平台,试图建立新型文化产业共赢生态圈。互联网产品运营的方式多样,但核心目的无非是持续不断地吸引顾客注意,促进与顾客的互动,维护产品与顾客的关系,活跃顾客的使用行为,从而扩大核心顾客数量,提高产品影响力,获得更长的产品周期。

"娱乐宝"更是利用大数据,通过娱乐宝份数的购买量,可以预测上线后的目标观影人数,从而保证未来票房。特别是在影视剧行业,大数据可以探测影视作品的生产规律,通过受众在互联网的搜索行为,产生海量数据,以此推测群体心理、喜好,作为影视制作的创意来源,实现更精准地创作。可见,"娱乐宝"基于阿里海量的顾客信用数据和行为数据,建立了网络数据模型和一套信用体系,打破了原有文化金融模式,为内容企业迅速获得所需要的资金提供了一条通道。基于大数据运用的互联网金融服务,促进众筹模式创新和风险可控,从而为文化企业商业模式创新和再造提供相应解决思路。

(三)"娱乐宝"的改进方向

整体而言,"娱乐宝"作为全球第一个 C2B 的电影投资融资平台和全球第一个 C2B 用户众筹平台,为"粉丝"带来更多更好的娱乐体验。从前期发展看,"娱乐宝"的亮相无疑是成功的,在推出前预订的顾客就高达几十万人,上线的前七期项目短短几日内便销售一空,引起业内外的高度关注。但项目的新鲜感过后,很可能难以长期维持产品与顾客的关系。相比于传统文化产业投资、制作,"娱乐宝"开辟的新兴融资模式无疑风光无限。"娱乐宝"打破了经营门槛,以"人人皆是出品人"的姿态提高了顾客的参与度,甚至使传统产业模式颠覆,以顾客的喜好来甄选演员、剧情,燃起文化产业链创新的希望。但"娱乐宝"在娱乐的背后,一些问题也渐现端倪。

1. 增强顾客体验价值

"娱乐宝"投资平台虽然是文化众筹或 P2P 平台,实则为投资理财保险。因此,"娱乐宝"带来的新兴产业模式让人眼前一亮,但其所呈现的产品运营能力仍然值得深究。在"顾客至上"的 DT 时代,强调顾客是运营的核心协同者、保障顾客体验应当成为关键。"娱乐宝"虽打出"人人都是出品人"的旗号,但顾客对产品走向实则并无很大影响力,并未从根本上增强顾客的参与感。并且,顾客作为"投资人"并不能掌握产品的全面信息,这与顾客在淘宝客户端购买其他商品无异,无法体验投资的真正意义。"娱乐宝"注重更多的是降低营销成本,从电影前期、拍摄制作到上映的过程,带动顾客参与,其话题营销实则大于内容本身的创新。日后,持续不断地吸引顾客注意,增强产品与顾客的互动将成为"娱乐宝"长期运作、保持持久活力的核心。

从前七期项目运作看,"娱乐宝"重在体验,而产品的投资获益实则不高。"娱乐宝"的本质是文化众筹,而这种集资方式并未给顾客带来客观的收益,一旦项目的新鲜感过后,顾客便会发觉回报不及投资,顾客粘度难以维持,大量顾客便会流失。互联网产品推出的初衷源于顾客,服务的终端也指向顾客,"顾客体验便为核心竞争力"逐渐达成业界共识。因此,娱乐宝要在残酷的竞争中生存,必须挖掘精品项目,提高顾客参与感,保证顾客黏度。在保证投资项目的质量上,更应注重让顾客参与到制作环节中,例如演员选角、剧情走向、项目定价等。提供个性化及创新服务,通过建立反馈机制,随时了解顾客需求,以顾客决定项目的走向,使顾客在参与项目的同时,成为项目的最终享用者,来加强顾客黏度。打造消费者、生产者、投资者和融资者的共赢生态圈,最终实现经济效益。

此外,应增加"娱乐宝"平台运作的透明度。相对于以往影视拍摄的神秘感,"娱乐宝"项目组将进行项目跟踪,将演员选定投票、剧组探班、电影点映门票、"粉丝"见面会、明星签名等顾客独享过程透明化,不仅在项目中加强平台与顾客的互动,并通过公开透明的平台,增强风险意识和加大监管力度。毕竟,这种综合娱乐式体验可能比区区一百元的投资更加诱人。

2. 延伸服务环节

"娱乐宝"一经推出便引爆市场,其火热过后不禁让我们冷静下来思考,网民们究竟是因为新的投资方式还是这种营销手段而痴迷?许多网民实则并不了解"娱乐宝"投资的实质,也并不清楚新的理财保险是什么?并且未过多关注项目购买后并未附有详细的项目介绍,而更看重剧组探班、"粉丝"见面等新奇的顾客体验模式。但为了长期保证有效顾客,"娱乐宝"必须通过顾客参与项目过程,了解整个项目,从而培养投资人意识。这不仅会增强公众的监管力度,还可以使平台更加有黏性,吸引更多人群参与进来。

对于"娱乐宝"来说,前期投资项目已定热门影视剧作品,无须为作品的吸引力发愁,而其未来发展空间则在于对项目评估的过程中。在DT时代,阿里巴巴可以利用本身的"阿里云"和自身的互联网数据库,用互联网思维重构传统文化产业链,捕捉顾客的投资和消费偏好,更准确掌握顾客的需求,提供个性化服务和体验,从而加强对未来"娱乐宝"的市场预估,保证为产品有一个更精确的定位,从而达到精准营销和降低投资风险的双赢效果。

这方面,淘宝电影已经做了一个比较好的尝试。淘宝电影在网站上做电影预售,有了这个预售的数据之后,在微博上做影片宣传的主页,在优酷土豆上放预告片,根据预售、预告片、宣传的社会化媒体的数据,提出排片建议,供院线做参考。有了数据之后,排片主观的程度降低了,经营风险降低了。对于投资方来说,拿到了实实在在的预测性数据去说服院线排片。对于观众,不会由于排片经理的主观判断失去看一部好片子的机会。这其中是数据发挥了作用,这个数据是活的数据,因为它是在线的,是业务闭环的,也就是可以根据动态数据的变化实时提出调整排片的建议。每天都不一样,这种云计算、大数据技术的应用,能给影视产业生态带来一些明显的变化。

(四)"娱乐宝"的启示

无论如何,作为一种颠覆传统电影投资模式的C2B互联网金融模式,"娱乐宝"是通过互联网联合普通用户投资电影、享受影视周边娱乐特权的互动平台,它对于影视产业以及内容产业的积极意义主要体现在如下三个方面:第一,作为一种创新的线上电影宣发平台,其基于电商属性的娱乐平台化,对于营销策划、资源优化以及执行效果进行了全流程服务;第二,通过项目售卖以及平台运营活动,迅速吸引和聚集"粉丝",带动观影用户的票房转化;第三,与阿里电商体系实现无缝对接,打通了电影周边销售渠道,形成了闭环模式。

当今,造成文化产业项目融资难以及化企业融资困境的根源在于文化资产的无形性和风险控制的不确定。在DT时代,这一难题正在出现破解的可能。大数据平台与融资业务结合的核心优势在于重塑信息结构,削减业务成本。电子商务平台与社交化网络的发展积累了海量数据,对网络大数据进行挖掘所得到的逻辑与规律信息,要比现实中发布的企业数据更具真实性,因而具有巨大的社会经济价值。淘宝平台囊括了平台商户的历史交易数据、信用记录、顾客评价等内部数据,颠覆了投资方与企业间信息不对称的格局。

信息结构的改变,直接驱动风险控制理念发生根本性变化。原来是要求补偿覆盖风险损失,现在变为持续考核与监控企业稳健经营、创造现金并还款的能力;原来集中考察资产负债表等,现在变为重点考察经营和交易数据等。从依赖人力转变到依赖电子系统,风险问题不再成为制约文化金融发展的桎梏。同时,对于资产越来越轻的文化企业来说,足额的担保和抵押几乎是不可求的。因此,融资理念的变化契合解决小微文化企业融资难题的思路。

因此,我们认为,以"娱乐宝"为代表的文化金融模式其核心意义在于,能够推动创造一个低成本的、信息对称的文化产业融资结构。从泛大数据的角度来看,无论是顾客大数据、渠道大数据,还是内容大数据,都可以纳入大数据的动态库中并从中提炼对信用评估有价值的实质信息。扁平化的网络世界与大数据掌控顾客的强大能力,令信贷资源不再稀缺,迈入文化金融"大众化"时代逐渐成为现实。

五、观众网:"粉丝"经济的新玩法

观众网从初期一家提供栏目观众的公司到一家集观众现场观影、观众线上交流、票务服务、观众点评节目、会员体系、在线票务销售为一体的线上线下融合发展的O2O平台,构建了独具一格的娱乐"粉丝"经济新生态。

(一)业务模式

1. 线上线下互动平台

观众网的业务模式从宏观层面上可以分为线上互动平台、线下体验平台,主要借助于优质的节目内容,利用观众网进行线上的吸引与售票,在线下提供真实体验,以专业渠道的形式满足观众的需求,以丰

富的线下活动和线上娱乐兴趣社区的形式持续收集分散的观众流量,以 O2O 的方式保持流量的活跃性,积累大数据后进行流量分发(采取精准化营销),在分发过程中变现。具体来说,即通过线上或线下报名成功后,亲临现场进行体验,再吸引观众按自身喜好返回观众网旗下的观众乐园中进行点评、分享、反馈等,最终形成观众数据的良性循环。

2. 业务板块

从微观层面上,根据观众网线上的具体板块可以将其业务模式分为观众乐园、观众票务、观众筹这三大板块。

一是观众乐园。它是观众网招募观众的主要平台,观众在观众乐园中不仅可以报名参与线下活动,而且观众乐园以社区的形式存在,利用社区的社交性质吸引着观众之间的相互交流。其最大的特点是线上报名的免费性(也可通过线下报名),只需要利用观众乐园中的虚拟能量值换取参与线下活动的机会,而虚拟能量可通过在观众乐园中活跃度等方式赚取。所以,由于观众网下的观众大多具有共同的诸如参与电视节目现场的基本需求,具有主动性意愿,在招募的观众上便保证了数量和质量;同时社区中观众契合度较高,一方面平台的趣味性吸引更多共同爱好的观众,促进观众之间的互动;另一方面平台的社交性又提高了观众对观众网的依赖性,提高了观众黏性,进而提高观众网整体的流量(如图 6-4)。目前,观众乐园已经成为中国最大的观众社区,不仅帮助节目招募合适的观众,也帮节目推荐合适的嘉宾。

二是观众票务。目前已经发展成为中国最大的折扣票务平台,主要是针对现场演出行业的票务出售,其具体演出类型可分为话剧歌剧、音乐会、演唱会、曲苑杂坛、电影、体育比赛、舞蹈芭蕾、度假休闲八种,其最吸引观众的地方便是票价便宜合理,满足年轻群体的消费水平。

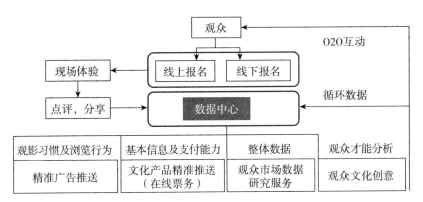

图6-4 观众网数据流量循环

来源:观众网业务报告。

三是观众筹网。观众筹网一直致力于成为中国最具影响力的影视音乐垂直众筹平台,现已成功开辟了演唱会众筹、电影众筹、电视众筹、话剧歌剧众筹、"粉丝"见面会众筹等模块。总的来说,观众筹是为项目发起者提供募资、宣发、在线票务、延伸销售等一站式综合众筹全媒体服务。观众筹主要针对的是电影和音乐领域的众筹。比如,在电影方面,可以利用观众筹为拍摄电影进行募资,观众根据自身兴趣或市场预测等因素选择将要融资的电影,当达到一定募集数量后,观众便在一定程度上影响众筹电影的剧本、拍摄、发行、宣传、衍生品等,最终完成项目发起者的电影梦想,并使观众达到投资的效果。

3. 盈利方法

观众网的盈利模式主要来源于三个板块。第一板块是线下的付费形式,如节目制作方通过观众网进行观众的招募时,会向观众网提供一定的报酬。第二板块是线上的营销,利用观众网大量的观众数据,运用大数据对观众进行精准推送,实现大数据的精准营销。比如向不同年龄段的观众推荐适合的电影、电视剧,促进其产生消费。第三板块是通过观众网在线票务和延伸品来盈利,未来将逐步开展观众会员。如观众通过观众网预定演唱会门票时,一是演唱会举办方可能会根据票务销售数据按一定比例给予佣金,二是以观众网赚取门票的差价来盈利。

(二) 核心竞争力的打造

观众网作为"惠众天下"旗下的一个专业的影视观众社交网站,其基本定位是一个在影视音乐娱乐领先的娱乐活动入口、大数据平台。

1. 立足于娱乐"粉丝"经济

观众网一直以来致力于为中国的电视观众、娱乐"粉丝"绘制大数据图谱,打通了中国数亿"粉丝"与娱乐产业对接路径,积累了一个巨大的"粉丝经济"市场。2014年12月,观众网创新开辟观众筹网,使得互联网、娱乐和金融三者相融合,更进一步通过金融创新将"粉丝经济"直接转变为商业价值,真正激活娱乐金融这个千亿级市场。观众筹的最大价值不仅在于简单的众筹,更在于对于观众、"粉丝"大数据的掌握、挖掘和分析,然后进行精准营销,而这一切都建立在观众网掌握的全国独一无二的大数据库之上,可以直接引导"粉丝"参与传播。观众网立足于观众乐园,以高归属感发展娱乐经济;利用大数据对观众进行标签化分析,对观众的真正需求进行剖析,进而促进娱乐"粉丝"经济开拓的最大化。

2. 注重流量变现

流量变现即观众网在吸引观众"粉丝"的基础上,善于将"粉丝"观众的流量的价值最大化,深度挖掘"粉丝"的潜力,刺激"粉丝"观众的消费能力。目前,观众网搭建起了一个连接观众与全国30多个卫视、130个电视栏目的桥梁,线上及线下注册顾客达123万人,近三年注册顾客年均增速超过56.7%,现场观影观众已经超过50万人,每年增长人数约为24万人左右。观众的数量增长迅速,市场份额不断在扩大。且其观众的年龄结构均偏向年轻化,大多以18岁至35岁的女性为主要群体。这一年龄段的女性群体对于文化消费的潜力无穷,且因娱乐本身便是一个热度的消费,因此观众经常呈现冲动式文化消费的特征。观众网正是基于自身庞大的观众流量,利用观众的热度消费特征,通过背后大数据分析,向观众合理且适合的消费项目,促进观众网中的观众流量不断变现为经济价值。

3. 不断开拓观众市场

观众网是国内最早开拓观众市场,最早提供专业观众的平台,在业务经验上比较丰富。早在2009年5月,观众网便组织白领参加中央电视台《对话》节目,采访英国前首相布莱尔,后来源源不断地向节目制作方提供专业的观众,目前已经掌握着全国70%卫视电视节目现场录制观众的名额。2012年5月,观众网与北京吉利大学签订首都大学生第三课堂战略合作协议,并逐步加强与其他高校合作,共同发展第三课堂,不断向高校群体中开拓业务。观众网也在朝向全国性发展,在建立北京模式的基础上,成立了山东卫视观众网、湖南卫视观众网等,进行观众网模式的系列化复制。

观众网最成功的便是打造了一个观众"粉丝"的垂直化平台,拥有着庞大的观众流量。对于栏目、演出行业来说,观众网具有提供专业观众的质量和数量的基本保证;对于观众本身来说,观众网是一个规范、具有品牌形象的平台,相比于行业内的其他竞争者,观众网占据着优先的发言权。

可是,随着同质化竞争不断加剧,观众网原来积累的某些优势正逐步减弱,如何实现持续发展显得尤为突出。一方面,由于观众网具有庞大的观众"粉丝"数据资源,拥有最真实的观众"粉丝"互动和消费的倾向,加之当前大数据不断成熟,人们对数据的分析能力越来越强,观众网应强化大数据分析,实现对用户的最精准定位,进而在此基础上推进观众网业务的发展。另一方面,需把业务朝向移动端平台拓展,通过移动端平台拓展,延伸无边界娱乐业务及产品线,加强观众网三大版块间的联系与协调,提高观众对观众网的黏性。

结　语

　　大数据对文化企业而言,最重要的不是技术,而是商业模式的重构。

　　自从人类创造了互联网,它就悄然改变了人们的社会行为和生活样法,同时也催生了商业经营的各种新业态和新模式。"互联网＋"是以互联网为基础的一整套技术在经济、社会生活各领域的渗透扩散并不断释放出数据流的过程,其本质在于以大数据为基本支撑和依托对商业活动进行全要素整合,即大数据化。这种大数据化,一方面使人们可以通过对数据的交换、整合和分析来发现新的知识、创造新的价值,另一方面也在不断拓展企业对各种数据的创造与应用范围,为企业的商业模式变革带来新的机遇和新的挑战。

　　大数据改变着人们的生活方式,特别是造就了交互性强的娱乐无边界的生活样态。正是在这种背景下,本书基于文化企业所面对的现实机遇和挑战而挖掘业务转型的内生动力,从大数据的视角审视和探讨文化产业基本规律(一意多用、内容为王、产业链经营等)的实现途径,提出立足于娱乐无边界的生活方式和顾客体验价值的创造来重新定位企业核心能力、业务组合以及产品线的新思路,并形成了如下几个方面新的思考以及结论。

　　第一,大数据对文化产业的内容创意、产品创作、传播、营销、服务和终端制造等价值链环节都具有重要影响,它既可以为文化企业带来直接盈利,也可以通过正反馈为企业创造难以模仿的竞争优势。大数据使文化产品的生产和体验价值的创造日益走向社会化和大众化,使文化业态创新和业务模式创新日益走向常态化和多样化,使企业对市场需求的理解洞察日益走向实时化和精准化,使文化企业整个运作日益走向协作化和生态化。以数据打通、共享和扩展为基础,通过创意、内容、产品、模式等的循环应用,可以有效实现企业业务拓展、品牌提升以及企业整体价值最大化。

第二,大数据的根本价值在于无限地再利用,从而为文化企业带来更具竞争力的商业模式。大数据有助于在企业与顾客之间建立产品、服务、情感和事业的有效连接。大数据服务于文化企业的最终目的是将大数据覆盖于创意、生产、营销、延伸、资本运作等产业链各环节,从而有效地改变传统的 B2B 和 B2C 模式,推动以 C2B 以及 C2C 为主导的个性化定制模式的逐步推广,实现内容大数据、渠道大数据、顾客大数据的循环联动,促进产业链的整体升级。

第三,大数据与文化产业的融合不是简单的物理连接,而是要超越物理连接,形成互联网与以创意内容为核心的各相关产业领域产生化学反应的内在融合。实现这种内在融合要求文化企业要由以控制为出发点转向以激活生产力为目的,充分体现面向未来、线上为主、虚实结合、体验第一等关键要素,分步推进在业务结构中的大数据应用:第一个阶段是在线化,也就是通过互联网建立自己的业务模式及其关联;第二个阶段是互动化,在连接的基础上通过数字化和数据化,实现各方之间的交互;第三个阶段是网络化,以实现各种功能的叠加和产业链的扩展。

第四,大数据通过创意的引领、云的支撑、网的连通、端的聚合而极大地拓展文化产品以及文化产业的边界。在 DT 时代,数据成为独立的生产要素,其本质是在松绑数据的情况下最大程度释放数据的流动和使用。以大数据促进文化企业商业模式创新,尤其需要以新的方式充分利用和整合资源:其一,创意内容的扩展。特别是无限丰富的 UGC 内容数据的积累,包括信息、文本、图像、音频、视频等。其二,云、网、端等基础设施的应用,包括云计算、互联网、物联网和各种硬件设备端,像智能的设备、可穿戴设备、传感器等。云计算就像用水一样去提供计算资源,网络拓展内容和信息流通的范围,终端则实际上决定了文化企业经营的具体盈利方法。其三,社会化的协同。新的分工体系是社会化协作,它通过共享经济、网络协同和众包合作等方面实现整个分工结构从"价值链"向"价值网"的转变。

第五,大数据的应用有助于建立以内容大数据、渠道大数据和顾客大数据为支撑的文化产业全产业链经营和跨界融合的新机制。这种新机制可以为文化与科技的有效融合以及文化企业经营水平的提升提供可资借鉴的解决方案,同时为"创意—内容—软件—硬件"一体化模式提供新的运营思路,从而完善了内容、技术与商业模式三者协同创新的应用体系。

总而言之,大数据越来越成为文化产业领域的新产品和新商业模式的基石。如火如荼的产业实践表明,大数据与文化产业融合发展已经从"概念"阶段走向"发掘"阶段。大数据在文化产业领域的渗透与扩展,将形成百万级的在线艺术品拍卖、千万"粉丝"级的演唱会演出直播和互动点播、亿万级的视频收看、二十四小时的营业、舰队式的企业集团结构、无限大的市值成长空间等多种商业形态。并且,由于大数据被应用于越来越多的文化产业领域,资本运作也开始高度关注大数据与文化产业融合,相关的融资、并购、IPO纷纷涌现。虽然大数据在国内的应用时间相对较晚,但是它在文化产业领域的成长速度却是迅猛的。比如,作为"娱乐大数据第一股"艾漫数据的成功挂牌,让人们看到文化产业大数据的巨大潜力。随着人们生活方式的进一步升级和对体验需求越来越旺盛,文化产业领域将成为最重要的大数据来源。如何有效地创造、利用和挖掘这些大数据,提高对顾客需求和偏好的理解;如何创造更为独特而丰富的体验价值,生产更符合目标顾客的文化产品,是每一个文化企业要面对的新课题。

也许,大数据变革文化企业商业模式刚刚开始,许多未来的变化,还在我们的想象之外。

参 考 文 献

〔美〕理查德·弗罗里达:《创意阶层的崛起》,司徒爱勤译,北京:中信出版社2010年版。

〔美〕理查德·弗罗里达:《创意经济》,方海萍、魏清江译,北京:中国人民大学出版社2006年版。

〔英〕约翰·霍金斯:《创意经济——如何点石成金》,洪庆福、孙薇薇、刘茂玲译,上海:上海三联书店2006年版。

〔秘〕德索托:《资本的秘密》,于海生译,北京:华夏出版社2007年版。

〔日〕三谷宏治:《经营战略全史》,徐航译,南京:江苏凤凰文艺出版社2016年版。

〔日〕三谷宏治:《商业模式全史》,马云雷、杜君林译,南京:江苏凤凰文艺出版社2016年版。

〔美〕约瑟夫·派恩、詹姆斯·吉尔摩:《体验经济》,卢炜、夏业良译,北京:机械工业出版社2016年版。

〔英〕维克托·迈尔-舍恩伯格、肯尼思·库克耶:《大数据时代——生活、工作与思维的大变革》,盛杨燕、周涛译,杭州:浙江人民出版社2013年版。

〔美〕亚历山大·奥斯特瓦德、伊夫·皮尼厄:《商业模式新生代》,王帅、毛心宇、严威译,北京:机械工作出版社2012年版。

〔美〕杰里米·里夫金:《第三次工业革命》,张体伟、孙豫宁译,北京:中信出版社2012年版。

〔美〕波特:《竞争优势》,陈小悦译,北京:华夏出版社2010年版。

〔美〕沃尔特·艾萨克森:《史蒂夫·乔布斯传》,管延圻等译,北京:中信出版社 2011 年版。

〔加〕弗朗索瓦·科尔伯特:《文化产业营销与管理》,高福进译,上海:上海人民出版社 2002 年版。

〔韩〕W. 钱·金、〔美〕勒妮·莫博涅:《蓝海战略——超越产业竞争,开创全新市场》,吉宓译,北京:商务印书馆 2010 年版。

〔美〕克里斯·安德森:《免费:商业的未来》,蒋旭峰、冯斌、璩静译,北京:中信出版社 2009 年版。

〔法〕古斯塔夫·勒庞:《乌合之众:群体心理学研究》,胡小跃译,杭州:浙江文艺出版社 2015 年版。

〔美〕戴夫·格雷:《互联网思维的企业》,张玳译,北京:人民邮电出版社 2014 年版。

〔美〕凯文·凯利:《技术元素》,张行舟译,北京:电子工业出版社 2012 年版。

〔美〕尼葛洛·庞帝:《数字化生存》,胡泳译,海口:海南出版社 1997 年版。

〔美〕彼得·德鲁克:《管理的实践》,齐若兰译,北京:机械工业出版社 2006 年版。

〔美〕彼得·德鲁克:《21 世纪的管理挑战》,朱雁斌译,北京:机械工业出版社 2009 年版。

〔美〕彼得·德鲁克:《德鲁克管理思想精要》,李维安译,北京:机械工业出版社 2007 年版。

〔美〕彼得·德鲁克:《创新与企业家精神》,蔡文燕译,北京:机械工业出版社 2007 年版。

〔美〕艾德·卡特姆:《皮克斯的启示》,靳婷婷译,北京:中信出版社 2015 年版。

〔美〕熊彼特:《经济发展理论》,邹建平译,北京:中国画报出版社 2012 年版。

〔美〕李伯曼、埃斯盖特:《娱乐营销革命》,谢新洲译,北京:中国人民大学出版社 2003 年版。

徐子沛:《大数据》,桂林:广西师范大学出版社 2012 年版。

徐子沛:《数据之巅》,北京:中信出版社 2014 年版。

阿里研究院:《互联网+:从 IT 到 DT》,北京:机械工业出版社 2015 年版。

周鸿祎:《我的互联网方法论》,北京:中信出版社 2014 年版。

胡世良:《移动互联网商业模式创新与变革》,北京:人民邮电出版社 2013 年版。

黎万强:《参与感:小米口碑营销内部手册》,北京:中信出版社 2014 年版。

花建:《文化产业竞争力》,广州:广东人民出版社 2005 年版。

陈少峰、张立波:《文化产业商业模式》,北京:北京大学出版社 2011 年版。

张立波、陈少峰:《新中道的企业管理哲学》,北京:北京大学出版社 2012 年版。

张立波、王鸿:《文化企业商业模式创新案例》,北京:北京大学出版社 2014 年版。

张立波:《文化产业项目策划与管理》,北京:北京大学出版社 2013 年版。

陈少峰、张立波:《中国文化企业报告 2015》,北京:清华大学出版社 2015 年版。

陈少峰、张立波:《中国文化企业报告 2016》,北京:清华大学出版社 2016 年版。

陈少峰、张立波:《中国文化企业品牌案例》,北京:清华大学出版社 2015 年版。

危正龙、宋正权:《商业模式突围》,北京:中国经济出版社 2014 年版。

厉无畏、王慧敏:《创意产业新论》,上海:东方出版中心 2009 年版。

郝振省:《2011—2012 中国数字出版产业年度报告》,北京:中国书籍出版社 2012 版。

冯芷艳、郭迅华等:《大数据背景下商务管理研究若干前沿课题》,《管理科学学报》2013 年第 1 期。

陈少峰:《以文化和科技融合促进文化产业发展模式转型》,《同济大学学报》2013 年第 1 期。

陈少峰:《基于数字文化产业发展趋势的商业模式构建》,《北京联合大学学报》2013 年第 2 期。

陈少峰:《"互联网+文化产业"的价值链思考》,《北京联合大学学报》2015 年第 3 期。

花建:《互联网+释放文化产业新动能》,《解放日报》2015 年 8 月 16 日。

朱东华、张嶷等:《大数据环境下技术创新管理方法研究》,《科学学与科学技术管理》2013 年第 4 期。

邬贺铨:《大数据时代的机遇与挑战》,《求是》2013 年第 2 期。

阿里研究院:《信息经济呈现十大浪潮》,《理论参考》2015 年第 3 期。

张立波:《数字内容产业发展的五大趋向》,《文化产业导刊》2011 年第 8 期。

张立波:《文化产品的时间之维》,《中国海洋大学学报》2012 年第 1 期。

张立波、陈少峰:《文化企业核心竞争力的构成要素探析》,《新疆师范大学学报》2013 年第 1 期。

张立波:《大数据时代的文化企业路径》,《文化产业》2013 年第 6 期。

唐敏敏、张立波:《微信摇电视:"互联网"+时代电视商业模式转型》,《中国文化产业年度发展报告 2016》,北京大学出版社 2016 年版。

张立波、刘园香:《基于大数据的动漫企业营销策略探析》,《北大文化产业评论》2015 年第 1 期。

张立波、赵雅兰:《大数据时代影视企业商业模式创新的路径研究》,《中国文化产业年度报告 2015》北京大学出版社 2015 年版。

张立波、吴倩:《传统文化企业互联网化的原因及路径探析》,《北京联合大学学报》2016 年第 1 期。

张立波:《大数据时代电子商务与内容产业融合发展的趋势》,《北大文化产业评论》2016 年第 1 期。

张立波、赵雅兰:《基于"互联网+"的电影发行模式创新》,《中国海洋大学学报》2016 年第 3 期。

张立波、刘园香:《网络小说 IP 影视开发模式研究》,《中国文化产业研究》2016 年第 1 期。

张立波:《把大数据落实为具体可行的商业模式:文化企业发展面临新机遇》,《人民日报》2016 年 12 月 22 日。

李文莲、夏建明:《基于"大数据"的商业模式创新》,《中国工业经济》2013 年第 5 期。

王举颖:《大数据环境下商业生态系统协同演化研究》,《山东大学学报》2014 年第 5 期。

王永生:《大数据时代的商业模式创新研究》,《南京财经大学学报》2013 年第 6 期。

李国杰:《大数据研究:未来科技及经济社会发展的重大战略领域》,《中国科学院院刊》2012 年第 6 期。

戴志强:《影视大数据:影视互动体验与量化认知的根本》,《现代传播》2014 年第 9 期。

徐方:《大数据时代下的影视业革新》,《西部广播电视》2014 年第 9 期。

陈波、张雷:《基于大数据的影视剧制播模式创新》,《电视研究》2014 年第 4 期。

姚尧:《大数据重构影视业》,《中国经济信息》2013 年第 16 期。

李学谦:《从指尖游戏到心灵阅读》,《出版广角》2012年第11期。

陈永东:《数字出版创新商业模式新解》,《出版广角》2012年第10期。

唐敏敏:《从微信摇电视看大数据时代电视商业模式的创新》,《声屏世界》2016年第8期。

祖薇:《微信"摇电视":电视的遥控器、微信的摇钱树》,《北京青年报》2015年3月12日。

张宜春、蒋伟:《大数据:助力文化产业转型升级》,《中国文化报》2014年1月21日。

史安斌、刘滢:《颠覆与重构:大数据对电视业的影响》,《新闻记者》2014年第3期。

罗婷:《〈十万个冷笑话〉的商业发展模式及其启示》,《艺术百家》2014年第5期。

刘云波、李挺伟:《大数据在文化产业版权资产价值评估中的应用》,《中国资产评估》2015年第4期。

袁煌、潘宇:《大数据在文化企业价值评估中的应用》,《中国资产评估》2014年第10期。

纪阳、孙婷婷:《规模驱动的智能硬件产业创新模式》,《物联网技术》2015年第4期。

中国互联网络信息中心:《中国互联网络发展状况统计报告》,http://media.people.com.cn/n1/2017/0123/c40606-29042485.html。

中国电子商务研究中心:《中国移动互联网行业深度报告》,http://www.199it.com/archives/256419.html。

〔美〕皮埃罗·斯加鲁菲:《2017未来媒体趋势报告》,http://www.useit.com.cn/thread-13707-1-1.html。

Rifkin J., *The Third Industrial Revolution: How Lateral Power Is Transforming Energy, the Economy, and the World*, New York: Palgrave Macmillan, 2012.

Paul Zikopoulos, *Understanding Big Data*, USA: The McGraw-Hill Companies, 2012.

Manyika J, Chui M, Brown B, et al., *Big Data: The Next Frontier for Innovation, Competition, and Productivity*, New York: McKinsey & Company, 2011.

Gantz J. & Reinsel D., "Extracting Value from Chaos State of the Universe: An Executive Summary," *IDC iView*, Issue June (2011).

C. K. Prahalad, Garry Hamel, "The Core Competence of the Corporation," *Harvard Business Review*, May-June, 1990.

R. H. Coase, "The Nature of the Firm," *Economica*, Nov. 1937.

Aral S, Walker D., "Identifying Influential and Susceptible Members of Social Networks," *Science*, 2012, 337(6092).

Bughin J, Chui M, Manyika J. Clouds, "Big Data, and Smart Assets: Ten tech-enabled Business Trends to Watch," *McKinsey Quarterly*, 2010(8).

McKinsey Global Institute, "Big Data: the next Frontier for Innovation, Competition, and Productivity," *McKinsey Report*, May 2011(3).

Bughin J, Chui M, Manyika J., "Clouds, Big Data, and Smart Assets: Ten Tech-enabled Business Trends to Watch," *McKinsey Quarterly*, 2010(8).

Hopkins, Brian, and Boris Evelson, "Expand Your Digital Horizon with Big Data," *Forrester*, September 30, 2011.

Mehta Abhishek, "Big Data: Powering the Next Industrial Revolution," Tableau Software White Paper, 2011(6).

Anderson C., "The End of Theory: The Data Deluge Makes the Scientific Method Obsolete," *Wired Magazine*, 2008, 16(7).

Lavalle S, Lesser E, Shockley R, et al., "Big Data, Analytics and the Path from Insights to Value," *MIT Sloan Management Review*, 2011, 52(2).

Hui S K, Fader P S, Bradlow E T., "Path Data in Marketing: An Integrative Framework and Prospectus for Model Building," *Marketing Science*, 2009, 28(2).

Ghose A, Han S P., "An Empirical Analysis of User Content Generation and Usage Behavior on the Mobile Internet," *Management Science*, 2011, 57(9).

Robert L P, Dennis A R, Ahuja M K., "Social Capital and Knowledge Integration in Digitally Enabled Teams," *Information Systems Research*, 2008, 19(3).

Ghose A, Ipeirotis P G, LI B., "Designing Ranking Systems for Hotels on Travel Search Engines by Mining User-generated and Crowdsourced Content," *Marketing Science*, 2012, 31(3).

Aral S, Walker D., "Creating Social Contagion Through Viral Product Design: A Randomized Trial of Peer Influence in Networks," *Management Science*, 2011, 57 (9).

Dabenport T H, Barth P, Bean R., "How 'Big Data' is different," *MIT Sloan Management Review*, 2012, 53(5).

Archak N, Ghose A, Ipeirotis P G., "Deriving the Pricing Power of Product Features by Mining Consumer Reviews," *Management Science*, 2011, 57(8).

Zhang Libo, Hu Yan, "Price Discrimination of Film Products and Building Hierarchical Market Under the Background of 'Internet Plus'," *Contemporary Social Sciences*, 2016(2).